Paul-Albert Wagemann, geboren 1949 in Hessisch-Lichtenau. Studium der Russistik, Anglistik und Politologie in Göttingen, Berlin und Bochum. 1979 bis 1989 Lehrtätigkeit an Gymnasium, Waldorfschule und Universität. Ab 1990 freischaffend tätig als Übersetzer, Rundfunk- und Buchautor. Veröffentlichungen: Satiren, Hörspiele, Funkerzählungen für Erwachsene und Kinder. Autor des Dokumentarfilms »Ich lobe das Wort. Mythos und Wirklichkeit der Waldorfschule«, Produktion: Pinguin Film, Berlin 1994, und Vertriebe: JSW Medien GmbH, Berlin 1995 (Regie: K. Kloss).

Martina Kayser, Jahrgang 1959, Studium der Geschichte, Philosophie und Literaturwissenschaft in Münster und Freiburg, Dr. phil., Studienreferendariat in Berlin, Lektorin in Baden-Baden.

Martina Kayser
Paul-Albert Wagemann

Wie frei ist die Waldorfschule

Geschichte und Praxis einer pädagogischen Utopie

WILHELM HEYNE VERLAG
MÜNCHEN

HEYNE SACHBUCH
19/404

Dieses Buch wurde auf umwelt- und säurefreies Papier gedruckt

Abbildungsnachweis:

Archiv des Autors: S. 63, 103, 109, 121, 137, 171, 189, 193, 201, 209
Archiv des Ch. Links Verlags: S. 225
DuMont Verlag: S. 9
Rowohlt Verlag: S. 43
Verlag Freies Geistesleben: S. 58, 63, 173

2. Auflage

Ungekürzte Taschenbuchausgabe im
Wilhelm Heyne Verlag GmbH & Co. KG, München
Copyright © 1991 by Ch. Links Verlag – LinksDruck GmbH, Berlin
Printed in Germany 1998
Umschlagillustration: Barbara Bachmann, Reischach
Umschlaggestaltung: Atelier Adolf Bachmann, Reischach
Satz: DTP
Herstellung: U. Walleitner
Druck und Bindung: Ebner Ulm

ISBN 3-453-09147-7

Inhalt

Martina Kayser

Die geistigen Ursprünge der Waldorfpädagogik

Rudolf Steiner: Einzelgänger, Hellseher, »Menschheitsführer«

Sechs Jahre vor Bildung der österreichisch-ungarischen Doppelmonarchie wurde Rudolf Steiner am 27. 2.1861 in Kraljevec/Ungarn geboren. Sein Vater war bei der Eisenbahn beschäftigt, und die Familie mußte wegen seiner häufigen Versetzungen mehrmals umziehen. So wuchs Steiner in verschiedenen Orten Niederösterreichs als ältestes von drei Geschwistern auf, ohne irgendwo Wurzeln zu schlagen. Er galt als Einzelgänger und überaus sensibel. Etwa vierjährig habe er nach eigenen Angaben das erste »hellseherische Erlebnis« gehabt. Ein Brief berichtet von der Vision einer Frau, die im Ofen verschwindet. Dies hätte ihm den Tod seiner Tante angekündigt.[1]

Nach der Matura an der Wiener Neustädter Oberrealschule studierte er ab Herbst 1879 an der Technischen Hochschule Wien Naturwissenschaften mit dem Ziel, Lehrer zu werden. Von den Wiener Professoren war Karl Julius Schröer, ein Goethe-Kenner und Mundartforscher, für seine spätere Entwicklung prägend. Er vermittelte dem Zweiundzwanzigjährigen die Herausgabe von Goethes naturwissenschaftlichen Schriften innerhalb der 220bändigen Sammlung »Deutsche National-Litteratur« von Kürschner. Parallel dazu verdiente sich Steiner seinen Lebensunterhalt als Hauslehrer und betreute ein schwerbehindertes Kind mit Wasserkopf bis zur Schulreife.

1890 siedelte Steiner nach Weimar über, um an der im Auftrage der Herzogin Sophie von Sachsen herausgegebenen »Sophienausgabe« mitzuwirken, die mit ihren 133 Bänden bis heute die vollständigste Gesamtausgabe der Werke

Rudolf Steiner im Jahre 1915

Goethes ist. Steiner erhielt den Auftrag, einige Bände der naturwissenschaftlichen Schriften zu edieren. Vor allem Goethes Metamorphosenlehre hatte es ihm dabei angetan. Nach Goethe sei alles Lebendige durch die modernen Naturwissenschaften und die Mathematik zwar zu berechnen, aber nicht in seinem inneren Wesen zu erkennen. Um dies zu erfassen, bedürfe es der übersinnlichen Zeitgestalt, der »Entelechie«. Steiner erweiterte diesen Ansatz in seiner 1891 fertiggestellten Dissertation. Neben der Arbeit fand er wenig Freude in Weimar. Die Stadt flößte ihm das »Gefühl des Ekels« ein. »Und dieses ist es, was ich nicht loswerde«, schrieb er in einem Brief, »wenn ich all die Jämmerlichkeit, die Kleinheit, die Borniertheit sehe, die mich hier umgibt.«[2]

1897 zog er von Weimar nach Berlin, womit zugleich ein »tiefgehender Umschwung« in seinem Innenleben verbunden gewesen sein soll: »Eine vorher nicht vorhandene Aufmerksamkeit für das Sinnlich-Wahrnehmbare erwachte in mir. Einzelheiten wurden mir wichtig; ich hatte das Gefühl, die Sinnenwelt habe etwas zu enthüllen, was nur sie enthüllen kann.«[3]

Er kam nach eigenen Angaben zu dem Gefühl, daß sein Denken nicht nur spekulativ sei, sondern eine besondere letzte Verbindung mit der wahren Wirklichkeit habe. Als einschneidend erwies sich die Begegnung mit Marie von Sivers im Herbst 1900. Die junge, baltendeutsche Schauspielerin, die 1914 seine zweite Frau wurde, führte ihn in theosophische Zirkel ein. Hier fand Steiner ein begeistertes Publikum für seine Spekulationen und hellseherischen Fähigkeiten.[4] Marie von Sivers war es dann auch, die Steiner darin bestärkte, eine neue, geisteswissenschaftliche Bewegung ins Leben zu rufen, die an den abendländischen Okkultismus anknüpfte. Sie gründete 1902 gemeinsam mit ihm die deutsche Sektion der Theosophischen Gesellschaft. Als Schauspielerin ging es ihr vor allem darum, das Künstlerische in der Bewegung zu stärken, den »schönen Rhythmus«, die »beseelte Körperkultur« zu befördern, was über die Eurythmie Eingang in die Waldorfpädagogik gefunden hat.

1906 begann Rudolf Steiner als Generalsekretär der deutschen Sektion der theosophischen Gesellschaft mit ausgedehnten Vortragsreisen quer durch Europa. Darüber hinaus gründete er eine Zeitschrift, in der Auszüge aus seinen Werken veröffentlicht wurden. 1912/13 kam es zum Bruch mit der Theosophischen Gesellschaft und damit später zur Gründung der Anthroposophischen Gesellschaft in Berlin. Der neugegründeten Gesellschaft ließ Steiner in den Jahren von 1913 bis 1916 in Dornach bei Basel eine eigene Tagungsstätte bauen, das sogenannte Goetheanum. Zu Füßen der dort befindlichen und von Steiner selbst geschaffenen Holzfigur, des sogenannten Menschheitsrepräsentanten, starb Rudolf Steiner am 30. März 1925.

Der Zulauf, den die Anthroposophen in den zwanziger Jahren hatten, ist sowohl auf das oft beschriebene Charisma Rudolf Steiners als auch auf die besonderen sozialpsychologischen Bedingungen nach dem ersten Weltkrieg zurückzuführen. Vor dem Hintergrund des Zusammenbruchs im November 1918 sowie der wenig erfolgreichen sozialen Erhebungen bis 1923 flüchteten viele Menschen in eine neue Innerlichkeit. Es florierte eine Reihe von »verkappten Religionen«. Mit der Rückbesinnung auf sich selbst erhofften viele auch eine Gesundung der äußeren Lebensverhältnisse herbeizuführen. Hier entstanden die Berührungspunkte zu den Ansichten von Rudolf Steiner, der sich in-

zwischen als Menschheitsführer verstand. So trat Kommerzienrat Emil Molt, der Leiter der Waldorf-Astoria-Zigarettenfabrik in Stuttgart, mit der Bitte an Steiner heran, für die
Kinder seiner Arbeiter eine Schule aufzubauen und diese
zu leiten. Steiner erhielt von den Behörden die Erlaubnis,
die Verantwortung und Ausbildung der Lehrer und die
Lehrplangestaltung selbst zu übernehmen. Im September
1919 kam es zur Gründung der ersten Freien Waldorfschule
in Stuttgart. Steiner hatte zuvor das Gründungskollegium
nach seinen Kriterien ausgewählt und in »allgemeiner
Menschenkunde« und Methodik unterwiesen.

Anthroposophische Menschenkunde

Entwicklungslehre

Die Anthroposophie Rudolf Steiners unterscheidet sich von modernen Wissenschaftsdisziplinen vor allem darin, daß sie ihre Erkenntnisse nicht vorrangig durch sinnlich-konkrete Anschauung und Verallgemeinern der Reflexion gewinnt, sondern sich auf Erfahrungsmöglichkeiten über Meditation und Intuition beruft. Grundlage anthroposophischen Denkens ist die Auffassung, daß der erkennende Mensch unabhängig von seiner Leiblichkeit existiere »und daß die Meinung des gewöhnlichen Bewußtseins, das Ich sei als absolut innerhalb des Leibes gelegene Wesenheit zu betrachten, als eine notwendige Illusion des unmittelbaren Seelenlebens zu gelten habe«.[1] Das erkennende Ich liegt Steiner zufolge außerhalb des Körpers. Weil man im Sinnlich-Wahrnehmbaren nur die Spiegelung des wahren Menschen vor sich habe, könne man mit den empirischen Methoden der modernen Naturwissenschaft nur einen Teil des Menschenwesens erforschen. Aufgabe des Anthroposophen sei es daher, das »gewöhnliche Bewußtsein« zu überwinden.

Steiners Ablehnung des wissenschaftlichen Denkens spiegelt sich auch in seinem Rückgriff auf die philosophische Tradition wider. Nicht in Descartes, Kant oder den modernen Naturwissenschaften findet er seine Vorläufer, sondern er stellt sich bewußt in gedankliche Traditionen eines intuitiven Denkens. Zur Legitimation seiner Lehre greift er auf östliche Weisheiten, die Mythen der Antike oder aber die Naturphilosophie Goethes zurück.

Rudolf Steiner geht grundsätzlich von einer Viergliedrigkeit des Menschen aus. Er unterteilt ihn in den physischen Leib, den Ätherleib, den Astralleib, den Ich-Leib.
Diesen vier Leibern entsprechen vier Stufen menschlicher
Erkenntnis: die sinnlich materielle, die imaginative, die in-
spirative, die intuitive. Dabei ist es für Steiner keine Frage,
daß die empirischen Wissenschaften der modernen Welt
nur den physischen Leib erforschen können, der seiner
Meinung nach der unterste Teil des Menschen ist. Steiner
formuliert:»Das, was die Sinnesbeobachtung am Menschen
kennenlernt und was die materialistische Lebensauffassung als das einzige im Wesen des Menschen gelten lassen
will, ist für die geistige Erforschung nur ein Teil, ein Glied
der Menschennatur, nämlich sein physischer Leib.«[2] Steiners Lehre von den vier Leibern läßt sich vielleicht am an-
schaulichsten mit Hilfe des Bildes der russischen Holz-
puppe (Matrjoschka) erklären: Die innerste Puppe ist der
physische Leib, der vom Ätherleib, der zweiten Puppe, um-
schlossen wird. Die dritte Puppe ist der Astral-, die äußerste der Ich-Leib.

Zur Begründung der Viergliedrigkeit des Menschen
greift Steiner auf die Naturphilosophie zurück: Einerseits
stellt er einen Zusammenhang zu den vier Elementarqua-
litäten (fest, flüssig, gasförmig, wärmehaft) her, andererseits
knüpft er eine Verbindung zu den vier Naturreichen: Mineral, Pflanze, Tier, Mensch. Der Mensch ist für ihn derjenige,
der als evolutionäre Ureinheit der Lebewesen die Natur-
reiche in sich zusammenfaßt. Um beim Bild der russischen
Puppe zu bleiben: Der Mensch ist die äußerste Hülle, der
die gesamte organische Welt (Tier, Pflanze, Mineral) in sich
einschließt.

Der physische Leib des Menschen – die innerste Hülle

– besteht aus organisch-mineralischen Stoffen, in welche er nach dem Tod zerfällt. Dieser Teil des Menschen unterliegt den physikalischen Gesetzen. Deshalb kann er auch mit Hilfe von Maß, Zahl und Gewicht erforscht werden. Dazu Steiner: »Die Geisteswissenschaft ... bezeichnet am Menschen nur als physischen Leib, was dieselben Stoffe nach denselben Gesetzen zur Mischung, Verbindung, Gestaltung und Auffassung bringt, die auch in der mineralischen Welt als Stoffe nach eben diesen Gesetzen wirken.«[3] Steiner nimmt eine weitgehende Analogie zwischen dem physischen Leib des Menschen und den Mineralien an.

Die zweite Schicht bildet der sogenannte Ätherleib, der den Menschen mit Pflanzen und Tieren verbindet. Dieser Äther- bzw. Lebensleib ist die innerste Hülle des physischen Leibes. Er ist nach Steiner nicht mehr der Wahrnehmung, sondern nur der Einbildungskraft zugänglich. Da er die äußere Erscheinung des Menschen prägt, ist er der »Architekt des physischen Leibes«.[4] Bei Tieren und Pflanzen ist er für Gestalt, Wachstum und Fortpflanzung verantwortlich, beim Menschen bestimmt er darüber hinaus auch einen Teil des Innenlebens. Dazu gehören gleichbleibende seelische Faktoren wie Gewohnheit, Temperament und Gedächtnis.

»Das dritte Glied ist der sogenannte Empfindungs- und Astralleib. Er ist Träger von Schmerz und Lust, von Trieb, Begierde und Leidenschaft. Alles dies hat ein Wesen nicht (wie die Pflanze, d. V.), welches bloß aus physischem Leib und Ätherleib besteht.«[5] Den Astral- bzw. Empfindungsleib hat der Mensch mit den Tieren gemeinsam. Er ist die mittlere Hülle, die die beiden inneren Leiber umschließt. Sie ist nach Steiner nur der geisteswissenschaftlichen Schauung auf zweiter Stufe, der Inspiration, zugänglich.

Der Ich-Leib ist die äußerste Hülle des Menschen. Sie ist nur dem sichtbar, der seine »Geistesorgane« wie Steiner bis zur Intuition, der höchsten Erkenntnisstufe, geschult hat. Das bedeutet, daß der nicht in die Anthroposophie Eingeweihte zunächst ganz im Inneren der russischen Puppe sitzt. Mit Hilfe von Steiners Lehre erhält er optische Instrumente, um immer weiter nach außen zu sehen.

Der Ich-Leib ist für menschliches Selbstbewußtsein, Individualität und Moralität verantwortlich. So meint Steiner: »Der Ich-Leib ist Träger der höheren Menschenseele. Durch ihn ist der Mensch die Krone der Menschenschöpfung. (…) Ja, darin liegt die Aufgabe des Ich, daß es die anderen Glieder von sich aus veredelt und läutert.«[6] Nach Steiners Auffassung durchläuft jeder Mensch von seiner Geburt bis zum Erwachsensein die vier verschiedenen Entwicklungsstufen. Er sieht diesen Prozeß als schrittweise Entfaltung des sichtbaren und der unsichtbaren Leiber an. So wie das Kind bis zu seiner Geburt von der physischen Mutterhülle umgeben ist, ebenso ist es bis zur Zeit des Zahnwechsels von einer Äther- und Astralhülle umgeben. Während des Zahnwechsels entläßt die Ätherhülle den Ätherleib, und es verbleibt die Astralhülle bis zum Eintritt der Geschlechtsreife. In diesen Zusammenhang spricht Steiner von den vier Geburten des Menschen. Aus der zeitweisen Vorherrschaft eines der vier Leiber ergibt sich der epochenmäßige Verlauf der menschlichen Entwicklung in Sieben-Jahres-Rhythmen: von der Geburt des physischen Leibes als Eintritt in das irdische Leben, über die Geburt des Ätherleibes mit dem äußeren Merkmal des Zahnwechsels und der Geburt des Astralleibes mit dem Kennzeichen der Geschlechtsreife bis hin zu der Geburt des Ich-Leibes mit dem Beginn des Erwachsenseins.

Der Waldorflehrer soll hierbei gezielt und sachgerecht

auf die verschiedenen Leibgeburten Einfluß nehmen. Jedes Jahrsiebt verlangt eine andere pädagogische Haltung gegenüber dem Schüler.[7]

Steiner hat seine Einteilung der menschlichen Entwicklung in siebenjährige Lebensphasen, sogenannte Hebdomaden, antiken Vorbildern entliehen. Die Sieben ist seit dem Altertum die kosmisch begründete Zahl der Altersgliederung. Das erste Zeugnis hierfür findet sich bei dem Athener Archonten Solon. Es stammt aus dem 6. Jahrhundert v. Chr.: »Noch als unmündiges Kind verliert zuerst man die Zähne, sieben Jahre vergehen, bis man gewechselt sie ganz. Hat man aber vollendet mit Gott zweimal soviel Jahre, kündigt beim Jüngling schon kommende Mannheit sich an. Folgen noch weitere sieben, beginnt schon der Bart ihm zu wachsen, zarter Flaum um das Kinn; größer noch. Viermal sieben und ganz zu der vollen Größe des Helden wächst der Jüngling heran, tut es gleich schon dem Manne.«[8]

Temperamentenlehre

Während Rudolf Steiner mit der Hilfe der Hebdomaden eine allgemeine Beschreibung und Deutung des menschlichen Lebens versucht, geht es ihm in seiner Temperamentenlehre darum, den Menschen in seiner individuellen Verschiedenheit zu erfassen. Dabei fällt jedoch auf, daß sich Steiner mit dem Stand der psychologischen Forschung seiner Zeit kaum beschäftigt hat, etwa mit Freuds Analyse des Unbewußten.

Die Psychoanalyse wie auch andere moderne Persönlichkeitstheorien finden in seinem Werk keinen Niederschlag. Statt dessen weisen Elemente seiner Temperamen-

tenlehre große Ähnlichkeit mit den gängigen Mustern der
Unterhaltungs- und Ratgeberliteratur seiner Zeit auf.[9]

Waldorfpädagogen gehen noch heute davon aus, daß für
die Erfassung der Schülerpersönlichkeiten die Lehre von
den vier Temperamenten (cholerisch, melancholisch, phleg-
matisch und sanguinisch) wesentlich ist. Sie sind überzeugt,
daß diese vier Temperamente entscheidende psychologische Determinanten sind, und führen ihren Ursprung auf
die Vorherrschaft eines der vier Leiber im Menschen
zurück. Steiners Einteilung lautet: »Wenn das Ich des Menschen durch seine Schicksale so stark geworden ist, daß
seine Kräfte vorzüglich herrschend sind in der vierfachen
Menschennatur und die anderen Glieder beherrscht, dann
entsteht das cholerische Temperament. – Wenn er dem Einfluß der Kräfte des astralischen Leibes besonders unterliegt, sprechen wir dem Menschen ein sanguinisches Temperament zu. – Wirkt mit einem Überschuß der Äther- oder
Lebensleib auf die anderen Glieder ein und drückt seine
Natur besonders dem Menschen auf, entsteht das phlegmatische Temperament. – Und wenn der physische Leib mit
seinen Gesetzen besonders vorherrschend ist in der
menschlichen Natur, so daß der Wesenskern nicht imstande
war, gewisse Härten im physischen Leib zu überwinden, so
handelt es sich um ein melancholisches Temperament.«[10]

Das heißt: Ein Mensch, der vom Ich-Leib beherrscht
wird und dadurch sehr selbstbewußt ist, neigt zum cholerischen Temperament. Jemand, der Schmerz und Lust besonders stark empfindet, da der Ätherleib in ihm vorherrscht,
ist Sanguiniker. Derjenige, der von gleichbleibenden seelischen Faktoren wie Gewohnheit und Gedächtnis bestimmt
wird, ist Phlegmatiker, und Melancholiker ist der, der von
seinem physischen Leib geprägt wird.

Auf psychologischer Ebene hat Steiner die Temperamente nur nach der Erregbarkeit von außen und der Stärke der Rückwirkung von innen unterschieden. Erregbarkeit und Stärke der Rückwirkung sind am größten beim cholerischen, am geringsten beim phlegmatischen Menschen. Hohe Erregbarkeit und schwache Rückwirkung kennzeichnen den Sanguiniker, niedrige Erregbarkeit und stärkere Rückwirkung den Melancholiker. Das bedeutet: Der Choleriker regt sich auf, verkraftet aber seine Aufregung, indem er seine Emotionen nach außen weitergibt. Anders der Sanguiniker: Er ist innerlich auch schnell aufgebracht, frißt aber allen Ärger in sich hinein. Ob in einem Individuum das eine oder andere Temperament stärker ausgeprägt ist, hängt vom Karma (Schicksalsgesetz) ab.

Ihren sichtbaren Ausdruck sollen die Temperamente in der menschlichen Physiognomie haben. Der Melancholiker ist demnach hager und knochig von Gestalt mit nachdenklicher und vorgebeugter Körperhaltung und der Tendenz, sich zu verbergen. Der Phlegmatiker dagegen ist wohlgenährt und rund. Er hat einen matten, oft kindlichen Gesichtsausdruck. Erstaunlich beweglich ist sein Gang. Der Sanguiniker wirkt zartgliedrig und wohlproportioniert. Ein lebhafter Blick, ausdrucksvolle Gesichtszüge und hüpfende Schritte sind seine Kennzeichen. Zuletzt der Choleriker: Er ist kurzbeinig, hat einen kurzen Hals, so daß der Kopf wie eingezogen wirkt. Muskulös und breitschulterig hat er einen energischen Schritt.[11]

Einen weiteren Zusammenhang sieht Steiner zwischen Temperament und Lebensalter.

In den ersten sieben Jahren dominiert mit dem Nerven-Sinnes-System das phlegmatische Temperament. Bis zur Pubertät herrscht das rhythmische Atem-Kreislauf-System zu-

sammen mit dem sanguinischen Temperament. Im dritten
Jahrsiebt tritt das Stoffwechsel-Gliedmaßen-System im Zu-
sammenhang mit dem cholerischen mehr und mehr in den
Vordergrund. Im vierten Jahrsiebt spielt das melancholische
Temperament eine große Rolle.

Wenn eines der vier Temperamente im Menschen gänzlich überhand nimmt, gewinnt es einen krankhaften Charakter. Steiner kennzeichnet das Pathologische wie folgt:
»Wenn das melancholische Temperament abnorm ausartet
und nicht innerhalb der seelischen Grenzen bleibt, sondern
ins Körperliche übergreift, so entsteht der Wahnsinn: Der
Wahnsinn ist die Ausartung des im wesentlichen melancho-
lischen Temperamentes. Die Ausartung des phlegmatischen
Temperamentes ist Schwachsinn oder Blödsinn. Die Ausartung des sanguinischen ist die Narrheit. Die Ausartung des
cholerischen ist die Tobsucht.«[12]

Diese »krankhaften« Auswirkungen zu verhindern ist
nun Aufgabe des Waldorfpädagogen. Er soll sich ein voll-
ständiges »Wesensbild« von jedem Schüler machen. Ausdruck dieser Beschäftigung ist unter anderem der Zeugnisspruch, den der Klassenlehrer auswählt und der sich auf das
Temperament des einzelnen Schülers beziehen soll.

Bis heute ist der Vorschlag Rudolf Steiners in Waldorfschulen gang und gäbe, in der achtjährigen Unterstufe jede
Klasse nach den vier Temperamentstypen in vier Abteilungen einzuteilen. Dabei sollen die Phlegmatiker und Choleriker außen sitzen und die Melancholiker und Sanguiniker
in ihrer Mitte Platz nehmen. Ohne in erster Linie Sympathie und freundschaftliche Verbindungen zwischen einzelnen Schülern zu berücksichtigen, soll der Klassenlehrer die
Sitzordnung der Kinder bestimmen, nachdem er die ersten
drei bis fünf Wochen dazu verwandt hat, die Temperamente

der Schüler zu beobachten. Ziel dieser Temperamenten-Erziehung ist es, daß sich die Kinder gegenseitig therapieren. Wenn der Klassenlehrer Phlegmatiker zusammensetzt, üben sie – so Steiners Überlegung – untereinander Selbstkorrektur. Sie werden sich gegenseitig langweilig und ändern dadurch ihr Verhalten. Z. B. auch die Choleriker: Sie prügeln und puffen sich gegenseitig, bis sie der Prügel und Püffe überdrüssig werden.[13] Als weiteres pädagogisches Mittel hat der Waldorflehrer für jede Temperamentsgruppe eine entsprechende Erzähl- und Darstellungsweise. Das gleiche Märchen wird in temperamentsspezifischen Fassungen vorgetragen und auf seine jeweilige Wirkung hin berechnet.

Wie die Entwicklungslehre hat auch die Temperamentenlehre Steiners antike Vorläufer. Hier ist vor allem Hippokrates zu nennen, der als Begründer der medizinischen Wissenschaft über die Antike und das Mittelalter hinaus bis ins frühe 19. Jahrhundert immer wieder Beachtung fand. Grundlage der hippokratischen Heilkunst ist die Auffassung, daß Gesundheit aus der Harmonie der Elemente bzw. aus der richtigen Mischung der vier Körpersäfte (Blut, Schleim, dunkle Galle, helle Galle) besteht. Disharmonie bzw. die falsche Mischung bedeutet Krankheit. In der Heilkunst galt der Grundsatz »contraria contraris curantur«, das heißt die Heilkunst bestand vor allem in der Wegnahme des Überschüssigen und im Zusetzen des Fehlenden, um die naturgemäße Harmonie des Körpers wiederherzustellen.

Anthroposophische Erkenntnistheorie

Weltbild

Rudolf Steiners Erkenntnistheorie stützt sich auf den seit der Antike bekannten Gedanken, daß Mensch und Kosmos gleichartig sind, worauf in der Literatur immer wieder verwiesen wird. »Der Mensch ist im kleinen ein Kosmos, der Kosmos im großen ein Mensch. Welt, Natur und Geschichte sind ein genaues Pendant des Menschen, der Mensch deren Synthese en miniature. So wie ein Modell z. B. ein Haus im kleinen wiedergibt, so spiegelt der Mensch den Kosmos, und dieser findet sich im Menschen wieder.«[1] Die Grundgleichung, daß der einzelne ein Kosmos im kleinen und der Kosmos ein Mensch im großen ist, läßt sich unendlich variieren. Der Knochenbau des menschlichen Arms spiegelt nach Steiner die klassische Tonskala und damit die musikalischen Ordnungen wieder; der Zahnbestand eines Kindes drückt dessen intellektuelle Verfassung aus; die Art, wie es mit den Füßen auftritt, läßt auf sein früheres Erdenleben schließen. Die vier Grundelemente Erde, Wasser, Feuer, Luft entsprechen den vier Temperamenten; die sieben Weltzeitalter lassen sich dagegen in den sieben Phasen des irdischen Lebens wiederfinden. Dieses Analogieverfahren geht von der Annahme aus, daß der Mensch in seiner Leiblichkeit das Maß aller Dinge und Ausdruck einer übersinnlichen und überräumlichen makrokosmischen Geisteswelt sei. Steiner: »Die ganze Welt, außer den Menschen, ist ein Rätsel, das eigentliche Welträtsel; und der Mensch ist selbst die Lösung.«[2]

Eine solche ganz auf den Menschen bezogene Weltvorstellung hat freilich auch Konsequenzen für den Erkenntnisprozeß. Durch Konzentrations- und Meditationsübungen soll sich das Bewußtsein erweitern und zu Erkenntnissen über »geistige Tatsachen« gelangen, die die in Natur und Geschichte wirksamen Kräfte »ganzheitlich begreifbar« machen. Dabei erhebt die Steinersche Erkenntnismethode den Anspruch, eine exakte Erfahrungswissenschaft der höheren Welten zu sein. Doch sie identifiziert den erlebten Vollzug des Wahrnehmens, Beobachtens und Urteilens mit den äußeren Dingen selbst, die dann wie ein nachprüfbarer Sachverhalt behandelt werden.

Steiner propagiert ausdrücklich die reale Existenz eingebildeter Wesenheiten. Zur Erläuterung dieses Vorganges führt Klaus Prange ein Beispiel an: Wenn wir uns ein Einhorn vorstellen, uns dieses Fabeltier intensiv vor Augen führen und uns Geschichten davon erzählen, dann wissen wir dennoch, daß es Einhörner in der Realität nicht gibt. Steiner denkt gerade das Gegenteil. Er schließt von der Wirklichkeit des Vorstellens auf die Wirklichkeit des Vorgestellten.[3]

Für einen anthroposophischen Lehrer, der die Vorstellung Rudolf Steiners verinnerlicht hat, »ist die Erzählung über Zwerge, Elfen und sonstige Märchen- und Sagengestalten kein Thema der symbolischen Übertragung von kulturell verdichteten Lebensweisheiten, sondern in seiner versponnenen und verspukten Welt haben die Geister einen realen Existenzanspruch«.[4] Das All ist bevölkert von Elementargeistern und religiösen Wesenheiten, die durch den esoterischen Schulungsweg der Anthroposophie wahrgenommen und erkannt werden können.

Im Gegensatz zur bewußten methodischen Selbstbegrenzung und prinzipiellen Unabschließbarkeit moderner wissenschaftlicher Forschung will Rudolf Steiner die Welt weiterhin als wohlgeordnetes Ganzes gleich einer ewig un-

wandelbaren Wahrheit ansehen. In Form einer zwingenden
modernen Wissenschaft will er dasjenige festschreiben, was
sich auf diese Weise nicht wissen läßt. Deshalb lassen sich
seine Überlegungen auf eine zirkuläre und gegen Kritik im-
mune Denkfigur reduzieren: Man will beweisen, was man
schon weiß, und beobachtet in der Wirklichkeit, was man
sich in der Einbildung vorgestellt hat.

Den Gefahren eines solchen Denkens, dem das Bedürfnis nach einer ganzheitlichen Weltschau wichtiger ist als die
Frage der Objektivität und Intersubjektivität der eigenen
Erkenntnisart, ist Steiner mit seiner Art der Forschung vollkommen erlegen.[5]

Wissensquellen

Das markanteste Beispiel für Steiners sogenannte Geistes-
forschung ist die Beschreibung der Menschheits-, Erden-
und Kosmosentwicklung. Die Menschheitsgeschichte ist
nach ihm gänzlich in der Entwicklung des Kosmos verankert, und die geistige Evolution der Menschheit entspricht
dem Gang der Weltenentwicklung. Steiner unterscheidet
sieben planetarische Weltenalter der Erde, von denen sich
jedes wiederum in sieben Unterperioden aufteilt. Diese
werden nach unterschiedlichen Menschenrassen und mate-
riellen Verdichtungsgraden differenziert. Das Ergebnis seiner »Forschungen« hält er in einem Buch mit dem Titel
»Aus der Akasha-Chronik« fest. Es handelt sich dabei um
Aufsätze, die er in seiner Zeitschrift »Lucifer-Gnosis« von
Juli 1904 bis Mai 1908 publizierte. Sie erschienen als Son-
derdruck 1909 und als Buch erstmals 1939.

Quelle dieser Aufzeichnungen ist die sogenannte

»Akasha-Chronik«, eine »lebendige Schrift«, die nicht als Aufzeichnung existiert. Um über eine vor Jahrzehntausenden oder Jahrmillionen untergegangene Welt wie z. B. den zwischen Europa und Afrika gelegenen Erdteil Atlantis Erkundungen einzuholen, will sich Steiner nicht auf die gewöhnlichen »äußeren« Quellen der Fachhistoriker stützen. Für das Studium dieser Welten bevorzugt er eine andere Erfahrungsmöglichkeit: das »Lesen« in der »Akasha-Chronik«. Mit Hilfe dieser »lebendigen« Schrift können die Vergangenheit und die Zukunft eingesehen werden. Dazu Steiner: »Diese Geschichte ist allerdings mit anderen Buchstaben geschrieben als die gewöhnliche Geschichte. Sie wird in der Gnosis, in der Theosophie die ›Akasha-Chronik‹ genannt. Nur eine schwache Vorstellung kann man in unserer Sprache von dieser Chronik geben. Denn unsere Sprache ist auf die Sinnenwelt berechnet.«[6] Dieses Lebens- und Schicksalsbuch der ganzen Menschheit ist die neue Quelle geschichtlichen Wissens überhaupt. Daß sie nur »unmittelbar geistig« wahrgenommen werden kann, bedeutet: Sie ist nicht aufgeschrieben und kann von keinem Uneingeweihten eingesehen werden.

Das erste Kapitel der »Akasha-Chronik« handelt von den atlantischen Vorfahren. Diese Urmenschen besaßen anstelle eines logischen Verstandes ein vorzügliches Gedächnis, statt in Begriffen dachten sie in Bildern, und das Einmaleins war ihnen noch unbekannt. Die Atlantiker konnten »die Samenkraft der Lebewesen in ihren technischen Dienst stellen«. Der Atlantiker »wußte, wie man es macht, um die Kraft eines Kornhaufens in technische Kraft umzuwandeln, wie der gegenwärtige Mensch die Wärme eines Steinkohlehaufens in eine solche Kraft umzuwandeln vermag. Pflanzen wurden in der atlantischen

Zeit nicht bloß angebaut, um sie als Nahrungsmittel zu benutzen, sondern um die in ihnen schlummernde Kraft dem Verkehr und der Industrie dienstbar zu machen.«[7] Die Atlantiker hatten auch Fahrzeuge, mit denen sie in geringer Höhe herumfuhren, und Steuervorrichtungen, durch die sie sich über Gebirge erheben konnten.

Steiner projiziert hier die Lebenswelt des beginnenden 20. Jahrhunderts auf eine Menschheitsepoche, die angeblich Jahrzehntausende zurückliegen soll.

Insgesamt gibt es nach Steiner sieben Sternenzeiten. Vier sind schon vergangen oder noch im Gange, drei stehen noch aus. Wir selbst leben im fünften nachatlantischen Zeitalter der Erdenzeit, das von 1413 bis 3573 n. Chr. reicht. So wie es sieben Sternenzeiten gibt, existieren auch sieben Stadien des Lebensweges, die diese spiegeln: dem Saturnischen entspricht der physische Leib, dem Sonnenhaften der Ätherleib, der Mondenzeit der Astralleib. In der gegenwärtigen Erdenepoche entfaltet sich als höchstes der Ich-Leib, und so wird es weitergehen mit dem Geist (selbst Jupiterzeit), dem Lebensgeist (Venuszeit) und schließlich dem Geistmenschen (Vulkanzeit).

Mit Hilfe der »Akasha-Chronik« sieht Steiner die ferne Zukunft ebenso klar vor sich wie die Millionenjahre zurückliegende Vergangenheit. Zur Zukunft des Menschen gehört seine Unsterblichkeit. Steiner entwickelt darüber folgendes: Alle Vorstellungen und Gedanken tragen die »Anlage in sich, wieder wirklich, bildhaft zu werden«. Wenn der heutige Mensch von der Farbe rot spreche, sei diese Vorstellung nur ein Schattenbild der Farbe. Der Mensch der Zukunft werde, wenn er rot denke, auch wirklich rot vor sich haben. »Eine Bilderwelt wird künftig durch des Menschen eigene Macht in seiner Seele auf- und abwogen, wogegen während des

Monddaseins eine solche Bilderwelt ohne sein Zutun ihm das Innere ausfüllte«.[8] Indem der Mensch aus sich selbst heraus Bilder erschafft, ist er Herr über Leben und Tod. Dieses neue Bildbewußtsein des Menschen wird sich im sogenannten Jupiterzeitalter verwirklichen.

Die Lektüre der »Akasha-Chronik« soll eine schrankenlose Erkenntnis ermöglichen, die das Entlegenste zusammenbringen kann: die Sterne und die Organisation des menschlichen Leibes, das Denken und die Elemente, die Zeiten und die Lebensformen. Dem unvorbereiteten Leser – so Steiner – würden diese Zusammenhänge wie »wilde Phantastik« erscheinen; nicht aber dem in die Anthroposophie Eingeweihten, der den von Rudolf Steiner vorgezeichneten Schulungsweg bereits hinter sich gelassen hat. Wieder handelt es sich um einen Zirkelschluß: Was gelernt und erkannt werden soll, steht in der »Akasha-Chronik«, die aber nur gelesen werden kann, wenn man die Einweihung bereits hinter sich hat. Was für Steiner die Quelle der Erkenntnis ist, stellt sich für viele Leser nicht nur als wirr und unausgegoren, sondern für den Freiburger Psychiater Wolfgang Treher als Wahnsystem eines Schizophrenen dar.[9] Dabei zieht er Verbindung zu Daniel Paul Schrebers »Denkwürdigkeiten eines Nervenkranken«: »Steiners Lektüre einer ›lebendigen Schrift‹ ist die durchsichtige Umschreibung dessen, was in der Klinik als Gedankenübertragung und ›Stimmenhören‹ des Schizophrenen bekannt ist.«[10] Ebenso ergeben sich für Treher in der für chronisch Schizophrene charakteristischen Einschachtelungsmethode, in der Leiber wie Geister vervielfältigt werden, Parallelen zum Fall Schreber: »Zentralmotiv der Akasha-Chronik: ein Etwas zerfällt und wird zu dem, was Steiner als Wurzelrassen, Stufen- und Unterrassen bezeichnet.«[11]

Pädagogische Konsequenzen

Waldorflehrplan

Beispiel für die unmittelbaren Auswirkungen des anthroposophischen Welt- und Menschenbildes auf die Waldorfpädagogik sind Steiners Überlegungen zu einem »lebendigen Lehrplan«. Die Curriculumgestaltung fußt auf der Annahme, daß das Kind in seiner Individualentwicklung die ganze Menschheitsgeschichte wiederhole: »Im zehnten Jahre ist das Kind ›Germane‹, dann ›Grieche‹, dann absolviert es die Wanderung vom Osten bis ans Mittelmeer und wird als Zwölfjähriger ein Römer, im dreizehnten ein Ritter und Klosterbruder, ein Columbus ... und ist mit der Geschlechtsreife in seiner eigenen Gegenwart angekommen.«[1] Aus dieser Vorstellung einer vollkommenen Entsprechung von phylogenetischer und ontogenetischer Entwicklung zieht Steiner die pädagogische Folgerung, daß Lebens- und Unterrichtsphasen miteinander korrespondieren müssen. Das bedeutet: In dem Alter, in dem das Kind am meisten Grieche ist, soll das Griechentum im Unterricht behandelt werden. Dieser Gedanke entspricht weitgehend Tuiskon Zillers »Kulturstufentheorie«, die dieser 1869 als pädagogisches Lehrplankonzept für die Fächer Deutsch, Geschichte und Religion vorgeschlagen hatte.[2]

Dem Bund der Freien Waldorfschulen in Stuttgart liegt es freilich fern, einen klar umrissenen, auf bestimmte Ziele fixierten Lehrplan vorzugeben, geht es doch gerade um die »Lebendigkeit« des Unterrichts. Statt dessen gibt es als Muster den seit 1978 immer wieder neu aufgelegten Lehrplan

der Stuttgarter Musterschule, einzelne praktische Lehrer-
erfahrungen und eine Fülle von Unterrichtsbeispielen in
der Zeitschrift »Erziehungskunst«. Sie sollen Anregungen
dafür geben, den Unterricht nicht nur – wie im staatlichen
Schulwesen – als Wissensvermittlung und Erziehung, sondern auch als »Seelennahrung« für die Heranwachsenden
zu betrachten.[3]

Losgelöst von den politischen und gesellschaftlichen
Umbrüchen seit dieser Zeit ist der Waldorflehrplan weitgehend unverändert geblieben und nimmt mit jeder Einschu-
lung wieder seinen gewohnten Lauf: Im ersten Schuljahr
werden Märchen, im zweiten Legenden und Fabeln und im
dritten Geschichten aus dem alten Testament behandelt.
Das vierte Schuljahr ist der germanischen, das fünfte der
griechischen Mythologie gewidmet. Im sechsten Jahr werden die römische Geschichte und das Mittelalter vermittelt.
Die europäische Expansion nach Übersee ist Gegenstand
des siebten Schuljahrs. In der achten Klasse kommen be-
deutende Persönlichkeiten zu Wort, die Steiner selbst ausgewählt hat und die den Schülern als Vorbild dienen sollen.
Diese inhaltliche Gliederung zielt darauf ab, den Schüler
nicht nur in die Vergangenheit zurückzuführen, sondern ihn
gemäß seinem Alter auch existentiell betroffen zu machen.[4]

Analoge Überlegungen bestimmen auch den Naturkun-
deunterricht an den Waldorfschulen. Wie der Gang der
Weltgeschichte der ontogenetischen Entwicklung entspricht, so werden auch Pflanzen- und Tierreich auf den
Menschen als »Krone der Schöpfung« bezogen, der stets im
Mittelpunkt steht. Hierfür deutet Steiner die gesamte Tier-
welt als fächerförmig auseinandergefalteten Menschen, der
wiederum in seiner physischen Organisation die Zusam-
menfaltung des ganzen Tierreichs darstellt. Demgegenüber

ist die Pflanzenwelt mit dem Seelenleben des Menschen zu vergleichen.[5]

Aber nicht nur die Unterrichtsinhalte selbst, sondern auch die Vermittlung des Stoffes soll auf die jeweilige »Leibesentwicklung« des Kindes abgestimmt sein. So wird in der Zeit zwischen Zahnwechsel und Geschlechtsreife, in der sich der sogenannte Ätherleib entfaltet, vor allem mit Hilfe von anschaulichen Bildern unterrichtet, da sonst »körperlicher oder seelischer Schaden« entstehen könnte. Der Lehrer sollte hierbei, so wird in der »Erziehungskunst« angeregt, die gestaltende Tätigkeit eines Künstlers übernehmen.

Ähnlich wird auch das Alphabet in der ersten Klasse eingeführt: Nicht über Worte oder über die Ganzheitsmethode, sondern die Buchstaben werden malerisch aus einer anschaulichen Geschichte heraus entwickelt. Die Waldorfschülerin Charlotte Rudolph schreibt dazu: Die Kinder bekommen »ein Märchen über einen guten und starken König erzählt und lernen eine Strophe über ihn, die sie kräftig im Chor rezitieren. (…) Ein Kraftvoller König Kommt zu dem Kampf wo die Klingen Klirren und Krachen. So lernen sie, was das »K« für ein Wesen sei. Anschließend malen sie den guten, kämpfenden König mit ihren Wachsfarben; die Krone trägt er auf seinem Haupt und das Schwert in seiner Hand. Mit seinem nach oben gestreckten Arm und seinem hoch vorne gestellten Fuß scheint er bereit, gleich seinen Feind zu vernichten. Am nächsten Tag wird er in dieser Zeichnung magerer und dann noch magerer und schließlich bleibt nur noch das »K« übrig.«[6] So plastisch diese Methode auch sein mag, vermittelt sie doch mit der Wesensverwandtschaft zwischen dem kraftvollen König und dem Buchstaben »K« eine eigenwillige anthroposophische Prägung für das ganze Leben.

Dies entspricht der Gesamtintention des Unterrichts, die – so Steiner – darauf abzielt, Ehrfurcht und Scheu beim Schüler zu erzeugen. Die »heilige Scheu« verhindere voreiliges (damit allerdings auch eigenständiges) Urteilen, denn das Kind solle bis zum Eintritt in die Geschlechtsreife kein kritischer Beobachter, sondern »Genießer« seiner anthroposophischen Umgebung sein. Vom zwölften Lebensjahr an sollen dann die intellektuellen Fähigkeiten stärker ausgebildet werden. Der Jugendliche hätte zu diesem Zeitpunkt die anthroposophischen Grundlagen hinreichend verinnerlicht. Von nun an könne er mitdenken und seine Autoritäten selber wählen, ohne in seinen Bezugswerten erschüttert zu werden.

Eine Veränderung der Unterrichtsmethode bedeutet dies allerdings nicht. Auch in Chemie und Physik, Mineralogie und Mathematik wird aus der sinnlichen Anschauung und aus dem Künstlerischen heraus unterrichtet, was sich oft bei theoretischen Zusammenhängen und dem dafür erforderlichen abstrakten Denken als schwierig erweist.

Waldorflehrer

Da Waldorfpädagogik nicht nur Wissensvermittlung und Erziehung, sondern Einweihung in anthroposophische Wahrheit sein will, kommt dem Lehrer eine ganz besondere Bedeutung zu. Er ist von höheren Mächten auserwählt, zugleich das »Schicksal der Kinder«. Umgekehrt sind auch die Schüler für ihn nicht einfach Schüler. Vielmehr hat er es in den organischen Formkräften mit geistigen Wesenheiten zu tun, die aus der übersinnlichen Welt stammen. Waldorfpädagoge und Zögling gehen somit eine heilige, karmische

Verbindung ein, die weit über das traditionelle Lehrer-Schüler-Verhältnis hinausgeht.

Aus der Tatsache, daß der Heranwachsende bis etwa zum zwölften Lebensjahr gegenüber dem vom Lehrer vermittelten Stoff Bewunderung und Ehrfurcht empfinden sollte, ergibt sich die besondere Autorität des Erziehers. Dazu Klaus Prange: »In der Waldorfschule herrscht der Lehrer; er ist König, absoluter Monarch und an keine Konstitution gebunden außer seiner Wesenserkenntnis, gegen die es keine Appellation und keine Berufung gibt.«[7] Vor diesem Hintergrund relativiert sich der Anspruch der Waldorfschule, eine »freie«, liberale Pädagogik zu vertreten.

Orthodoxe Waldorflehrer sehen das Kind als ein formbares Wesen an, dessen karmische Strukturen aus dem vergangenen Leben vorgegeben sind und im Laufe der Erziehung erneut entfaltet werden müssen. Durch die Erziehungskunst des Lehrers soll nach Steiner das Eigenwesen des Menschen in Erscheinung treten.[8] Dabei berufen sich die Waldorfpädagogen auf Platon, für den alles Lernen und Erziehen »Hebammenkunst« war, galt es doch, die hinter der sinnlichen Wahrnehmung liegenden Ideen zutage zu fördern. Wie der Philosoph bei Platon »Hebamme« ist, so empfindet sich der Waldorflehrer beim Unterrichten als Geburtshelfer.

Höchstes Berufsethos erfährt der Waldorfpädagoge aber erst als Seher und Priester, denn seine heiligste Aufgabe ist es, das im Kinde veranlagte Göttlich-Geistige zu entfalten.[9] Das erzieherische Handeln wird als eine Art religiösen Kultes begriffen, als Vermittlung einer bestimmten meditativen Lebenshaltung.[10]

Als logische Konsequenz ergibt sich daraus, daß sich der Waldorfpädagoge gegen die moderne »materialistische Lebensauffassung« immunisieren muß, will er sich ganz und gar dem Steinerschen Kosmos widmen. Mit dessen Hilfe kann er dann auch auf seine Weise jede Situation in der Klasse mit einem Naturereignis in Verbindung bringen und beherrschen: Der Wutausbruch eines Kindes wird kurzerhand als Donner gedeutet, Erlebnisse, in denen der Lehrer selbst gekränkt wird, lassen sich in eine fremde, losgelöste Sache verwandeln. Aus diesem Abstand erwächst – so Steiner – seine »positive innere Kraft«. Für den Schüler allerdings wirkt ein Lehrer ohne sichtbare Emotionen unangreifbar und unerreichbar, weil er mit Hilfe seiner anthroposophischen Selbstbeherrschungsstrategien einen Schutzwall um sich herum aufgebaut hat.

Um die Entwicklung des Jugendlichen über einen langen Zeitraum unmittelbar prägend vorantreiben zu können, existiert in der Waldorfschule eine besondere Form der Klassenlehrerschaft: Die Schüler werden acht Jahre lang nicht nur in allen Fächern des Hauptunterrichtes von einem Lehrer begleitet, sondern darüber hinaus von diesem auch im Elternhaus regelmäßig besucht. Durch die persönliche Bedeutung, die der Klassenlehrer auf diese Weise für das Kind und auch die Eltern gewinnt, soll er in Stellvertretung Rudolf Steiners selbst zu einer Leitfigur werden.

Paul-Albert Wagemann

Praktische Erfahrungen mit der Waldorfpädagogik

Methodisches Herangehen

Das in der Öffentlichkeit bekannteste Produkt der anthroposophischen Bewegung dürfte noch vor Demeter-
Gesundheitskost und Weleda-Heilmittelkosmetik die Waldorfpädagogik sein.

Die sogenannten Freien Waldorfschulen breiten sich
seit den siebziger Jahren immer schneller in alle Himmelsrichtungen aus. Die Gründungswelle in den fünf neuen
Bundesländern erlaubt es, von einem regelrechten Boom
zu sprechen.

Die auf dem pädagogischen Meinungsmarkt am häufigsten gehandelte Einschätzung bezüglich der Waldorfschulen lautet: Fern von den Zwängen der Staatsschule werde
hier ohne Angst, auf die Talente und Fähigkeiten des einzelnen Schülers eingehend, ohne Leistungsdruck in auf-
gelockerter Atmosphäre und schöner Umgebung mit
künstlerisch-praktischer Orientierung gelehrt und gelernt.

Bücher und Aufsätze, in denen diese Einschätzung un-
termauert wird, gibt es in allen Buchhandlungen und öffentlichen Bibliotheken zuhauf. Sie werden nicht nur von
anthroposophischen sondern auch von anderen Verlagen
vertrieben und verstärken das Bild von der »menschliche-
ren Alternative« zur Staatsschule.

Inzwischen sind aber auch einige kritische Bücher zur
Waldorfpädagogik erschienen. Bei solchen Titeln handelt
es sich in der Regel um wissenschaftlich-pädagogische, psychologische und historische Darstellungen.

Bis auf wenige Ausnahmen sind sie aus theoretischer
Perspektive von außen verfaßt.

Die vorliegende Schrift, entstanden auf der Basis einer
Tätigkeit als nicht-anthroposophischer Lehrer an einer

bundesrepublikanischen Waldorfschule, bevorzugt die Perspektive einer Außenansicht von innen.

Im Unterschied zur demokratisch verfaßten Staatsschule, wo Eltern gewöhnlich als Anwalt ihrer Kinder auftreten, befinden sie sich an der Waldorfschule eher in der Situation, Erziehungsgehilfen der Schule zu sein. Schon bei der Anmeldung ihres Kindes gleichen sie den Menschen im Märchen von des Kaisers neuen Kleidern: Sie werden mit einer völlig anderen Sichtweise auf ihr Kind konfrontiert. Und genau wie in dem Märchen verhält sich auch die Mehrheit der Eltern.

Um einer solch paradoxen Situation vorzubeugen, scheint es angebracht, einmal aus praktischer Sicht jene Winkel und Ecken auszuleuchten, in die das Licht wissenschaftlicher Untersuchungen bisher nur aus theoretischer Perspektive gedrungen ist.

Dabei stellt sich zwangsläufig die Frage: Ist es überhaupt legitim, von *der* Waldorfschule, von *dem* Waldorflehrer, von *der* Waldorfpädagogik zu sprechen? Stellt dieses typisierende Verfahren nicht eine Vergröberung, eine Entstellung der Wirklichkeit dar?

Wer sich intensiver mit dem Thema Waldorfschule beschäftigt, wird sehr bald erkennen, daß es entschiedene Befürworter, aber auch entschiedene Gegner dieser Pädagogik gibt. Die Vorwürfe der letztgenannten sind im wesentlichen: Dogmatismus und Intoleranz der Lehrerschaft, Übergriffe auf die körperliche und geistige Integrität der Schüler, überstarker Moralismus, repressive und autoritäre Führungsmethoden, ideologische Überfrachtung der Unterrichtsinhalte, selbst dort, wo weltanschauliche Neutralität behauptet wird.

In diesem Zusammenhang gibt es landläufige Urteile,

daß die Waldorfschule in P. liberaler sein soll als die in B., das Kollegium in S. besonders konservativ und bigott, in H. dagegen aufgeschlossen und progressiv. Sicher gibt es solche Unterschiede. Sie rühren von der Zusammensetzung des Kollegiums her, von dem Alter und der Größe der Schule, dem Anteil an Voll-, Halb-, Viertel- und Nicht-Anthroposophen. Diese Unterschiede sind jedoch nur gradueller, nicht struktureller Natur. Methodische und didaktische Verfahren sind an allen Waldorfschulen nahezu gleich, genauso wie die Konflikte zwischen Lehrern und Schülern bzw. Eltern und Schule.

Es wird zu zeigen sein, daß negative »Nebenwirkungen« der Waldorfpädagogik keineswegs zufällig sind. Sie werden von allen voll entwickelten Waldorfschulen berichtet, ob aus Stuttgart, Dortmund oder Bremen. Eine erstaunliche Erfahrung bei der Recherche innerhalb der Problemzone Waldorfschule ist allerdings die geringe Bereitschaft der Eltern, des Kaisers neue Kleider als das zu erkennen, was sie sind: Wunschvorstellungen.

Einen wesentlichen Anteil bei der Beschreibung und Analyse der Waldorfschulpraxis stellen darum jene Fälle dar, in denen sich das Erleben von Konflikten durch Eltern und Schüler einerseits und die Sichtweise von Schulvertretern andererseits nicht mehr vereinbaren ließen.

Die Tatsache, daß sich das Erziehungsgeschehen an der Waldorfschule nach außen hin relativ konfliktfrei zu vollziehen scheint, ist eher beunruhigend. Sie verweist auf das in Deutschland traditionell beobachtbare Phänomen der Anpassung und Unterwerfung unter Autoritäten und Expertenmeinungen.

Methodisch gesehen werden in jeweiliger Angemessenheit an den untersuchten Gegenstand – Lesebücher,

Unterrichtsverfahren, das Phänomen körperlicher Züchtigung, die ideologische und soziale Verfaßtheit der anthroposophischen Bewegung, das pädagogisch-menschliche Profil des Waldorflehrers und anderes – verschiedene Lupen verwendet: die philologische wie auch die psychologische, die historische sowie die soziologische.

Die dabei entstandenen Ergebnisse beruhen auf einer authentischen Grundlage. Materialien und Falldarstellungen wurden von verschiedenen Waldorfschulen der Bundesrepublik herangezogen.

Ganz neue Einblicke in das politische Verhalten der anthroposophischen Bewegung ermöglichte der Anschluß der DDR an die Bundesrepublik und die Gründung neuer anthroposophischer Unternehmungen mit pädagogischen Zielen.

Die Vorzüge der Waldorfschulen vor staatlichen Schulen, ihre besonderen Leistungen auf dem Gebiet des praktischen Tuns in Werkstätten, beruflicher Bildung, Schulgärten usw. werden als bekannt vorausgesetzt und bleiben außer Betracht.

Es gibt unterschiedliche Versuche nachzuweisen, daß Waldorfschüler später besser im Leben zurechtkommen, daß besonders viele ihrer Absolventen Führungspositionen in Wirtschaft, Kultur und Politik übernehmen, ja, es grassiert der Mythos vom ehemaligen Waldorfschüler, der sich alles anzupacken traut, dem stets unkonventionelle Problemlösungen einfallen. Selbst wenn diese Mythen einen Bezug zur Wirklichkeit haben sollten, muß gefragt werden, ob der Schüler es *wegen* oder trotz Waldorfschule zu etwas gebracht hat. Darüber hinaus muß bedacht werden, daß es sich bei der Waldorfschülerschaft um eine Positivauswahl aus meist finanziell und sozial privilegierten Elternhäusern handelt.

Diese unterstützen die Waldorfschule oft mit sehr viel Geld und persönlichem Einsatz und ermöglichen ihren Kindern zusätzliche Bildungsangebote in Form von Auslandsaufenthalten, musikalischer und außerschulischer künstlerischer Betätigung. Bei allem, was über die »Leistungen« der Waldorfschule an positiven Vorurteilen existiert (»Man hört ja so viel Gutes von der Waldorfschule...«), sollte dieser entscheidende Faktor mitbedacht werden.

Wenn im Zusammenhang mit Waldorfpädagogik von der Staatsschule mitunter als aufgeklärt und weltoffen die Rede ist, dann nicht deshalb, weil sie die bessere pädagogische Alternative darstellt, sondern weil diese in bestimmten Zügen vor dem Hintergrund der Waldorfschule so wirkt.

Die Waldorfschule als einen pädagogischen Paradiesgarten, als einen Hort der Menschlichkeit zu sehen, dem man seine Kinder guten Gewissens anvertrauen kann, ist sicher eine Wunschvorstellung, die viele Eltern angesichts der Zustände an Staatsschulen veranlaßt, ihre Kinder dort anzumelden. Ob die untersuchten Ausschnitte aus der Praxis der Waldorfschule dieser Vorstellung entsprechen, ist unter anderem Thema der folgenden Seiten.

Wenn dabei vom Waldorflehrer und Waldorfschüler bzw. vom Lehrer und Schüler gesprochen wird, ist selbstverständlich immer auch die Lehrerin sowie die Schülerin gemeint. Aus praktischen Gründen wird auf das Ausschreiben der Doppelform verzichtet.

Zu besonderem Dank bin ich denjenigen Freunden, Eltern und Schülern verpflichtet, ohne deren Mithilfe dieses Buch nicht hätte zustandekommen können. Weitere Hinweise werden gern bei einer Nachauflage berücksichtigt.

Die Entwicklung der deutschen Waldorfschulen seit 1919

Im Jahr 1919 kam die erste deutsche Waldorfschule, im Fruchtwasser des reformpädagogischen und sozialreformerischen Gedankenguts ihrer Zeit herangewachsen, zur Welt.[1] Der Kommerzienrat Emil Molt, dem anthroposophischen »Bund für Dreigliederung des sozialen Organismus« (Bewegung zur Entflechtung von Staat, Wirtschaft und Geistesleben) angehörig und sozialreformerisch eingestellt, hatte sie in seiner Eigenschaft als Direktor der Waldorf-Astoria-Zigarettenfabrik in Stuttgart für die Kinder seiner Arbeiter und Angestellten gestiftet.

Nicht nur Kinder aus wohlhabenden Schichten sollten die Möglichkeit haben, sich Bildung »zum Aufstieg zu einer höheren Kultur anzueignen«, sondern auch Arbeiterkinder.[2] Dabei wollte Emil Molt nicht nur eine »bloße Einrichtung« schaffen, sondern eine Schule, erfüllt von einem neuen Denken, das die anthroposophisch orientierte Geisteswissenschaft, vermittelt durch Dr. Rudolf Steiner, verbürgen sollte.[3]

Dieser Anspruch an Schule, Lehrer und Schüler entsprach der Selbsteinschätzung Rudolf Steiners als Menschheitsführer, der es als die größte Kunst ansah, den Menschen erzieherisch zu seiner Vollendung zu führen.[4] Daß er hiermit eine in einen religiösen Kontext gesetzte pädagogische Utopie begründete sowie ein Berufsethos postulierte, das nur als Berufung verstanden werden konnte, machen folgende Worte deutlich, die er während der Eröffnungsansprache der ersten Freien Waldorfschule 1919 in Stuttgart hielt. Sie haben bis heute Gültigkeit und sind von höchster

Bedeutung für das Selbstverständnis und den ungewöhnlichen Arbeitseinsatz der Waldorflehrer:

«Und ist es nicht schließlich eine höchste, heilige, religiöse Verpflichtung, das Göttlich-Geistige, das ja in jedem Menschen, der geboren wird, neu erscheint und sich offenbart, in der Erziehung zu pflegen? Ist dieser Erziehungsdienst nicht religiöser Kult im höchsten Sinne des Wortes? Müssen nicht zusammenfließen alle unsere heiligsten, gerade dem religiösen Fühlen gewidmeten Menscheitsregungen in dem Altardienst, den wir verrichten, indem wir herauszubilden versuchen das sich als veranlagt offenbarende Göttlich-Geistige des Menschen im werdenden Kinde!«[5]

Betrachtet man die Wortwahl – »heilige, höchste religiöse Verpflichtung, religiöser Kult, Altardienst, Göttlich-Geistiges« -, liegt schon im Gründungsakt der Charakter der Waldorfschule als Bekenntnisschule, der Charakter der anthroposophischen Bewegung als religiöse Sondergemeinschaft; denn zu einem Altar gehört eine Bibel, ein religiöser Kult bedarf eines Inhalts, der Glaube eines inneren Bildes als ständig sprudelnden Kraftquells.

Eine Zentralfigur dieses Glaubens – in die er nach seinem Tode in Form eines außerordentlichen Personenkultes selbst mit einbezogen werden sollte – benennt Rudolf Steiner bei einem seiner Besuche der ersten Waldorfschule Weihnachten 1919 in einer Ansprache vor Kindern der Grundstufe:

»Und sehet ihr, meine lieben Kinder, besonders gefreut hat es mich, als in die einzelnen Klassen ... immer ein paar Kinder hereinkamen: Knecht Ruprecht oder so etwas wie Engelchen stellten sie dar, und sie sangen und sprachen von dem heiligen Christus, von dem Jesuskind. Und das ist schön, daß ihr mit solcher Liebe habt sprechen

Die erste deutsche Waldorfschule, gegründet 1919 in Stuttgart

können von dem Christus und mit solcher Liebe habt zuhören können.

Denn wißt ihr, woher eure Lehrer diese ganze Tüchtigkeit und Kraft haben, daß sie euch einmal zu tüchtigen Menschen im Leben machen können? Die haben sie von dem Christus, an den wir zu Weihnachten denken, wie er in die Welt zur Beglückung der Menschen hereingekommen ist, und von dem euch heute so schön dargestellt worden ist.«[6] Wie die Lehrer, die ihre »Tüchtigkeit und Kraft« von ihr beziehen, wurden schon die Schüler der ersten Waldorfschule auf die anthroposophisch verstandene Christusfigur hin so erzogen, daß sie bereits in der ersten Klasse von ihr »mit Liebe« sprechen konnten. Noch bevor Rudolf Steiner und Friedrich Rittelmeyer im Jahre 1922 die Christengemeinschaft, eine freikirchliche Gemeinde mit dem Anspruch, die »wahre Kirche Christi« zu sein, gegründet hatten, war damit der Charakter der Waldorfschule als Bekenntnisschule eines »freien Christentums« festgeschrieben.[7]

Als mit entscheidend für die Kontinuität der Waldorfschulen über mehr als siebzig Jahre im In- und Ausland muß dabei auch die eigene Lehrerauswahl und -ausbildung auf dieser aus Christologie und Anthroposophie zwiegenähten Glaubensgrundlage angesehen werden. Keine andere aus reformpädagogischen Ideen hervorgegangene Schule ohne eine entsprechende gemeinschaftsbildende Glaubensklammer hat später den gleichen Verbreitungsgrad erreicht.

Zunächst aber konnte sich die Waldorfschule aufgrund der restriktiven Privatschulgesetze der Weimarer Republik und der katastrophalen Wirtschaftsverhältnisse der zwanziger Jahre nur begrenzt ausbreiten.

Schon bald wurde auch die Stuttgarter Schule aus praktischen Gründen von der Waldorf-Astoria Zigarettenfabrik abgetrennt. Man nahm nun auch Kinder aus anderen Schichten auf. Damit verlor sie ihren Charakter als Schule für Kinder von Unterprivilegierten. Sie verwandelte sich im Laufe der Zeit immer mehr in eine mittelständische Schule. Dies ist sie bis heute geblieben.

Immerhin waren bis Anfang der dreißiger Jahre in Deutschland acht Waldorfschulen entstanden, ein halbes Dutzend auch im europäischen Ausland, von Norwegen bis Portugal.

Einen starken Einschnitt bis hin zu ihrem völligen Verbot bedeutete die Machtergreifung durch die Nationalsozialisten im Jahre 1933.

In anthroposophischen Selbstdarstellungen wird diese Phase vorzugsweise mit ahistorisch anmutenden, melodramatischen Berichten über das Schicksal einzelner Schulen abgehandelt, oder sie wird mit dürren Worten übergangen.[8] Es wird so der Eindruck vermittelt, die am 15. November 1935 aufgelöste anthroposophische Gesellschaft und die in der Folge aufgelösten Schulen seien schwer verfolgt worden und dem Widerstand gegen das nationalsozialistische Herrschaftssystem zuzurechnen.

Eine solche Einschätzung muß der anthroposophischen Bewegung gegenwärtig ein besonderes Anliegen sein. Bei ihrem Versuch, sich auch in den fünf neuen Bundesländern zu etablieren, kann sie nämlich damit rechnen, daß man einer Schule, die von der Aura des Widerstands gegen einen totalitären Staat umgeben ist, die 40 Jahre lang verboten war, hier besonders aufgeschlossen begegnet.

Die historische Forschung über jene Zeit hat jedoch gezeigt, daß das Verhältnis von Nationalsozialismus und Waldorfschulen in den einzelnen Phasen des Dritten Reiches sehr differenziert zu betrachten ist. Die einzelnen Schulen – bis zur Schließung der Dresdener Schule 1941 – führten seinerzeit ganz unterschiedliche Auseinandersetzungen mit der jeweiligen nationalsozialistischen Schulaufsicht. Sie wiesen dabei auf ideologische Berührungspunkte hin und waren – aus welchen Gründen auch immer – durchaus zu praktisch-ideologischen Kompromissen gegenüber der jeweiligen nationalsozialistischen Schulaufsichtsbehörde bereit.[9]

Zu den Argumenten, die seinerzeit Pluspunkte für Anthroposophie und Waldorfschule einbringen sollten, zählten vor allem:

- daß die Anthroposophie aus dem »Quell echt deutschen Denkens« von der Mystik bis zur Goethischen und romantischen Vorstellungswelt abgeleitet sei,
- daß Rudolf Steiner »zum Propheten der notwendigen Selbstverteidigung und Mission des deutschen Volkes« gehört habe, deren sich der Nationalsozialismus tatkräftig (nach außen und innen) angenommen habe,
- daß die »Steinersche Gedankenwelt mit der nationalsozialistischen Weltanschauung die tiefe antimaterialistische Stoßrichtung gemeinsam habe«.[10]

Auch müssen Formulierungen von Steiner über die »deutsche Volksseele«, »die germanische Mission« und das Verhältnis von »Nation und Blut« nachdenklich stimmen. So heißt es bei ihm wörtlich: »Der Mensch gehört einem gewissen Volkstum an durch sein Blut.« Und in dem gleichen Zusammenhang: »Das Blut und das Herz, das unter dem Einfluß des Blutes steht, bringt den Menschen mit seiner Nationalität zusammen, läßt ihn in der Nationalität drinnen leben.«[11]

Noch problematischer erscheint in dieser Hinsicht Steiners in der »Akasha-Chronik« entwickelte Geschichtsphilosophie. Er geht davon aus, daß am Ende einer von ihm für existent gehaltenen atlantischen Zeit drei Gruppen menschenartiger Wesenheiten entstanden seien: »Götterboten«, die der großen Volksmasse weit voraus in der Entwicklung waren, die göttliche Weisheit lehrten und göttliche Taten verrichteten; die große Masse selbst, bei welcher die Denkkraft in einem dumpfen Zustande war, obwohl sie Fähigkeiten naturwüchsiger Art besaß, welche der heutigen Menschheit verlorengegangen sind; eine kleinere Schar von solchen, welche die Denkkraft entwickelten. Diese verlor dadurch zwar allmählich die urwüchsigen Fähigkeiten der Atlantier; aber sie bildete sich dafür heran, die Grundsätze der »Götterboten« denkend zu erfassen.

Die zweite Gruppe der Menschenwesen war dem allmählichen Aussterben geweiht. Die dritte aber konnte von den Wesen der ersten Art dazu herangezogen werden, ihre Führung selbst in die Hand zu nehmen.[12]

Der Psychiater Wolfgang Treher kommentiert diese Darstellung so: »In diesen Sätzen haben wir, lange vor Hitler, eine komplette schizophrene Rassentheorie vor uns, die das Schema: *Führer* («Götterboten«), am *Führer* sich heranbildende Gefolgschaft («kleinere Schar«) und zum Untergang verurteilte, allmählichem Aussterben geweihte andere Welt («große Masse in dumpfem Zustande«) vollständig enthält. Man spürt bei Steiner die Energie seines Strebens, dieses schizophrene Weltschema auch tatsächlich in die äußere Realität zu übertragen.«[13]

Verfolgt man diese These aus der »Akasha-Chronik« Steiners weiter, stößt man auf »Äther- und Astralmenschen«: »Diese zweite Gruppe der Astralmenschen hat diese ihre höhere Fähigkeit aber nur dadurch erworben, daß sie einen Teil – die erste Gruppe – der astralischen Wesenheit von sich ausgeschieden und zu niedriger Arbeit verurteilt hat. Hätte sie die Kräfte in sich behalten, welche diese niedrige Arbeit bewirkten, so hätte sie selbst nicht höhersteigen können. Man hat es hier also mit einem Vorgang zu tun, der darin besteht, daß sich etwas Höheres auf Kosten eines anderen entwickelt, das es aus sich ausscheidet.«[14]

Wolfgang Treher knüpft daran folgende Ansicht: »Dieses Zitat bringt das zentrale Motiv von Steiners chronischer schizophrener Prozeßpsychose in die Form eines Lehrsatzes. Sein Inhalt deckt sich mit Adolf Hitlers Programm, wenn man darunter nicht das 25-Punkte-Programm seiner Partei von 1920, sondern seine wahre ›Weltanschauung‹ und ›Idee‹ versteht. Die Teilung der Menschen in zwei Gruppen (Nichtarier und Arier), die Verurteilung der einen Gruppe zu niedriger Arbeit und das ursächlich darauf bezogene Aufsteigen der anderen Gruppe, die sich durch Ausscheidung der ›niederen Kräfte‹ innerlich reinigt und veredelt – damit ist nicht nur Steiners, sondern auch Hitlers innerster Lebensnerv herauspräpariert. Konzentrationslager mit Zwangsarbeit und Judenmord stellen eine Praxis dar, deren Schlüssel vielleicht in den ›Theorien‹ Rudolf Steiners zu finden ist.«[15]

Diese Vermutung deckt sich mit der von anthroposophischer Seite immer wieder vehement zurückgewiesenen Blochschen Behauptung, daß die Anthroposophie para- oder präfaschistische Tendenzen enthalte.[16]

Daß solche Tendenzen sich in Denk-, Verhaltens- und Organisationsmustern der anthroposophischen Bewegung wiederfinden, wird im folgenden noch zu zeigen sein. Konnte sie sich aufgrund der besonderen historischen Umstände der zwanziger und dreißiger Jahre nicht zu einer Massenbewegung entfalten, hat sie es dennoch zu einer Weltbewegung mit gegenwärtig stark anwachsender Tendenz gebracht. So fehlt auch fast in keiner Werbeschrift der imperiale Fingerzeig auf ihre »weltweite« Verbreitung.

Es bleibt zunächst festzuhalten, daß die Waldorfschulen »jedenfalls nicht zu den Einrichtungen zählten, die aufgrund ihres demokratischen Widerstandspotentials oder ihres unliebsamen politischen Profils rasch und schonungslos von den Nationalsozialisten beseitigt wurden – und deshalb heute zu Recht Anerkennung einfordern können«.[17]

Im Jahre 1945 nahm die anthroposophische Gesellschaft ihre Arbeit wieder auf, sechs Waldorfschulen mit insgesamt 1500 Schülern wurden in der Bundesrepublik wiedereröffnet. Bis zum Jahr 1965 versechsfachte sich ihre Anzahl und stieg auf ca. 30 Schulen an, die ihrer Schüler auf 13 000.

Auch in der DDR wurde die Dresdener Waldorfschule 1945 wiedereröffnet, im Jahre 1949 jedoch verboten. 1990 entstand im Ostteil Berlins die erste Waldorfschule, bereits im September desselben Jahres gab es auf dem Gebiet der fünf neuen Bundesländer neun Freie Waldorfschulen, die alle dem Bund der Freien Waldorfschulen Deutschland mit Sitz in Stuttgart angehören.

Wie im großen ist auch hier im kleinen der Anschluß nach bundesrepublikanischem Muster vollzogen.

Einen besonderen Zulauf von Eltern aus ökologisch-alternativen und bildungsbürgerlichen Schichten erhielt die Waldorfschule in der Bundesrepublik seit dem Ende der sechziger Jahre. Immer mehr breitete sich in diesen Schichten die Erkenntnis aus, daß die Staatsschule mit ihrer extremen Leistungs- und Kopforientierung wichtige Dimensionen des Menschen vernachlässigte. Dazu gehörte vor allem das künstlerisch-musische, das praktische Element sowie eine grundsätzlich nichtmaterialistische Ausrichtung. Genau an dieser Stelle schienen die Waldorfschulen ein pädagogisch überzeugendes Konzept anzubieten, das vor allem mit den Aushängeschildern »Ganzheitlichkeit«, »Erziehung vom Kinde aus« und »Erziehung zur Freiheit« warb. Hier schien der richtige Platz für das Kind pädagogisch ambitionierter Eltern zu sein. Waldorfpädagogik kam in Mode, was sich in drastisch anwachsenden Schülerzahlen niederschlug. Bis zum Jahr 1990 stiegen sie auf über 50 000 Schüler in 120 Schulen sowie auf über 130 Waldorfkindergärten.

Hemmten in den zwanziger Jahren noch die desolate wirtschaftliche und instabile politische Situation Deutschlands die Ausbreitung der Anthroposophie und damit der Waldorfschulen, so ergibt sich heute ein ganz anderes Bild. Zwei Faktoren kommen zusammen, die ihre enorme Ausbreitung begünstigen: wirtschaftliche Prosperität und spiritueller Hunger. Die Grundlage dafür liefern die rationalistisch-technizistische Sackgasse des Denkens, materielle Übersättigung und, damit einhergehend, das Grassieren eines Sinnlosigkeitssyndroms bei vielen Menschen unserer Zeit.

Überall da, wo nichtanthroposophische Elternhäuser ihre Kinder an einer Waldorfschule anmeldeten, versprachen und versprechen sie sich all das, was die Staatsschule, die als Zulieferbetrieb für die leistungs-, konkurrenz- und kopforientierte Wirtschaft angesehen wird, ihren Kindern nicht bieten kann. Darüber hinaus stellen Waldorfschulen auch Alternativen dar für die Elternhäuser all jener, die auf irgendeine Weise an nichtherkömmlicher, spirituell-orientierter Konfessionalität interessiert sind und ihre Kinder in etwa dieser Richtung erzogen sehen möchten. Die Waldorfschule scheint in solchen Fällen eine wirkliche Bedarfslücke zu schließen. Darum finden sich hier unter anderen auch die Kinder von Baghwan-, Bahai-, und Gurdjeff-Anhängern, von Rosenkreuzern, Neu-Apostolischen und Adventisten. Die Waldorfschule wird in solchen Fällen aufgrund ihrer religiös-spirituellen Grundausrichtung als die einzige Alternative zur Staatsschule angesehen. Sie ist in dieser Hinsicht konkurrenzlos.

Wurde die anthroposophische Bewegung in den zwanziger Jahren von vielen Kulturkritikern als eine unbedeutende Minderheit von Spinnern belächelt, so ist sie heute eine realpolitische Größe geworden. Sie hat sich erheblich ausgebreitet und gelernt – ohne ihre okkulte Weltsicht aufzugeben –, mit der Macht des Faktischen geschickt zu operieren. In der Tat kann sie mit ihren Unternehmen, Krankenhäusern, Altenheimen, Waldorf- bzw. Rudolf-Steiner-Schulen und Hochschulen als einer der prosperierendsten Konzerne der Bundesrepublik angesehen werden und stellt einen nicht unbedeutenden politischen Faktor dar.

Gründungen in den neuen Bundesländern

Nach der Öffnung der innerdeutschen Grenze kam es sehr schnell zu einem Boom von schulpolitischen Initiativen bundesdeutscher Anthroposophen in der DDR. Dazu gehörten Seminare an der Berliner Humboldt-Universität, eine dreimonatige Veranstaltungsreihe des Bundes der Freien Waldorfschulen am Ostberliner Institut für Lehrerbildung in Hohenschönhausen, die 28. Jahrestagung der Freien Waldorfschulen 1990 mit einer Eröffnungssitzung in der Deutschen Staatsoper Unter den Linden und praktischer Organisationshilfe in vielen Städten der DDR: so in Ostberlin, Weimar, Potsdam, Werder, Dresden, Magdeburg, Halle, Chemnitz und Leipzig, wo bereits Waldorfschulen existieren sowie für Initiativgruppen in einigen anderen Städten. Daß es zu diesem Boom kommen konnte, liegt nicht allein daran, daß ein solcher Hunger nach Modellen ohne staatliche Bevormundung bestand, sondern auch in dem folgenden Umstand begründet: Die anthroposophische Bewegung ist gut organisiert und weiß geschickt umzugehen mit Situationen, die ein schnelles, unbürokratisches Handeln erfordern. Wo andere noch Grundsatzdiskussionen führen, haben ihre Vertreter schon an den richtigen Stellen, zum passenden Zeitpunkt, die erforderlichen Anträge gestellt und erfahrene Redner an die Mikrofone entsandt. So lag bereits am 17. 11. 1989, also acht Tage nach Maueröffnung, bei der Volkskammer der DDR ein Antrag auf Gründung einer Waldorfschule in Ostberlin vor.

Wichtige Vorarbeit leisteten dafür Persönlichkeiten, die der freikirchlichen Gemeinde der seit 1924 in Berlin-Pankow existierenden Christengemeinschaft angehörten und den Ideen Rudolf Steiners seit den zwanziger Jahren verbunden waren. Nach typischem Schulgründungsmuster entstand zunächst ein pädagogisch-anthroposophischer Gesprächskreis, aus dem Weihnachten 1989 eine »Waldorf-Wendegruppe« hervorging, die den Ton bei bildungspolitischen Diskussionen des »Forums Freie Pädagogik« angab und sich schnell als greifbare Alternative zum Staatsschulwesen etablierte. Sichtbares Resultat dieser Öffentlichkeitsarbeit waren auf der Massendemonstration am

4. 11.'89 in Ostberlin Plakate, auf denen neben allgemeinen kritischen Losungen zum DDR-Bildungssystem vor allem solche zu sehen waren, die die Wiederzulassung der Waldorfschulen forderten.

Während Vertreter der Amtskirche Ost ähnlich wie ihre Kollegen im Westen gegenüber der Waldorfpädagogik eine kritische Position einnahmen, sahen es DDR-Bildungspolitiker der Wendezeit angesichts der populären Forderungen der starken Waldorflobby als ein Gebot der Stunde, in rechtlicher und politischer Hinsicht der Gründung von Freien Schulen einen Weg zu bahnen. Praktisches Resultat dieser Bemühungen stellte ein mit Hilfe eines Westberliner Rechtsanwalts entstandenes Überleitungsgesetz für das Beitrittsgebiet dar, das für zwei Jahre Sonderregelungen für die Gründung Freier Schulen in den fünf neuen Ländern festschrieb. Ausgenommen war davon Ostberlin. Von diesem Gesetz profitierten jedoch in erster Linie die Waldorfschulen, da sie bei weitem am besten organisiert und in der Lage waren, beim Bundesbildungsminister Möllemann eine Anschubfinanzierung von zwei Millionen DM für sich auszuhandeln.

Diese Tatsache läßt die Anthroposophen als eine politisch durchsetzungsfähige Bewegung erscheinen. Sie hatte es als ihr dezidiertes Interesse angesehen, sich in einem pädagogischen Neuland auszubreiten und mit der Waldorfschule die ganze Bewegung zu stärken.

In den pädagogischen Initiativen vor Ort durchschauten nur wenige, welcher Prozeß hier ablief. Ein in dieser Hinsicht aufschlußreicher Leserbrief aus Leipzig war abgedruckt in der »Metamorphose«, einer bald nach der Maueröffnung in Ostberlin gegründeten, anthroposophisch dominierten Pädagogikzeitschrift. Dort heißt es unter der Überschrift

»Einige Gedanken über die Indoktrination gewisser ›Anthroposophen‹: Es begann zu dieser Zeit (in den Monaten nach der Maueröffnung, d. Verf.) ein massiver Export anthroposophischen Gedankengutes von West nach Ost – welcher uns zuerst sehr freute (denn auch wir waren voller Hoffnung und verkannten in vielem die Situation) und sich nun immer mehr als Hemmschuh entwickelte. (...) Glaubten wir am Anfang noch an unsere eigenen Waldorfschulen, so muß heute festgestellt werden, daß alles auf bundesdeutsche Machart, auf bundesdeutsches Strickmuster hinausläuft. Die, welche die Arbeit unter großen Mühen und Entbehrungen begannen, stehen heute am Rande... Sie, die ›Aktivisten der ersten Stunde‹, werden nicht mehr (an)gehört, da ihre Ideen der Waldorfschulbewegung etc. abträglich sein sollen – und eine eigenständige Entwicklung soll/muß (?) auf jeden Fall verhindert werden. (...) Ich möchte noch einmal betonen, nicht alle Helfer aus dem ›Westen‹ agieren so. Die, welche uns wirklich helfen möchten, sind oft selbst angewidert ob der Methoden des ›Bundes‹ oder der ›Anthroposophischen Gesellschaft‹. Schlimmstenfalls sind auch sie dann noch Verstoßene, Verfemte, die zu jeder sich bietenden Gelegenheit schlechtgemacht werden.«[18]

Dieser Leserbrief vermittelt einen ersten Eindruck von den Aus- und Abgrenzungsstrategien innerhalb der anthroposophischen Bewegung. Die genannten Institutionen »Bund der Freien Waldorfschulen« sowie die »Anthroposophische Gesellschaft« stellen einen wichtigen Bestandteil des Braintrusts der Bewegung dar und können sich aufgrund ihrer Zentralisierung, bestimmter Rechtsvorbehalte bei Schulgründungen und der Praxis der »Einmütigkeitsbeschlüsse« im »Bund der Freien Waldorfschülen« meistens durchsetzen.[19] Der Leserbrief belegt außerdem, daß

»freies Geistesleben« und Macht des Faktischen zwei verschiedene paar Schuhe sind, und diejenigen, die sich ihrer
zu bedienen wissen, im Zweifelsfalle stets als politische Sie-
ger aus der Auseinandersetzung hervorgehen. Ist in dem
Dokument betont, daß nicht alle Anthroposophen zu den
Dogmatikern und Machtmenschen gehören, so ist ebenso
zutreffend, daß jene in der Realpolitik dieser Bewegung
keine Rolle spielen.

Viel häufiger finden sich aber in der Zeit der politischen
Wende Darstellungen, in denen die kritiklose Identifikation mit den werbewirksamen Slogans der anthroposophischen Bewegung – »Freies Geistesleben« und »Freie Waldorfschule« – zum Ausdruck kommt.

In einem Mitteilungsblatt für Eltern und Lehrer der Ru-
dolf-Steiner-Schule Berlin heißt es:»Der 5. Dezember 1989
wurde zu einem eindrucksvollen Erlebnis für alle Menschen, die sich an diesem Abend (in Ostberlin, d. Verf.) zu-
sammengefunden hatten. Am Anfang stellte ich die Waldorfschule als eines der alternativen Schulmodelle vor,
danach gab es natürlich viele, viele Fragen. (Es) wurde uns
eine Pädagogik vorgestellt, die unsere Sehnsucht nach liebevoller, individueller, freier, geistiger Erziehung unserer
Kinder stillen könnte«. Auf der nächsten Seite:»Können
wir es wirklich schaffen, solche Kindergärten und Schulen
in unserem Land auszubauen. (…) Entstehen sollen darin
ein Kindergarten, der sich auf waldorfpädagogische Grundlagen stützt, eine Bibliothek mit anthroposophischer Literatur, ein Informationsbüro, eine kleine Teestube und ein
Bildungszentrum für Erwachsene. Wir wollen künstlerische
Kurse anbieten (Malen, Eurythmie, Plastizieren, Sprachgestaltung, Schule der Stimmenthüllung) und wollen uns mit
der Anthroposophie (pädagogisch und wirtschaftlich ori-

entiert) auseinandersetzen.«[20] Der Sozialismus ist tot! Es
lebe die Anthroposophie! – so scheint hier die neue Losung
zu lauten. Das Koordinatensystem der postulierten »Freiheit« und »freien geistigen Erziehung« ist jedoch genau bestimmt: die gemeinte und angestrebte Freiheit ist anthroposophischer Art.

Rundgang durch eine Schule

Das äußere Erscheinungsbild der Waldorfschule ist – mutatis mutandis – zumeist gleich, und genauso angenehm ist der spontane Eindruck auf den Betrachter. Ob Wanne-Eickel, Stuttgart, Bremen, Bochum oder Berlin, eine Waldorfschule ist schon von weitem an ihrer charakteristischen Architektur, ihrer eigenwilligen Dachkonstruktion, an ihren Farben zu erkennen. Im Gegensatz zu den meisten staatlichen Schulgebäuden in der Bundesrepublik – von denen in den fünf neuen Bundesländern zu schweigen – erscheint ihre Architektur auf den ersten Blick vorbildlich.

Diejenigen, die noch keine Gelegenheit hatten, eine Waldorfschule zu besichtigen, seien eingeladen, einen Spaziergang zu einer solchen Schule zu unternehmen.

Wir wollen annehmen, es sei ein schöner Sommertag. Wir nähern uns dem für das Auge so angenehmen, in einem bevorzugten Wohngebiet der Stadt gelegenen Schulgebäude, meist in Parknähe oder Waldrandlage, das sich durch seinen ungewöhnlich schiefeckigen Baustil, seine baskenmützenähnliche Dachkappe und seinen rosavioletten Außenanstrich sofort als anthroposophische Architektur ausweist.

Schafe und vielleicht sogar ein Zwergesel weiden auf der naturbelassenen Wiese zwischen den einzelnen Schulgebäuden, irgendwo qualmt ein Steinbackofen (eine Schülerjahresarbeit), in dem aus bio-dynamischem Anbau gewonnenes Mehl, zu einem kräftigen Vollkornbrot oder -brötchen geformt, seiner Vollendung entgegenbäckt. Das Mehl stammt aus dem ebenfalls im Bereich der Schule liegenden Waldorf-Kolonialwarenladen, neben dem Waldorf-

Mit besonderem finanziellen Aufwand entstanden zwischen 1974 und 1978 mehrere Neubauten auf dem Gelände der »Mutterschule« in Stuttgart-Uhlandshöhe

kindergarten befindet sich sogar ein anthroposophisches Altersheim.

Aus den Schulwerkstätten dringt Hämmern, Sägen und Feilen und in der Nähe des Schulhofs, an unauffälliger Stelle, sind vielleicht gerade ein paar Schüler dabei, ein Blockhaus aus massiven Fichtenstämmen zu errichten.

Dem unbefangenen Betrachter kann sich – zumal wenn nicht gerade Schulbeginn, -schluß oder Pause ist – durchaus der Eindruck aufdrängen, in ein pädagogisches Arkadien geraten zu sein, und so mag er seufzend an seine eigene Jugend in einem trostlosen, gefängnisartigen Staatsschulgebäude zurückdenken. Die Bauweise, viel- und schiefeckig, die holzgerahmten Fenster, die gesamte durchgeplante schöne Schulanlage nehmen nahezu jeden Betrachter für sich ein. Streben dort nicht gerade mit Sorgfalt gekleidete niedliche kleine Kinder – die Mädchen meist in hübschen Kleidchen – mit soeben im Park gepflückten Blumensträußchen in der Hand dem Eingang zu, dem unaufdringlichen, wohltuenden Klang des Schulgongs folgend. Inmitten der Kinderschar schreitet eine Lehrerin in Gesundheitssandalen und Wollsocken einher, an der die Kinder mit Liebe zu hängen scheinen.

Wir wollen also, nachdem diese Klasse sich mit anderen ordentlich in Zweierreihen auf dem Pausenhof vor der Eingangstür aufgestellt hat und im Schulinneren verschwunden ist, ebenfalls das Schulgebäude betreten und dann einen Gang durch die verschiedenen Räumlichkeiten unternehmen.

Uberall gedämpftes Licht, an den Wänden bevorzugt Rosa- und Violettschattierungen, die Farben der Buße. Da die Korridore nicht gerade verlaufen, sondern sanft gewunden sind, sieht man nie größere Schüleransammlungen auf einmal, was man nur als wohltuend empfinden kann, denkt man an die in den Pausen mit Schülern vollgestopften geradlinigen Korridore gewöhnlicher Schulgebäude. Nach Waldorfmanier geschnitzte Holztäfelchen weisen darauf hin, vor welcher Klasse wir stehen. Die Unterrichtsräume der Kleinen sehen eher wie Wohnpuppenstuben aus, ausgestattet mit allerlei Unterrichtsutensilien, aber auch vielem, was sie sich in die Schule mitgebracht haben, um sich dort wie zu Hause zu fühlen: Topfpflanzen, Teddybären, Puppen, Aquarien, Gebasteltes aller Art. Auch hier wieder Naturfarben an den Wänden und Bilder, oft Heiligenmotive, die zusammen mit der violetten Farbstimmung eine beinahe sakral anmutende Atmosphäre entstehen lassen; man ist versucht, den Geruch von Weihrauch zu erschnuppern.

Wir kommen zum »Lehrerzimmer«: ein Prunksaal – das mag, je nach Finanzdecke der Schule, verschieden sein, aber dieser hier ist es –, freilich einer von gediegener Schlichtheit. König Artus' Tafelrunde würde sich hier ebenso wohlfühlen wie der Vorstand von Mercedes Benz: Nußbaumstühle mit hohen Rückenlehnen, die Tische ebenfalls aus Nußbaum, Parkettboden, an den lilafarbenen Rauhputzwänden anthroposophische Gemälde, die Sphärisches darstellen wollen, aufgereiht in Edelholzschaukästen entlang den Wänden gleißen die verschiedenartigsten Mineralien vom Topas bis zum Moosachat.

Ein Blick in das Bücherregal läßt vor allem Titel aus anthroposophischen Verlagen erkennen. Im Vorraum zum Lehrerzimmer befinden sich nebst einigen niedrigen Tischchen, auf denen heute der »Rheinische Merkur«, die »Frankfurter Allgemeine Zeitung«, »Die Zeit« sowie die Schulzeitung ausliegen, hochglanzpolierte Rüsterschränke, in denen die Lehrer ihre Unterrichtsmaterialien ablegen können.

Die Sporthalle ist noch nicht fertig, man nutzt noch die der benachbarten öffentlichen Schule; aber dem Sport wird ja keine so große Bedeutung wie an staatlichen Schulen beigemessen, dafür ist der Eurythmiesaal schon in Betrieb, der Ort für »beseeltes Turnen«.

Eurythmie-Saal und »beseeltes Turnen«

Man grenzt sich auch orthographisch ab, denn anthroposophisch verstandene Eurythmie ist etwas anderes als schlichte Eurythmie, die man übersetzen könnte mit Ebenmaß oder guter Rhythmus. Im klassischen Griechenland bedeutete sie rhythmische Tanzbewegung und war gleichzeitig Kriterium für die Ausgewogenheit von Statuen und anderen plastischen Kunstwerken.

Der Eurythmiesaal gehört zu den besonderen Räumen der Schule, hier paßt der Generalschlüssel nicht; denn hier haben nur der Eurythmist und andere ausgewählte Personen Zutritt, hier üben Schüler- und Lehrergruppen, hier findet Eurythmieunterricht statt.

Eine bereits in den übrigen Bereichen der Schule wahrnehmbare Besonderheit drängt sich auch hier auf: Dieser Saal strahlt in noch stärkerem Maß als der übrige Teil der Schule eine sakrale Atmosphäre aus: im Vorraum zwei, drei schlichte Holzbänke, wo die Schüler sich die ebenso schlichten Eurythmieschuhe, dünne, meist schwarze oder weiße Textilschuhe mit einer hauchdünnen Gummisohle und einem schmalen Gummibändchen über dem Spann anziehen müssen. »Das sind ja Mädchenschuhe!«, wie manche Jungen sie abschätzig beschreiben.

Am Ort der Handlung selbst hochliegende Fenster, damit die Wahrnehmung ganz auf das, was im Raum vor sich geht, konzentriert bleibt, ein Flügel, ein paar Holzschnitte, Heiligenfiguren und eine Tafel als Gedächtnisstütze der Teilnehmer, um sich die oft nicht einfachen Tanz- bzw. Schwebeschritte besser einprägen zu können; denn hier wird nicht zur Musik getanzt, sondern es wird zum gesprochenen, zum inbrünstig hingehauchten Wort durch den Raum geschritten, geeilt, ja geschwebt. Der je nach Körpergewicht mehr oder weniger schwebefähige Körper versucht, Worte, ja Gedanken darzustellen.

Und es sind nicht nur Gedichte – von Goethe, Morgenstern, C. F. Meyer u. a. –, sondern der Eurythmist beschwört zuweilen auch alle erdenklichen Götter vom Astrologiehimmel, die dann im lustigen Reigen der Tänzer mitschweben.

Sogar der alte Goethe wird mit den Titeln seiner Werke angerufen, und dann purzeln, während die übrigen Teilnehmer – in diesem Falle Kollegen – im Raum umherschweben, aus dem wehenden Gewand des Vortänzers die Titel: Wilhelm Meister, Iphigenie, Egmont, Faust. Vor und zurück, vor und zurück, so manch einer gerät dabei außer Puste und muß Äolus um frische Luft anflehen.

Der Grad der Hingabe an diese Art von Bewegungskunst ist sehr unterschiedlich bei den Teilnehmern. Ich habe zum Beispiel nur ein einziges Mal teilgenommen an der Lehrer-Eurythmie, und obwohl man versuchte, mir mit Engelszungen die Vorzüge und positiven Wirkungen der Eurythmie auf mein Seelenleben darzustellen – hat sich etwas in mir instinktiv gegen diese Art, sich nach Worten oder Musik zu bewegen, gesträubt. Dabei tanze ich sogar gerne. Aber Tanz hat für mich etwas mit Freude und Erotik zu tun, ist sinnlich, man spürt den ganzen Körper, Eurythmie da-

Eurythmie: Anweisungen für Bewegungsabläufe (nach Steiner) und ihre praktische Umsetzung

gegen ist eher ernst, unerotisch, unsinnlich, von der Intention sogar »über-sinnlich«.

Darum schwebt es sich um so leichter, je mehr man im Geistigen lebt. Manch einem, der sich über die Vielzahl der im Eurythmiesaal präsentierten Götter, Cherubim, Elfen und sonstigen Wesenheiten wundert, dürfte es bei solchem Reigen leicht mulmig werden. Es fehlten nur Blitz und Donner mit Dämmerlicht, und die Veranstaltung könnte sich mit Theatervorstellungen des 16. Jahrhunderts messen, als es üblich war, in poetischen Zeugnissen die himmlischen Mächte – die Madonna, die Engel, die Heiligen, Christus und Gott selbst – auf die Bühne zu bringen.[1]

Ein Kollege mit Humor, der versuchte, vergleichbare zeitgenössische Veranstaltungen zu finden, nannte die Eurythmie einmal »anthroposophisches Voodoo«.

Rudolf Steiner selbst hat Eurythmie mit der Sprache von Erzengeln verglichen. Er schrieb: »Wird dasjenige, was alltägliche Gebärde ist, in die artikulierte Gebärde der Eurythmie umgesetzt, so ist das, was man sieht, wenn es umgesetzt gedacht wird in die Sprache, die von Wesen zu Wesen fließt, eigentlich dasjenige, was die *Erzengel* miteinander sprechen. Der Mensch hebt sich also vom schweren Boden hinauf in die Region, wo geistig-göttliche Wesen ihre Mitteilungen gießen in die besondere Art und Weise, die eben ihnen eigen ist, wo die Bewegungen nicht so sind, man könnte sagen, daß ihnen die Schwerekomponente eingefügt wird, sondern wo sich Bewegung loslöst und ganz peripherisch in dem Kosmisch-Freien schwingen will. Und das Nicht-Einfügen in die Schwere ist die Hinneigung zum Ewigen.«[2]

Damit sind nicht nur bestimmte Glaubensprämissen, sondern ist auch ein hoher Anspruch an die Umsetzbarkeit dieser »Erzengelsprache« in Unterricht für Schüler gesetzt. Und nur speziell für dieses Fach in besonderen anthroposophischen Einrichtungen ausgebildete Lehrer können ihn anscheinend methodisch-didaktisch umsetzen.

Aus dem Steiner-Zitat folgt, daß die himmelheischende Gebärde, die Bewegung nach »oben«, die vorherrschende ist. Ganze Gedichte werden in komplizierte Bewegungen zerlegt, ihre eurythmischen Interpretationen auf der Erde, beziehungsweise auf dem Parkett nachgelaufen. Der Satzverlauf wird so zur Bewegung im Raum, das Wort wird zur Wortgebärde, der Laut zur Lautgebärde. Vokalen werden verschiedene Erlebnisqualitäten zugeschrieben, Konsonanten entsprechen von Rudolf Steiner zugeschriebene Gebärden.

Seiner ersten Eurythmieschülerin Lory Smits gibt Rudolf Steiner folgende Hinweise zur Darstellung des Vokals I: »Stellen Sie sich aufrecht hin und versuchen Sie, eine Säule zu empfinden, deren Fußpunkt der Ballen Ihrer Füße und deren Kopfpunkt Ihr eigener Kopf, Ihre Stirn ist. Und diese Säule, diese Aufrechte, lernen Sie empfinden als I.«[3] Zur I-Gebärde sagt er:»Jedes Strecken, wo Sie es nur empfinden, sei es in den Armen, in den Beinen, in der ganzen Gestalt, aber auch im Blick, mit der Nase, mit der Zunge oder nur mit einem Finger oder, wenn Sie es können, nur mit einer Zehe. Aber das Streckerlebnis muß es sein! Ein sehr typisches I ist es, wenn Sie den einen Arm seitlich nach oben und den anderen entsprechend nach unten strecken.«[4] Und zum seelischen Ursprung heißt es: »... der Mensch will ausdrücken seine Selbstbehauptung, sein sich Hineinstellen in die Welt: I.«[5]

Angesichts solcher anthroposophischer Assoziation zu dem schmalen I mag man sich fragen, wie unglücklich wohl der russische Mensch dastehen muß in der Welt, dessen I graphisch dem deutschen U entspricht, oder gar der Grieche, dessen Sprache mehrere bizarre I-Formen aufweist, die alle nicht dieses deutsche säulenhafte I-Dastehen in der Welt haben? Ein Freudianer würde etwas ganz anderes zum I assoziieren, einem Durchschnittsmenschen könnte zum I gar die Assoziation des Ekels, der Abscheu einfallen. Es erscheint weder plausibel noch wissenschaftlich begründbar, was hier in das I von Rudolf Steiner hineingeheimnist wird. Die Annahme, es habe einmal eine Ursprache gegeben, in der die Menschen die Laute anders empfunden haben, bleibt reine Spekulation. Sprache ist im Laufe ihrer Geschichte aber etwas anderes geworden, sie wird anders genutzt, und Laute wie Wörter müssen in ihrem Kontext gesehen werden. Das von Rudolf Steiner angewendete Verfahren erinnert darum eher an Science-fiction als an Wissenschaft.

Ein weiteres Beispiel, wie aus dem Vokal I noch ganz andere Qualitäten herausgezaubert werden können, beschreibt die Eurythmistin Magdalene Siegloch. Nach einer ausführlichen Darstellung wie das »sehr typische I« geübt wird – den rechten Arm wie ein Lichtstrahl nach oben –, heißt es über den Übenden: »Er wird mehr und mehr vertraut mit der inneren Aktivität, die seinen Körper ja sogar seine Persönlichkeit bei der Gestaltung des I ergreift. (...) Und im Üben wird er gewahr, daß es die I-Kraft ist, die in noch viel umfassenderer Weise seine Seele bewegt: Entspricht das, was von mir verlangt wird, wenn ich ein I gestalten will, nicht dem, was auch eine menschenwürdige Lebensführung von mir fordert?«[6]

Daß dieser Art des Denkens die Steinersche »Umkehrformel« zugrunde liegt, hat der Erziehungswissenschaftler Klaus Prange in anderem Zusammenhang nachgewiesen:

»Es wird nicht das Gegebene mit Hilfe und unter den Voraussetzungen des Denkens in seinem Zusammenhang erklärt, sondern als Ausdruck und Ergebnis höherer Erlebnis-
und Kraftwelten abgeleitet. Das zeigt sich bis in Einzelheiten der Geisteswissenschaft, wenn etwa die Müdigkeit nicht
aus der Abspannung des Körpers, dem fehlenden Schlaf
und dergleichen physiologischen Gegebenheiten verstanden wird, sondern für Steiner wird anders herum ein Schuh
daraus: der Körper wird schlaff und müde, wenn die ›Mü-
dekraft‹ wirkt...«[7]

In diesem Lichte gesehen, wird die »I-Kraft« verständlich, aber auch, daß diese Art des Denkens, auf alle Unter-
richtsthemen angewendet, sich jeglicher Verständigung mit
traditionellen sprachwissenschaftlichen Betrachtungswei-
sen entzieht.

Was mögen Schüler bei solchen Übungen empfinden,
die weder die anthroposophischen Zusammenhänge kennen, in deren Koordinatensystem das I steht, noch in der
Lage sind, seine moralischen Qualitäten nachfühlen zu
können; Schüler, deren unbestimmtes subjektives Empfinden es sein könnte, daß hier etwas nicht stimmt, daß sie zu
Zwecken, die ihnen nicht nachvollziehbar sind, sich zu
zweckentfremdeten Gedichten im Raum umherbewegen
müssen, nach Anweisungen eines Lehrers, zu dem sie vielleicht kein Verhältnis finden können?

Wohlgemerkt, es handelt sich dabei keineswegs um ein
Wahl-, sondern um ein Pflichtfach.

Angesichts der schweren Konflikte und Widerstände, die
sich bei vielen Schülern an diesem Fach entzünden, ist zu fragen, ob Schüler Eurythmie oder anthroposophisch über-
zeugte Lehrer Schüler zur Realisierung ihres Konzepts von
Pädagogik brauchen.

Die staatliche Schulaufsichtsbehörde, die der Waldorfschule in vielen zentralen Bereichen Freiheiten eingeräumt hat, scheint gegenüber diesem Fach skeptisch zu sein. Bezahlt der Staat alle übrigen Waldorflehrergehälter, werden die für Eurythmisten aus einem Topf bezahlt, der sich durch einen Verzicht der anderen Kollegen auf einen Teil ihres Gehalts füllt.

Die Eintragungen der Eurythmielehrer im Klassenbuch unter der Rubrik »Bemerkungen« lassen ahnen, daß dieses Fach das am meisten gehaßte an der Waldorfschule ist, besonders von Jungen. Die häufigste Eintragung lautet: Die Schüler X, Y, Z fehlen, der Schüler A benimmt sich ungebührlich, der Schüler B widersetzt sich den Anweisungen des Lehrers. Gewöhnlich findet man während des Eurythmieunterrichts in der Nähe des Eurythmieraums Schüler, die des Unterrichts verwiesen wurden. Diese Schüler geistern dann unbeaufsichtigt durchs Schulgebäude und geben sich irdischeren Vergnügungen hin. Eine Funktionslücke deutet sich hier an, die das ansonsten geschlossene waldorfpädagogische System nicht vorgesehen hat, da in ihm offenbar keine Schüler vorstellbar sind, die sich dem Unterrichtsfach Eurythmie verweigern könnten.

Oft brechen an diesem Fach aber auch Konflikte auf, die durchaus dazu führen können, daß der Vertrag mit der Schule gelöst wird. Das ist meist dann der Fall, wenn der Schüler eine gefühlsmäßige Abneigung gegen Eurythmie hat, zudem ein helles Köpfchen besitzt und nicht fraglos nachmacht, was der Lehrer von ihm fordert, sondern Fragen stellt und keine für ihn befriedigenden Antworten bekommt. Wenn der Schüler sich nun nicht vom Lehrer überreden läßt, daß Eurythmie für ihn gut sei, weil es eben gut sei – die oben zitierte metaphysische Erklärung dürfte für einen Schüler, aber auch für Eltern schwer nachvollziehbar sein –, dann steht eine lange Zeit von Auseinandersetzungen an. Das Telefonat oder der Briefwechsel zwischen Elternhaus und Eurythmielehrer wird zu einer ständigen Einrichtung, immer wieder steht mittags ein verstimmtes, ja verheultes Kind vor der Tür. In einem Fall, der für zahllose andere stehen kann, sollte ein Kind, das sich gegenüber der Eurythmie »gehemmt« zeigte und »nicht in den Bewegungsstrom eintauchen« wollte, wie die entsprechenden, an allen Waldorfschulen so beliebten Floskeln lauten, im Eurythmieunterricht immer Feuer darstellen. Er erhielt sogar sogenannte Heileurythmie verschrieben, also eine eurythmische Einzelbehandlung. Eurythmie stellt in dieser Hinsicht den »Klosterfrau Melissengeist« der anthroposophischen pädagogischen Medizin dar, man »schwört« auf Eurythmie wie anderswo auf Derwischtanz oder Tai Chi.

Allerdings blieb in dem erwähnten Fall das Kind hartnäckig »gehemmt«, verweigerte sich diesen Maßnahmen vollständig, was ihm als Uneinsichtigkeit, ja Böswilligkeit ausgelegt wurde. (Der Vergleich drängt sich auf mit Elternhäusern, die ihre Kinder nicht verstehen, sie bestrafen, wenn sie auffällig werden und dann zum Psychologen bringen, damit dieser das »gestörte« Kind therapiere.) Der erwähnte Schüler fing in dieser Zeit an, Karikaturen seiner schulischen Umgebung anzufertigen, was man als Ventil und Entlastungsverhalten deuten könnte und wurde – zehnjährig! – ironisch gegenüber seiner Waldorfschulumgebung. Der Konflikt zog sich hin, bis der Schüler 13 Jahre alt wurde. Es kam zum Bruch, als er mehrfach ungerechtfertigterweise Strafmaßnahmen erdulden mußte und vom Klassenlehrer körperlich gezüchtigt worden war. Nach vielen zeitaufwendigen und nervenaufreibenden Ge-

sprächen und Konferenzen wurde schließlich von Elternseite her der Schulvertrag gelöst.

Obwohl der Schüler selbst im Grunde schon lange von
der Waldorfschule wegwollte, hatte er große Angst vor einem Wechsel, weil er von der Staatsschule nur ein durch die
Waldorfschule verstärktes Zerrbild besaß und tatsächlich
gegenüber gleichaltrigen Schülern einen erheblichen Wis-
sensrückstand in allen Fächern aufwies.

Dieser Fall ist keine Ausnahme. Gleichlautende Berichte sind mir bekannt aus Erlangen/Nürnberg, wo inzwischen eine informelle Initiative von waldorfgeschädigten
Eltern Aufklärung über die Waldorfschule betreibt, aus
Herne, wo es den Distelbund gibt, der kritische Aufklärung
über Waldorfschulen betreibt, aus Göttingen, aus Berlin,
aus Bochum und Dortmund.

Fast immer handelt es sich bei Kindern, die sich der
Eurythmie verweigern, um Jungen, fast immer sind diese
Jungen überdurchschnittlich intelligent, kritisch und wenig
angepaßt. Gut angepaßte, brave Kinder haben daher nicht
nur mit Eurythmie, sondern ganz generell in der Waldorfschule weniger Schwierigkeiten.

Die Problematik von Eurythmie als Unterrichtsfach aus
der Sicht der Waldorfschule selbst belegt der folgende Auszug aus einem Protokoll einer Elternratssitzung, wo es
heißt: »Es wird als Mangel empfunden, daß die Eurythmie
bei vielen Eltern und Schülern nicht die Bewertung genießt, die ihr zukommt. Der Elternrat hatte deshalb ... gebeten, eine Einführung in dieses für Waldorfschulen typische Fach zu geben und Fragen der Eltern zu beantworten.
Es scheint unmöglich, das Wesentliche des sehr fundierten
und engagierten Vortrags in kurzer Form wiederzugeben.
Mein Eindruck war der, daß es fast unmöglich ist, das An-

liegen und die Wirkung der Eurythmie verbal darzustellen. Jemandem, der Eurythmie nicht selbst ausgeführt und erfahren hat, fehlt in weitem Maße die Fähigkeit, die Weite zu begreifen. Es scheint nicht möglich zu sein, durch intellektuelle Anstrengungen der Eurythmie näher zu kommen. Meine Schlußfolgerung war die, durch eigene Aktivität oder wenigstens Wohlwollen des Zuschauens Eurythmie zu erfahren. (...) Aus der Elternschaft kam der Vorschlag, der Eurythmielehrer könne auch dadurch besseren Zugang bei den Kindern bekommen, daß er sich neben der Eurythmie auch als Könner in einem anderen Fach darstellt.«

Da wo Eltern noch durch wohlwollendes Bemühen, durch Anhören von Vorträgen Bereitschaft zeigen, sich auf Eurythmie einzulassen, bleibt Schülern, die eine Abneigung gegen dieses Fach verspüren, nichts anderes als irgendeine Form von Verweigerung oder Sabotage des Unterrichts. Wie das Protokoll belegt, haben Eurythmielehrer oft einen schwierigen Stand an der Waldorfschule und müssen sich mit wahren Bestrafungsfeldzügen Respekt zu verschaffen suchen.

Aus der Lehrerperspektive stellt sich ein typischer Konflikt im Fach Eurythmie, der zunächst zum Telefonat führt, dann zum Brief mit Schulstempel, um den Ernst der Lage deutlich zu machen, folgendermaßen dar: Anlaß der Kontaktaufnahme mit dem Elternhaus von H. war ein Vorfall im Vorraum des Eurythmiesaals. Nach Darstellung der Lehrerin soll H. vor Beginn des Eurythmieunterrichts versucht haben, seine Mitschüler durcheinander zu bringen, ja, er habe sie sogar zum Boykott des Unterrichts aufgefordert. Als Gegenmaßnahme forderte die Eurythmielehrerin H. auf, sich auf eine Bank zu setzen und dem Unterricht zuzuschauen. Da er sich nicht beruhigen konnte, mußte er die ganze Stunde zuschauen. Der Versuch der Lehrerin, H. die Stunde nachholen zu lassen, scheitert, deswegen erteilt sie ihm eine Extra-Aufgabe: H muß ein Musikstück, das im Eurythmieunterricht erarbeitet wird, fehlerfrei abschreiben. Sie weist darauf hin, daß, sollte H. sein Verhalten nicht ändern, er wiederum vom Unterricht ausgeschlossen werde und die Stunden doch nachholen müsse.

Aus der Elternperspektive wiederum hat derselbe Konflikt ein ganz anderes Gesicht. In einem Schreiben an die Eurythmielehrerin heißt es: »So sehr ich Ihre Verunsicherung in bezug darauf, wie Sie mit… umgehen sollten, verstehen kann, so wenig kann ich der Art Ihrer Methode der Strafverteilung zustimmen…. ist wie jedes Kind auf Sympathie angewiesen, nur so könnte er Zusammenhänge eher finden und auch Ihre Anweisungen möglicherweise besser verstehen.

… befindet sich jetzt an den Nachmittagen nach der Eurythmie wieder in einer so furchtbaren Irritation durch für ihn nicht begreifbare Zurechtweisungen im Eurythmie-Unterricht, daß ich in großer Sorge die Auswirkungen bis hierher nach Hause zu fühlen bekomme, ja, daß sie Nachbarn sogar schon in gefährlichem Bezug zum Straßenverkehr aufgefallen ist.

Durch Gespräche mit erfahrenen Psychologen weiß ich und bin auch erneut darin bestätigt worden, daß… nicht verhaltensgestört ist, wie anscheinend von Ihnen und einigen Lehrern angenommen wird. Er leidet nur schwer an Ungerechtigkeit und Sympathielosigkeit.

Ich glaube, zum jetzigen Zeitpunkt ist es äußerst notwendig, wenn er von Ihnen und Sie von ihm für eine Zeitlang einen gewissen Abstand nehmen können, um dann später einen Neuanfang zu versuchen. In diesem Sinne habe ich auch mit ... gesprochen, und wir müssen eine Lösung für die Übergangszeit finden, in der ... evtl. durch Unterricht bei einem anderen Eurythmie-Lehrer wieder eine entkrampfte Haltung und Einstellung dazu erleben könnte.

... hat nun auf meine Anweisung hin versucht, Formen der Eurythmiestunde zu malen. (...)

Nun bitte ich noch dringend, Ihre Einstellung zu ... zu überdenken. Ablehnung und Verachtung durch einen Erwachsenen sind für ein Kind, und für ... besonders, entsetzlich. Ohne Liebe zu allen anvertrauten Kindern kann doch wirklich nichts gutgehen.«

Wie weiter von den Eltern des betreffenden Schülers zu erfahren war, wurde er zum Vollzug der Strafe am nächsten Tag aus dem Hauptunterricht herausgenommen und mußte in einem Aufenthaltsraum die Noten des Musikstücks aus dem Eurythmie-Unterricht abschreiben. Nach Meinung der Eltern waren die Schüler mit der Musik weit überfordert.

Der Schüler habe noch einige Male durch derartige Strafmaßnahmen den Hauptunterricht versäumt, auch durch Eurythmie-Sonderunterricht, so daß schließlich Lernrückstände in anderen Fächern die Folge gewesen seien.

Ein solcher Konflikt, der sich unter Umständen lange hinziehen kann, spitzt sich häufig in der 5. Klasse zu, wenn der Schüler intellektuell so weit entwickelt ist, daß es selbst Zusammenhänge erkennen und Fragen formulieren kann, etwa die Eltern zu fragen, warum man ihn an der Waldorfschule angemeldet habe. (In dem angeführten Beispiel wurde auch in diesem Fall der Schulvertrag in der 5. Klasse gelöst.)

Verwunderlich ist, daß eine Schule, die angeblich so viel von Kindern versteht, in diesen Fällen fast ausnahmslos versucht, die Probleme beim Kind zu suchen, es sogar

oft stigmatisiert und ausgrenzt, obskure Strafmaßnahmen
verordnet, anstatt sich in Selbsterkenntnis zu üben, einzusehen, daß Eurythmie von vielen Kindern nicht angenommen wird, und das problembeladene Fach, wenn schon
nicht ersatzlos zu streichen, wenigstens nur noch als Wahl-
fach anzubieten. Diese bemerkenswerte Lernunfähigkeit
ist jedoch systematisch begründet. Denn die Waldorfschule
kann nicht auf Eurythmie verzichten, ohne damit ihre
ideologische Grundlage, die Schriften Rudolf Steiners,
preiszugeben, der Eurythmie einst als Teil einer ganzheitlichen Heilsbemühung um die menschliche Seele entwickelte. Eurythmie gehört deshalb nicht nur zum Stan-
dardangebot seelischer Ertüchtigung an Waldorfschulen,
sondern auch an allen anderen anthroposophischen Einrichtungen, ob Krankenhaus, Altersheim, Bank oder Nah-
rungsmittelkonzern.

Das Beispiel Eurythmie als Unterrichtspflichtfach
macht deutlich, daß es sich bei der Waldorfpädagogik um
ein starres pädagogisches System handelt, das eher bereit
ist, ständige schwere Konflikte mit einem Fach hinzuneh-
men, ja, sogar Schüler zu opfern, als den Sinn und Unsinn
eines Fächerkanons zu überprüfen.

Lehrerzimmer und »interne Konferenz«

Der Spaziergang durch die Waldorfschule führt nun vom
Eurythmiesaal zum Lehrerzimmer und damit zum Kollegium. Es beruft sich auf Rudolf Steiner und hat die von ihm
begründete Anthroposophie als weltanschauliche Grundlage seiner Tätigkeit gewählt:

**»Dem Gottesfreund und Menschheitsführer
Rudolf Steiner**

Brach gelegte Ackerkrume
Winterlicher Grabesfeuchte
Hat verwandelt sich zum Leuchte-
Leibe einer weißen Blume.

Und es werden Kelch und Krone
Lichtes Angesicht und Flügel.
Christus hebt dich von dem Hügel
In die heiligsten Äone.

Wie der Sternenchor erklingt
Und sich alle Himmelssöhne
Freuen deiner ird'schen Schöne,
Die sich sanft dem Tod entringt!

Ja, du kommst im Erdgewande,
Aber von Verwesung ferne,
Fortan sehen Engel gerne
Menschen in dem Geisterlande.

Denn die Farben von der Erde
Lieben sie, durch dich gereinigt.
Menschheit hat mit Gott vereinigt
Deine gütige Gebärde.«

Albert Steffen[8]

Als ich mich seinerzeit um eine Stelle an der Waldorfschule
bewarb, habe ich dieses Gedicht leider nicht gekannt, es

hätte mich auf eine bedeutsame Dimension des »freien Geisteslebens« aufmerksam machen können.

Es repräsentiert in doppelter Hinsicht die Waldorf-Mentalität: einerseits die devote Einstellung vieler Mitarbeiter zu Rudolf Steiner, andererseits die zentrale Bedeutung, die Heiligen, in diesem Falle Christus und Erzengeln, am Waldorfhimmel zukommt.

In seinem Gedicht offenbart der Poet, Schweizer Schriftsteller und Nachfolger von Rudolf Steiner im Amt des Vorsitzenden der Allgemeinen Anthroposophischen Gesellschaft, wesentliche Grundannahmen und Grundhaltungen von Anthroposophie und Anthroposophen.

Der Titel verrät: Rudolf Steiner war nicht nur ein Freund Gottes – möglicherweise sogar ein Duzfreund –, sondern auch Führer, nicht nur der Anthroposophen, sondern gleich der gesamten Menschheit. Bekanntlich hat es an Führern in Deutschland nicht gemangelt, doch einen »Menschheitsführer« haben bisher allein die Anthroposophen hervorgebracht.

Der Glorifizierung im Titel entspricht der Inhalt des Gedichts.

Das offenbar bei Goethe entlehnte Prinzip metamorphosischer Betrachtung wendet Albert Steffen in der ersten Strophe auf die Verwandlung des Leichnams Rudolf Steiners aus der Erde seines Grabes in einen anderen Aggregatzustand an. In der letzten Zeile der ersten Strophe ist die Rede vom »Leuchte-Leibe einer weißen Blume«, so als hätte Rudolf Steiner sich in eine Blume, vielleicht in eine Christ-Rose verwandelt. Der Poet arbeitet offenbar nach den Prinzipien einer anthroposophischen Ästhetik. Das läßt ihn den Leuchte-Leib erkennen, genauso wie es nur Anthroposophen möglich ist, Astral- oder Äther-Leiber zu sehen – Wortverbindungen, die einen Widerspruch in sich selbst tragen. Es handelt sich um die hölzernen Eisen der Anthroposophie.

Die zweite Stufe der angedeuteten Metamorphose in den ersten beiden Zeilen der zweiten Strophe ist ebenfalls rätselhaft: Verwandelt sich jetzt die Blume – »Kelch und (Blüten-?)Krone« – in einen Engel? Der Schluß liegt nahe, da von »lichtem Angesicht und Flügeln« die Rede ist und Engel in der dritten Strophe auftreten. Christus selbst macht sich jedenfalls die Mühe – es ist von einem Duzfreund auch nicht anders zu erwarten – und hebt den zum Engel verwandelten Rudolf Steiner, der anscheinend das Fliegen erst noch erlernen muß, in die »heiligsten Äone«. Wo genau das ist, erfährt der Leser jetzt noch nicht, dafür, was und wer diesen Ort bevölkert: »Sternenchor und Himmelssöhne« begrüßen Rudolf Steiner, von dessen Exitus nun erst die Rede ist, nachdem er bereits auferstanden ist und in den »Himmel« gehoben wurde.

Verwirrung hinsichtlich der kommunikativen Situation und des Ortes stiftet der Poet in der vierten Strophe, wo Rudolf Steiner mit »Du kommst« angeredet wird. Ist der Poet ebenfalls schon tot und im »Himmel«? Nachdem die Metamorphose Rudolf Steiners nun bereits vollzogen ist, wird dem Leser das Wort »Verwesung« als Nachtisch auf dem Wortteller gereicht, bekräftigt, daß Rudolf Steiner keineswegs den traditionellen Weg alles Irdischen gegangen ist, er nicht verwest ist, sondern in höheren Welten weiter west, dazu im »Erdgewande«, also mit Zylinder und schwarzem Rock.

Informativ, wenngleich paradox die dritte Zeile, denn »fortan sehen Engel gerne Menschen in dem Geisterlande«. Wenn man »fortan« richtig interpretiert, hat erst

Rudolf Steiner den Engeln die Menschen sympathisch gemacht. Der Ort jedenfalls wird hier präzisiert: Die heiligsten »Äone« sind »Geisterland«. Und wo das ist, läßt sich vermutlich weniger auf meditativem Wege als mit den Methoden eines Psychiaters feststellen.

Aus Raummangel möchte ich auf die Interpretation der letzten Strophe verzichten, der Leser möge sich seinen eigenen Reim darauf machen.

Dieser anthroposophische Poesieversuch gehört zum Schrifttum der Heiligenverehrung, der Dichter zur Gattung der »Kaisergeburtstagsdichter«. Der Erziehungswissenschaftler Klaus Prange spricht von der »Ikone«, zu der Rudolf Steiner nach seinem Tode von seinen Anhängern gemacht wurde.[9]

Der Persönlichkeitskult um ihn ist in der Tat außerordentlich, an kritischer Distanz ist an der Waldorfschule, aber auch an anderen anthroposophischen Einrichtungen, ob Kindergarten, Altersheim oder Krankenhaus, wenig zu bemerken. Zeigte sie sich gelegentlich in Gesprächen bei »liberaleren« Anthroposophen, so konnte sie sich bei schulpolitisch relevanten Entscheidungen gegenüber den Dogmatikern an »meiner« Schule, eine ausgewachsene, zweizügige Schule, niemals durchsetzen.

Spricht der Psychiater Wolfgang Treher in bezug auf Rudolf Steiners Fähigkeit, »Geister« zu sehen, von einer Schizophrenie bzw. von einer latenten Prozeßpsychose, muß man, was das Verhältnis der Mehrzahl aller Steiner-Anhänger zu ihrem Meister angeht, von Bewußtseinstrübung sprechen, ja von Hörigkeit.[10] Der in dem Gedicht zum Ausdruck kommende devote Kitsch hat einen psychologischen Grund: Er steht für religiöse Ersatzgefühle, die im Waldorfkollegium florieren und sich bis in das Curriculum der

Unterstufe hinein in zahlreichen Lesetexten nachweisen lassen.[11]

Das typische Waldorflehrerkollegium, das unter Anleitung des »Gottesfreundes Rudolf Steiner« und unter den wohlwollenden Augen der Erzengel täglich pädagogisch zu Felde zieht, weist in der Regel folgende Gruppierungen auf: zunächst die Neulinge, die Stummen, weiter die »bewährt Verstummten«, wie ein Kritiker der Waldorfschule sie treffend charakterisiert hat,[12] dann die ewig sprachlosen Mitläufer und schließlich die geistigen Führungskader – deckungsgleich in den meisten Fällen mit der »internen Konferenz« -, die den Ton angibt und die Arbeitsatmosphäre bestimmt.[13]

Als Neuling ohne anthroposophische Ausbildung steht man, ungeachtet der allgemeinen Freundlichkeit, die einem entgegengebracht wird, unter einer subtilen, aber intensiven Beobachtung; denn man wird hier nicht auf Lebenszeit angestellt oder gar beamtet wie an einer öffentlichen Schule. Und man besitzt auch keine Rechte im herkömmlichen Sinn; denn die Waldorfschule ist wie andere kirchliche oder auf andere Weise ideologisch ausgerichtete Institutionen juristisch als sogenannter »Tendenzbetrieb« verfaßt. Damit ist sie von der Pflicht zur Einrichtung eines Personalrates befreit. Und was sollte auch ein Personalrat an einer Waldorfschule bewirken? Wem gegenüber sollte er Interessen geltend machen, wo es weder Direktor noch Schulverwaltungsbehörde gibt? Außerdem besteht das Selbstverständnis eines Waldorflehrers darin, seinen Beruf als Berufung anzusehen und sich als pädagogischer Missionar zu fühlen, der Kinderseelen auf den rechten Weg bringen will. Hier wird Erziehung als Inkarnationshilfe gese-

hen, soll entwickelt werden, was schon mitgebracht wird
aus dem Vorgeburtlichen.

Daß sich aber auch an Waldorfschulen divergierende
Auffassungen finden – weniger über grundlegende Ansichten Steiners als über praktisch-organisatorische Fragen und
den Stil, wie etwa bestimmte Personalbesetzungen entschieden werden sollen usw. – zeigt sich sehr deutlich in der
im Vergleich zu öffentlichen Schulen viel höheren Fluktuation. Wem es nicht gefällt, der geht, und wer nicht gefällt,
wird entlassen.

In diesem Punkt ist der Waldorfnovize wirklich hilflos;
denn er ist nicht Mitglied der »internen Konferenz« oder
auch »Schulleitungskonferenz« – die einzige formelle
Gruppe von schulpolitischer Bedeutung, die nicht unter das
ansonsten unausgesprochen herrschende Fraktionsverbot
fällt. Man kann nicht in sie gewählt, sondern nur nach bestandener Bewährungsprobe berufen werden. Die Kriterien für diese Bewährung sind dem Neuling jedoch nicht
bekannt. Nur die »interne Konferenz« entscheidet über
Zugang und Abgang der Kollegen und über alle sonstigen
Fragen von grundsätzlicher Relevanz.

Die Elternvertretung kann in Konfliktsituationen bezüglich Personalfragen, die an Schulen in freier Trägerschaft viel häufiger auftreten als an staatlichen und von viel
größerer Bedeutung sind, stets übergangen werden, sie
kann sich nicht auf Schul- oder Schulverfassungsgesetze berufen; lediglich Elternvertreter aus dem Schulvorstand haben begrenzt die Möglichkeit, an der »internen Konferenz«
teilzunehmen. Der nichtöffentlich-rechtliche Status der
Waldorfschule hat zur Folge, daß die Verhältnisse zu den
Schülern sowie die zu den Eltern, aber auch die zwischen
den Mitarbeitern durch Privatverträge geregelt sind und

dem Zivilrecht unterliegen. In aller Regel gibt es jedoch an der Waldorfschule keine vertraglich vereinbarten Mitbestimmungsrechte für Eltern hinsichtlich Schulverfassungsfragen. Ein festgelegtes Recht der Elternvertretung, Inhalt, Planung und Gestaltung des Unterrichts mit zu erörtern, wie es z. B. das niedersächsische Schulverfassungsrecht vorsieht, oder noch weitergehende Mitwirkungsrechte der Elternschaft, wie sie im nordrhein-westfälischen Schulmitwirkungsgesetz verankert sind, gibt es an Waldorfschulen nicht. Paradox, daß die Elternschaft, die diese Schule ja mit erheblichen Beträgen mitfinanziert, in ihren Mitwirkungsmöglichkeiten auf Hilfsfunktionen reduziert ist, die sich überwiegend auf das Schulleben im weiteren Sinne beschränken. Als Finanziers und Helfer bei Schulveranstaltungen sind Eltern sehr gerne gesehen, viel weniger beliebt machen sie sich jedoch, wenn sie echte Mitbestimmungsrechte einfordern. Dies kommt in der Praxis aber nur sehr selten vor, da Waldorfeltern meist genauso »gut erzogen« sind wie ihre Kinder selbst.

Genausowenig ist das Verhältnis von »interner« und »Gesamtkonferenz« rechtlich geregelt. Die »interne Konferenz« beschließt meist die Einrichtung einer ganzen Reihe von Ausschüssen (Personalausschuß, Finanzausschuß, Aufnahmeausschuß, Konferenzleitungsausschuß usw.). Doch nur in den weniger bedeutsamen Ausschüssen, wie z. B. Bibliotheks- und Schulbuchausschuß, Weihnachtsmarkt- und Sommerfestausschuß werden auch Nicht-Mitglieder der »internen Konferenz« berufen. Mag bei einer gerade gegründeten Schule die »interne« mit der »Gesamtkonferenz« noch beinahe deckungsgleich sein, so kann sich bei einer voll entwickelten Schule mit Oberstufe das Verhältnis beinahe halbieren.

Diese Situation bedürfte einer besonders demokratischen Dialogkultur zwischen den Betroffenen. Wie und in welcher Sprache sollte aber ein offener Dialog zwischen denen stattfinden, die rechtgläubig und esoterischen Wissens sind, und denen, die dies nicht sind? Der im Zusammenhang mit der Elternarbeit an Waldorfkindergärten erhobene Vorwurf der »kommunikativen Einbahnstraße« trifft auch für das Verhältnis von »interner Konferenz« und dem übrigen Kollegium zu.[14] Dies ist um so problematischer, da wegen des besonderen Mangels an Oberstufenlehrern schon seit mehreren Jahren etwa ein Drittel der Waldorflehrer ohne jede Waldorfpädagogik-Ausbildung angestellt wird. Solche Lehrer sind von vornherein in der Situation, »nicht mitreden zu können« oder sich belehren lassen zu müssen. Ausgebildete Waldorflehrer scheinen weder in ausreichender Anzahl zur Verfügung zu stehen noch Gewähr zu bieten, Schüler der Oberstufe erfolgreich zum Abitur führen zu können. Das ist jedoch von Elternseite her unabdingbar. Nicht-Anthroposophen oder Sympathisanten werden aus diesem Grunde zunehmend geduldet. Sie bringen sich jedoch in die Situation, schulpolitisch gesehen, mehr oder weniger mundtot zu sein.

Der unten abgedruckte Protokollauszug einer Elternratssitzung ist Ausdruck für die »kommunikative Einbahnstraße« zwischen Eltern und »interner Konferenz«. Der Zusammenhang: Ein bei Schülern und Eltern beliebter Lehrer war entlassen worden. Die Eltern waren empört, da nicht informiert, es hagelte Proteste. Um die Empörung der Eltern zu besänftigen, wird die Elternvertretung durch Mitglieder der »internen Konferenz« »aufgeklärt«. Im Protokoll der Elternratssitzung unter dem Thema »Welche Kriterien führen zur Aufnahme eines neuen Lehrers bzw. zur

Kündigung eines Lehrers von Seiten des Kollegiums?«
heißt es:

»Auswahl und Anstellung neuer Lehrer müssen auch
vor folgendem Hintergrund gesehen werden: Die starke
Expansion der Waldorfschulbewegung nach dem Zweiten
Weltkrieg hat zu einem hohen Bedarf an Waldorflehrern
geführt, jedoch sind ausgebildete Lehrer aus den auf den
Steiner-Kursen aufbauenden, einjährigen Lehrer-Semina-
ren nicht in ausreichendem Umfang nachgewachsen. Die
angespannte Arbeitsmarktsituation der für den Staats-
schuldienst ausgebildeten Lehramtskandidaten hat andererseits dazu geführt, daß zum Teil Bewerbungen von Menschen ohne jede Kenntnis der Waldorfpädagogik eingehen.
Zwar müssen Lehrer nicht Mitglied der anthroposophischen Gesellschaft sein, sie müssen sich jedoch mit den
Grundlagen der Waldorfpädagogik identifizieren können.
Insbesondere erfordert die Gestaltung des Unterrichts spe-
zielle Kenntnisse aus der Menschenkunde Rudolf Steiners.

Die aufgrund vorliegender Bewerbungen oder persön-
lichen Kennens ausgewählten Kandidaten stellen sich i. d.
R. in der internen Konferenz vor. Daran schließt sich eine
beiderseitige Bedenkzeit von mindestens einer Woche an.
Ggf. wird dann zunächst ein Probejahr zur Sammlung von
Erfahrungen und zum gegenseitigen Kennenlernen verein-
bart. Ältere Kollegen betreuen in dieser Zeit die neuen
Lehrer. Beobachtet und beurteilt werden dabei u. a. das
Verhältnis zu den Kindern und zum Kollegium, die Berücksichtigung der Waldorfpädagogik, die Mitarbeit in Konferenzen sowie die praktische Umsetzung erteilter Ratschläge. Eine abschließende Beurteilung ist während der
Probezeit nicht immer möglich, jedoch wird oft ein Ent-
wicklungsprozeß erkennbar ... Dennoch ist die Entschei-

dungsfindung nicht einfach, sie erfordert für jeden Kandidaten mehrere Konferenzen und falsche Entscheidungen sind ebenso möglich wie die Revision bereits getroffener Urteile.

In der anschließenden Diskussion stellt sich als wesentliches Anliegen der Elternschaft der Wunsch heraus, stärker in den Prozeß der Meinungsbildung einbezogen zu werden und die bei den Eltern und auch Schülern zweifellos vorhandene Kenntnis der einzelnen Lehrer und deren Fähigkeiten, Stärken und Schwächen besser zu nutzen. Dem steht allerdings die Unmöglichkeit gegenüber, Personalfragen ›öffentlich‹ zu diskutieren.«

Das Dilemma von Eltern und Schülern ist deutlich: Sie würden gerne mehr Einfluß auf Personalentscheidungen nehmen, da es häufig unterschiedliche Sichtweisen der Eignung von Lehrern gibt. Es ist jedoch weder ein wirksames formelles Instrumentarium vorhanden, um ihre Interessen durchzusetzen, noch existiert eine entsprechende Kultur des »herrschaftsfreien Dialogs«. Eine Enttäuschung für viele, die erwartet hatten, daß es an einer »freien Schule« mehr Rechte und Mitwirkungsmöglichkeiten gibt als an staatlichen Schulen. Paradoxerweise ist jedoch gerade an letzteren ein sehr differenziertes Instrumentarium zur Wahrnehmung von Eltern- und Schülerrechten vorhanden, und beide werden viel stärker wahrgenommen als an der Freien Waldorfschule, wo es grundsätzliche Vorbehalte gegen formalisierte Verfahren gibt.[15]

Eine schüchterne, vielleicht auch eine eingeschüchterte Form des Protestes äußerten Eltern der Erlanger Waldorfschule, die die Entlassung des Klassenlehrers ihrer Kinder bedauerten, in einem von der Schulzeitung abgedruckten Schreiben:

«Zu Beginn des Schuljahres ... übernahm Herr ... die damalige 1. Klasse als Klassenlehrer. Durch seine stets fröhliche, heitere und liebevolle Art gewann er bald die Herzen der Kinder. Mit Hilfe seines pädagogischen Geschicks erleichterte er ihnen den Übergang vom Spielen zum Lernen. Dadurch schaffte er für die kleinen Schüler eine wohltuende Hülle, und man spürte bei ihnen, wie sie die Geborgenheit genossen. So wurde der Schulbesuch für den überwiegenden Teil der Kinder zur freudigen Pflicht. (...) Doch leider wollte es das Schicksal, daß er dann, kurz vor dem Ende des Schuljahres, den Kindern folgende Geschichte erzählen mußte: ›Da waren einmal viele kleine Häschen – zu ihnen kam eines Tages ein Mann. Dieser spielte und lachte mit ihnen. Alle waren fröhlich und glücklich miteinander und hatten sich sehr lieb. Doch eines Tages durfte der Mann nicht mehr mit den Häschen spielen, und alle waren sehr traurig, denn keiner wußte, warum.‹

So kam es, daß Herr ... uns am Ende des Schuljahres verließ. Wir Eltern sind ihm zu großem Dank verpflichtet für die vielen schönen Stunden, die unsere Kinder mit ihm erleben durften.»

Die Lehrer setzten als ihre Antwort ein Steiner-Zitat hinzu:

»Das Leben ist ein oft strenger Lehrmeister auch für den Pädagogen. Es stellt für die Verstandesausbildung seine Forderungen. Deshalb wird man in bezug auf diese Ausbildung eher zu viel als zu wenig tun. Das Moralische macht den Menschen erst wirklich zum Menschen. Ein unmoralischer Mensch offenbart nicht den vollen Menschen in sich. Deshalb wäre es Sünde gegen die Menschennatur, die moralische Entwicklung des Kindes nicht im vollsten Ausmaße zu pflegen. Die Kunst ist die Frucht der freien

Menschennatur. Man muß die Kunst lieben, wenn man ihre Notwendigkeit für das volle Menschenwesen einsehen will. Zur Liebe zwingt das Leben nicht. Es gedeiht aber nur in der Liebe. Es will sein Dasein in dem zwanglosen Element. (Aus ›Pädagogik und Kunst‹ von Rudolf Steiner.)«

Auf der einen Seite kommt in der Geschichte vom Mann und den Häschen die Entpolitisierung und Verniedlichung der Verhältnisse sowie das Zurückverwandeln aller Konflikte in quasi-familiäre Bindungen und Beziehungen zum Ausdruck. Auf der anderen Seite findet sich wieder die Belehrung – dieses Mal nach zwei Seiten: an den Lehrer gerichtet, aber auch an die Eltern. Die Form: ein Zitat, das sich bei genauerem Hinsehen auch noch als verblasenes Moralisieren entpuppt. Die Frage drängt sich auf, wie ernst die Waldorfschule ihre Elternschaft nimmt.

Es ist also keineswegs so, wie Selbstdarstellungen der Waldorfliteratur glauben machen wollen, daß an der Waldorfschule demokratische oder gar transparente Entscheidungsstrukturen vorzufinden seien; von kollegialer Selbstverwaltung kann nur bedingt gesprochen werden.[16] Ein bedeutender Anteil der Kollegen wird während ihrer gesamten Berufstätigkeit nicht in die »interne Konferenz« berufen.

Viele Lehrer haben an einer solchen Berufung auch kein Interesse, da sie mit erheblicher Mehrarbeit verbunden ist. Zusätzlich zur allwöchentlich donnerstags stattfindenden pädagogisch-technischen Konferenz von 16 bis ca. 20 Uhr, die in der Pause durch Eurythmie- oder Sprachgestaltungsübungen aufgelockert sein kann, findet von 20 bis mindenstens 22 Uhr noch die »interne Konferenz« statt. Die donnerstägliche Arbeitsbelastung eines Mitglieds der »internen Konferenz« kann mit Unterricht also bis zu

14 Stunden betragen. Aber auch an vielen anderen Tagen überschreitet sie das normale Maß durch Abende mit Eltern, Fachkonferenzen und sonstige Zusammenkünfte.

Die Kehrseite des bei vielen Mitarbeitern der Waldorfschule anzutreffenden »workaholism« ist, daß manche Kollegen plötzlich für längere Zeit erkranken oder schon nach wenigen Jahren von selbst wieder kündigen. Deutliches Anzeichen für Überarbeitung sind auch viele inoffizielle »Spielstunden«, in denen Spaziergänge oder andere unterrichtsfremde, dafür erholsame Tätigkeiten unternommen werden; während der Vorbereitung auf Theateraufführungen fällt oft der gesamte Hauptunterricht der betroffenen Klassen aus.

Jede Schule, auch die Waldorfschule, ist eine Maschine, die laufen muß, nur, das Schmieröl sind hier die Lehrer selbst. Die Verwaltungsarbeit, die sonst an anderen Schulen von weitgehend unterrichtsbefreiten Beamten getätigt wird, erledigt hier trotz der Existenz eines Verwaltungsrats die Lehrerschaft im Rund-um-die-Uhr-System. Im Grunde ist jeder für alles zuständig; darum sind Verfügbar- und Ab- sowie Anrufbarkeit erwünscht. Und da das ganze Jahr über zahlreiche Veranstaltungen (Theateraufführungen, Monatsfeiern, Basare, Ausstellungen, Ausflüge, Projekte, freiwillige Arbeitseinsätze) geplant sind und durchgeführt werden, befindet sich der Lehrer in einer Tretmühle, die stets auf Hochtouren läuft.

Dennoch finden sich genügend Lehrkräfte, so daß sich die Frage ergibt: Welchen Menschentypus zieht die Waldorfschule an?

Wenn der Satz von Alice Miller stimmt, daß erzieherisch manipulierte Menschen besonders gerne andere Menschen, vor allem jedoch Kinder, erziehen, dann ist es nicht weiter verwunderlich, daß sich so viele »berufen« fühlende Lehrer an einer Schule einfinden, die den pädagogischen Idealismus auf ihre Fahne geschrieben hat und expressis verbis Kinder »zur Freiheit« erziehen will.

Die Motivation derer, die an Waldorfschulen lehren, muß sich also noch in etwas anderem von der an anderen Schulen tätigen Lehrern unterscheiden.

Geld kann nicht der Hauptgrund sein, da das Gehalt aufgrund »freiwilligen« Gehaltsverzichts zugunsten der Schule und des Eurythmielehrers geringer als an staatlichen Schulen ist. Urlaub gibt es wegen der zahlreichen Fortbildungsverpflichtungen im Grunde nur im Sommer. Nichts von dem also, was normalerweise Lehrern die Schule als Arbeitsplatz attraktiv erscheinen läßt. Es gibt auch einige Waldorflehrer, die ihre Universitätskarriere aufgegeben haben oder das Referendariat scheuen; denn an der Waldorfschule kann man auch ohne 2. Examen bis zur 12. Klasse, manchmal sogar mit Sondergenehmigung bis zum Abitur (13. Klasse) unterrichten. Darüber hinaus gibt es Aussteiger aus dem gewöhnlichen Alltag oder Akademiker, die sonst nirgendwo eine Anstellung finden würden, ebenso wie Konvertiten jeglicher Couleur und natürlich arbeitslose Lehrer. Nirgendwo gibt es zur Zeit mehr offene Stellen für Lehrer als an Waldorfschulen.

Wichtiger erscheint jedoch die besondere Rolle des Lehrers, der hier quasi als Erziehungskünstler auftritt und einen karmischen, also schicksalhaften Auftrag an seinem Schüler zu erfüllen hat, vollendete Menschen erziehen will. Als Waldorflehrer soll er in der Lage sein, prophetisch wahrzunehmen, welche Gestalt die in seinem Schüler inkarnierte Persönlichkeit einmal haben wird. Wer will, kann sich also an der Waldorfschule viel eher als »Psy-

chagoge« fühlen denn als Feld-, Wald- und Wiesen-
pädagoge. Er ist ein Seelen-Führer, nur er kennt den richtigen Weg und findet über die »rechte« Entwicklung des
Kindes zu seinem eigenen persönlichen Seelenheil. Er
sammelt – und als Anthroposoph glaubt er an Wiedergeburt – Pluspunkte für sein nächstes Erdenleben und trägt
nach anthroposophischer Auffassung von Liebe Schuld
ab. Es deutet sich hier bereits zum zweiten Mal das Paradoxon an, daß Waldorflehrer dringend Schüler brauchen,
um einerseits die Welt verbessern zu können, andererseits
ihr eigenes Heil zu finden.

Ob sich die damit verbundene Notwendigkeit eines Ein-
griffs in die Persönlichkeit des Kindes mit dessen »Freiheit«
vereinbaren läßt, steht dann schon wieder auf einem anderen Blatt.

Ein weiterer Grund für die Mitarbeit an einer Waldorfschule hängt mit dem Phänomen zusammen, das Erich
Fromm einmal die Flucht vor der Freiheit genannt hat.

In einer Zeit, in der es keinerlei verbindliche Werte und
Glaubensvorstellungen mehr gibt, bietet die Waldorfschule
eine Lebenshilfe. Die anthroposophische Freiheit besitzt
Namen, Farbe, Geruch, eine genau gezeichnete Karte des
ideologischen Himmels, sie bietet Gewißheit auf Reinkarnation, vor allem aber einen way of life von der Wiege
bis zur Bahre. Hier gibt es für alle Fragen eine Erklärung.
Das Leben hat Sinn!

Dieser wird, abgesehen von der täglichen Arbeit im
Unterricht, auch innerhalb der pädagogisch-technischen
Konferenz jede Woche wieder neu hergestellt. Das kann
man folgenden Texten entnehmen, die Waldorfkollegen
einmal pro Woche – und natürlich von der Auswahl der jeweiligen Schule abhängig – als Motto für ihre Arbeit im

Chor aufsagen. Der eine wird zur »Michaelszeit« gesprochen oder auch gesungen:

«Unüberwindlich starker Held, Sankt Michael! Komm uns zu Hilf, zieh mit ins Feld. Hilf uns hie kämpfen, die Feinde dämpfen, Sankt Michael.« Oder auch: »Michael, strahlend und hell, sei uns gut, stärk den Mut.«

Spätestens hier zeigt sich, ob man Lust hat, unter diesem pädagogischen Banner auf Dauer zu streiten. Richtet sich dieser Spruch noch gegen äußere Feinde, die, je nach den Umständen, der Staat, Laster, die Discothek, Jazz, Jeans oder Fußball sein können, geht es bei dem nächsten Konferenzrahmenspruch um die inneren Feinde, genauer, um den inneren Feind: »Siegreicher Geist, durchflamme die Ohnmacht zaghafter Seelen, verbrenne die Ichsucht, entzünde das Mitleid, daß Selbstlosigkeit, der Lebensstrom der Menschheit, wallt als Quelle der geistigen Wiedergeburt.« Der Waldorferzieher erweist sich somit als ein Mensch, der mit Unterstützung des heiligen Geistes ständig gegen sich selbst kämpft, der sich selbst unerbittlich erzieht – »verbrenne die Ichsucht!« –, das Wort Selbstakzeptanz scheint ihm fremd zu sein. Es stellt sich die Frage, wo das alles bleibt, was er verbrennt, und ob es sich wohl verbrennen läßt. Möglicherweise spielt ihm die Verdrängung einen Streich und läßt ihn seinem Zögling eins auf den Pelz brennen.[17]

An dieser Stelle scheint es mir angebracht, eine Stelle aus Arthur Koestlers »Armut der Psychologie« zu zitieren, wo er über das Phänomen der Selbstlosigkeit spricht; denn es ist anzunehmen, daß eine Gemeinde, die wöchentlich so inbrünstig darum bittet, von ihrer Ichhaftigkeit erlöst zu werden, um zur Selbstlosigkeit zu kommen, nicht gänzlich frei sein kann von den Zügen, die Koestler so treffend charakterisiert:

»Eines der Hauptmerkmale des menschlichen Dilemmas ist also diese ausgeprägte Fähigkeit zur Identifikation, dieses überwältigende Bedürfnis nach Identifikation mit einer sozialen Gruppe und/oder einem System von Glaubenssätzen. Diese Fähigkeit und dieses Bedürfnis können aller Vernunft zuwiderlaufen, den eigenen Interessen schaden und sogar dem Selbsterhaltungstrieb hohnsprechen ... Man braucht nicht in einer Masse zu marschieren, um ein Opfer der Massenmentalität zu werden – der wahre Gläubige ist die ganze Zeit ihr Gefangener.

Das führt uns zwangsläufig zu der unzeitgemäßen und unbequemen Schlußfolgerung, daß unsere Spezies nicht etwa an einem Übermaß an selbstdurchsetzender *Aggression,* sondern an einer übermäßigen Neigung zu selbsttranszendierender *Hingabe* leidet. Schon ein flüchtiger Blick auf die Geschichte sollte uns überzeugen: Die Zahl der individuellen Verbrechen, die aus selbstsüchtigen Motiven begangen wurden, spielt in der menschlichen Tragödie eine unbedeutende Rolle, wenn man sie mit der Zahl der Menschen vergleicht, die aus selbstloser Liebe zu einem Stamm, einer Nation, einer Dynastie, einer Kirche oder zu einer Ideologie hingemetzelt wurden.«[18]

Nun sind im Zusammenhang mit der anthroposophisch fundierten Waldorfpädagogik noch keine blutigen Metzeleien bekannt geworden~ im Gegenteil, der Phänotypus des Waldorflehrers scheint besonders sanft und aggressionsfrei zu sein.

Für das von Koestler beschriebene Phänomen der Hingabe und des mit ihr einhergehenden Fanatismus gibt es aber auch in unserem Zusammenhang Beispiele: Da sich die Waldorfgemeinde als Organismus begreift, duldet sie keine Fraktionierungen, weil diese die anthroposophische

Bewegung als soziale und politische Kraft schwächen würden. Aus diesem Grunde produziert sie periodisch Sündenböcke und Außenseiter, die »herausgeeitert« werden müssen, da sie sie nicht ertragen und integrieren kann.[19] Der scheinbar gesunde Organismus stößt den angeblich Kranken ab.

Auch Schwäche gehört dazu, und wer als Lehrer, besonders als Klassenlehrer zum Beispiel zu oft krank ist oder mit der Klasse nicht zurechtkommt – da schützt ihn auch der Umstand nicht, daß er ein guter Anthroposoph ist –, dem wird gekündigt. Was mich dabei am meisten gewundert hat: die unnachgiebige Härte der »internen Schulleitung« gegenüber den »Fußkranken« der Bewegung. Sie werden einfach am Wegesrand liegengelassen, ja, wenn sie aufsässig waren oder gar grundsätzlich mit der pädagogischen Linie in Konflikt standen, versucht man sogar ihr weiteres Verbleiben innerhalb der Waldorfgemeinde oder in anderen anthroposophischen Einrichtungen zu verhindern. An der Waldorfschule gibt es keine Möglichkeit, andere als die offiziell sanktionierten pädagogischen Grundauffassungen zu vertreten oder gar durchzusetzen. Man ist entweder weiß oder schwarz.[20]

Bei Fritz Beckmannshagen, der den Mechanismus, die Sündenbockpsychologie dieser Treibjagden auf bisher unbescholtene Mitarbeiter an Waldorfschulen ausführlich beschrieben hat, heißt es dazu: »Die Waldorfschulen und ihre Ableger werden ... in der Regel von Leuten beherrscht, die voll und ganz die Verdrängungsethik praktizieren. Folgerichtig kann der Prozeß der ›reinigenden Projektion‹ an diesen Schulen nie aufhören.«[21] Begreifen könne ein neutraler Beobachter diese Vorgänge nicht, schreibt Beckmannshagen weiter, »solange er nicht die unklare psychi-

sche Verfassung der Führungsgruppe (an der Waldorfschule die »interne Konferenz«, d. V.) in Rechnung stellt.
Deren Verdrängungspsyche und Schein-Heiligkeit verlangt
aus innerem Zwang immer aufs neue nach Opfern.«[22] Die
oben angeführten Fälle der entlassenen Lehrer zählen zu
dieser Kategorie; ähnliche Fälle sind auch von Waldorfschulen außerhalb der Bundesrepublik bekannt.[23]

Wenn es einmal ganz schwierig wird, besonders an neugegründeten Schulen, wo das Kollegium noch sehr inho-
mogen ist und deshalb leicht Diskussionen über den
grundsätzlichen Weg aufkommen können, lädt man einen
Schlichter aus Dornach, dem Hauptzentrum und Sitz der
anthroposophischen Gesellschaft, oder vom Bund der
Freien Waldorfschulen in Stuttgart ein, der durch die Dele-
gation von Gründungslehrern schon im Frühstadium dafür
zu sorgen sucht, daß an jeder neuen Schule die anthroposophischen Richtlinien eingehalten werden. Im Zweifelsfall
siegen aber stets Orthodoxie und Dogmatik über junge
oder gar Kollegengruppen, die etwas anders machen, gar
auf Eurythmie verzichten wollen.[24]

Das Beispiel der Freien Schule Elztal bei Freiburg beweist, daß notfalls einer ganzen Schule das anthroposophische Gütesiegel verweigert, sie nicht in den Bund der
Freien Waldorfschulen aufgenommen wird, obwohl sie
nach Steinerschen Prinzipien arbeitet. Im übrigen sind die
Bezeichnungen »Waldorf« und »Rudolf Steiner« für Neugründungen inzwischen rechtlich geschützt. Es ist somit nur
ein Weiterarbeiten unter anderem Namen möglich.

Um eine Disproportion zwischen Neugründungen und
Waldorflehrerausbildung – man müßte dann zu viele Kompromisse und Risiken mit Lehrkräften eingehen, die von
»außen« kommen –, nicht zu groß werden zu lassen, kann

vom Bund der Freien Waldorfschulen durchaus ein Grün-
dungsstopp durchgesetzt werden.[25] Angesichts des anhaltenden Booms erscheint eine solche Maßnahme auch gegenwärtig nicht ausgeschlossen.

Zu Beginn meiner Tätigkeit habe ich mich gewundert, wie
schnell sich besonders junge Kollegen an das neue Milieu
anpassen. Die Kleidung gesund und praktisch, viel Wolle
und Seide, der Sprachduktus wohlartikulierte Laute, besonders die Endsilben; das Händeschütteln, das an der Waldorfschule fast zwanghaften Charakter hat, die Wohnungs-
einrichtung viel Holzgeschnitztes und Naturfarben an den
Wänden – alles verwandelte sich auf geheimnisvolle Weise
und nahm die übliche Waldorfausprägung an.

Dieser Anpassungsmechanismus, dessen Ursachen ich
mir zunächst nicht erklären konnte, nimmt in geistiger Hinsicht oft folgenden Verlauf: Zuerst sagt man nicht, was man
denkt. Dann denkt man, was man nicht sagt. Schließlich
sagt man, was man nicht denkt und zuletzt denkt man das,
was man sagt.

Diesen Entwicklungen liegen jedoch Gesetzmäßigkei-
ten zugrunde, die der Pfarrer Friedrich-Wilhelm Haack in
einem Beitrag zum Thema »Neue Jugendreligionen – Erfahrungen mit Kindern und Jugendlichen« beschrieben und
gedeutet hat. Er nennt den Anpassungsvorgang »Psycho-
mutation«, Persönlichkeitsverwandlung.

Die hier beschriebenen Prozesse, die ich in geringerem
Maße an mir selbst – ich war an der Waldorfschule von
vornherein nur als Arbeitsplatz und nicht als lebenssinn-
stiftender Heimat interessiert und hatte einen festen sozialen Bezugsrahmen außerhalb der Waldorfschule – als an
anderen nicht-anthroposophischen Neulingen bemerken

konnte, lassen sich nach Haack folgendermaßen kennzeichnen:

a) eine absolute Neuausrichtung der eigenen Existenz

b) eine völlige Umstellung des Verhaltens gegenüber der
Umwelt

c) eine Radikalisierung in vielen Lebensbereichen und -voll-
zügen

d) die vollkommene Unterordnung der eigenen Urteils-
fähigkeit und des Urteilswillens unter eine andere Autorität

e) eine Art »Festungskomplex«

f) eine enge Bindung an einen Leiter, Führer, Guru oder
dessen Stellvertreter oder Beauftragten; seine Weltsicht
und Handlungsmodelle werden unkritisch übernommen
und gegen Kritik nahezu fanatisch verteidigt

g) die Umwandlung läuft in relativ kurzer Zeit ab

h) die Fähigkeit, andere anstecken zu können und seiner-
seits psychomutatorisch zu wirken.[26]

Alle diese Merkmale habe ich in ihrer waldorftypischen
Ausprägung während meiner Lehrertätigkeit beobachten
können. Ich selbst verspürte einen ständigen, starken Sog
und einen subtilen Anpassungsdruck, der von der Waldor-
fumgebung auf mich ausging. Eine Besonderheit unter Waldorflehrern ist das ständige Händeschütteln und das tiefe
In-die-Augen-Sehen, als müsse man sich gegenseitig ständig versichern, gemeinsam auf dem richtigen Weg zu sein.
Abwechselnd mußte sogar morgens ein Kollege – meist aus
der »internen Konferenz« – an der Haupteingangstür jeden
Schüler einzeln per Handschlag begrüßen. Das geschah
stets mit dem so typischen, haftenden Blick in die Augen.
Möglicherweise wird auf diese Weise beim Schüler eine Art

pädagogischer Vor-Verhaftung für den ganzen Tag erreicht. Sicher ist jedenfalls, daß unter solchen Blicken sich das schlechte Gewissen zu regen beginnt.

Auffällig fand ich die überall um mich herum »leuchtende Augen vieler Kollegen. Erst nach der Lektüre von Haack begriff ich, daß gerade dies ein Kennzeichen psychomutativer Gruppen darstellt. Haack schreibt dazu:»Die ganze Außenwirkung der psychomutativen Gruppen und Organisationen ist darauf ausgerichtet Faszination zu bewirken. Die Mitglieder sind ständig im werbenden Einsatz. Das Kennzeichen der ›leuchtenden Augen‹ wird teilweise sogar durch bewußte Einübung erzielt.«[27]

Bedingt durch die besonderen Umstände meines Oberstufeneinsatzes, konnte ich mich lange Zeit mit arbeitsbedingten Argumenten aus den anfänglichen sanften »Integrationsversuchen« heraushalten, zum Beispiel der Aufforderung, mich neben der Lehrertätigkeit noch einer waldorfpädagogischen Zusatzausbildung zu unterziehen, sowie ausführlichen Lektüreempfehlungen von Steiner bis hin zu massiven Überredungsversuchen, mich »richtig in die Bewegung hineinzustellen«.

Was das anthroposophische Erkenntnisringen während der pädagogischen Donnerstagskonferenzen angeht – anstelle einer produktiven Diskussion meist ein anstrengendes, Müdigkeit hervorrufendes Ritual, das, wie ich bei mir selbst und anderen Kollegen beobachten konnte, die gleichen Erscheinungen produzierte wie bei unseren Schülern während des Unterrichts: Männchenmalen oder unauffällige Vorbereitungen für den nächsten Tag –, so war es mir schon bekannt aus bestimmten buchstabengläubigen politischen Zirkeln an der Universität der ausgehenden sechziger Jahre. Am Ende dieser Sitzungen kann kaum eine neue

Erkenntnis stehen, denn worüber auch immer geredet wird: Ausgangspunkt sind stets Äußerungen und Zitate eines Meisters, in diesem Falle Rudolf Steiners. Dann nimmt man die jeweilige Wirklichkeit hinzu und versucht in sie hinein-zuprojizieren, was man aus dem Zitat herausholt. Dieses Verfahren wurde an der Freien Universität in Berlin gegen Ende der sechziger Jahre als »Hineinsuhlen und Heraus-sülzen« bezeichnet. Ein greifbares Resultat nach solchen Übungen ist jedoch meist weniger ein Zuwachs an Er-kenntnis als ein »dicker Kopf«.

Über die Persönlichkeitsstruktur des typischen Waldor-flehrers läßt sich wohl nur spekulieren. Der rigide Moralis-mus jedoch, der bei so vielen anzutreffen ist, die Aura von Rechtschaffenheit und Güte, die in den pädagogischen Se-minaren und Konferenzen wahrnehmbar ist, scheint ein Zeichen eher für Schwäche als für Stärke zu sein. Hinzu kommt die Tendenz zur Selbsterziehung, in deren Kielwas-ser die Selbstverleugnung schwimmt. Ich erinnere an das Motto der pädagogischen Konferenzen: »Verbrenne die Ichsucht, daß Selbstlosigkeit ...« Heißt es nicht im Tao-te-king: »Wenn das große Tao verloren ist, sprudeln Recht-schaffenheit und Güte.« So gesehen, besteht Anlaß zu großer Sorge um das Tao der Waldorfpädagogik.

Auch das unbeirrbare Festhalten und Wiederholen von erstarrten Formeln und Sprüchen, im Unterricht wie in den Konferenzen, sowie ein religiöser Fanatismus, der sich in permanentem Abgrenzungs- und Negativierungszwang ge-genüber allem zeigt, was von »außen« kommt, ist verdäch-tig. Nietzsche erklärt dieses Phänomen so: »Fanatismus ist die einzige Stärke, zu der auch der Schwache gebracht wer-den kann.« Hierzu auch der Kommentar eines Staatsschul-lehrers und Waldorfvaters: »Anthroposophie zieht – zu ihrem Schaden – nicht nur starke Menschen an, ... sondern auch einen ganz bestimmten Typus von schwachen Menschen, die einen Meister suchen, dessen unbezweifelbare Weisheit sie davon dispensiert, selbst suchen zu müssen und sich dem vielen, was als Frage an sie herantritt, selbständig stellen zu müssen. Dieser Menschentypus ist ... in Waldorfkollegien überrepräsentiert.«[28]

Hinzuzufügen wäre, daß dieser Menschentypus besonders an ausgewachsenen Schulen die »interne Konferenz« dominiert und damit die kollegiale Selbstverwaltung zu einer Farce wird. Große menschliche Schwäche und permanente Selbstüberforderung war denn auch, was mir am häufigsten hinter all den groben pädagogischen Mißgriffen und Entgleisungen, etwa in Form körperlicher Züchtigung von Schülern, an der Waldorfschule erkennbar wurde. Sicher haben auch Staatsschulkollegen ihre Schwächen. Doch erstens haben sie sich meist nicht der Ideologie der Selbst-Erziehung verschrieben, und zweitens können sie ihre Aggressionen und Schwächen nicht so unkontrolliert an den Schülern ausleben, da eine wirksamere öffentliche Kontrolle gegeben ist. Drittens existiert an allen Staatsschulen wenigstens ein einigermaßen entwickeltes Rechtsbewußtsein, gerade auch unter Schülern, was man als großen Fortschritt ansehen muß. An der Waldorfschule herrschen in dieser Hinsicht dagegen beinahe »feudale Verhältnisse«.

Es muß vermutet werden, daß unter den Pädagogen gerade diejenigen von der Waldorfschule angezogen werden, die selbst in ihrer Kindheit durch manipulative Erziehungstechniken beschädigt wurden, um dann mit ähnlichen Methoden später als Lehrer zu wirken. Der Schulpsychologe Fritz Beckmannshagen formuliert sogar: »Solche Leute (Steiner-Anhänger, die Verdrängungsethik

praktizieren, d. V.) können eigentlich jeden Beruf ergrei-
fen – nur nicht den des Erziehers. Sie sind – psychohygie-
nisch gesehen – kinder- und jugendgefährdend! Sie achten
weder bei sich selbst noch bei anderen auf eine gesunde
Integration der Gesamtpsyche, sondern begnügen sich mit
einer hochgespannten ethischen Haltung des Bewußtseins, das aber nur eine Teilstruktur der Gesamtpsyche
ausmacht. Eine solche ›Erziehung‹ hatte in der alten
Pädagogik und im Strafvollzug unter anderen gesellschaftlichen Voraussetzungen ihren Stellenwert. Nach unseren heutigen Einsichten ist sie eine dichotomisierende,
also krankmachende Erziehung.«[29]

Die Rigidität, mit der alles nachvollzogen wird, was
Rudolf Steiner gesagt hat, die Uniformität in der Lebensführung der meisten Waldorflehrer läßt des weiteren den
Eindruck entstehen, daß Anthroposophie bei ihnen als Le-
bensabwehrmythos fungiert. Das gegenwärtige Leben
wird an sich selbst und an den ihnen anvertrauten
Schülern beschnitten zugunsten eines späteren, höheren
Lebens. Alles ist nur Vorstufe, dauernde Bewährung für
ein diffuses »Danach«.

Wo soviel Rigidität und Moral anzutreffen ist, gedeiht
auch die Doppelmoral. Denn der Druck, den die Waldorf-
lehrerschaft sich ständig schafft, muß irgendwo bleiben.
Nicht alles kann in den Schülern abgearbeitet werden.
Darum ist es nicht erstaunlich, daß es Waldorflehrer gibt,
die nach der pädagogischen Konferenz an einer von der
Schule möglichst weit entfernten Imbißbude verstohlen
Currywurst bestellen, obwohl es unter Anthroposophen
verpönt ist »Leichname zu essen«, daß es Lehrer gibt, die
sich einen kräftigen Schluck Alkohol genehmigen, obwohl
es als unziemlich gilt für denjenigen, der sich auf dem eso-

terischen Schulungsweg befindet.[30] Und natürlich gibt es
eine doppelte Sexualmoral.

An der Waldorfschule stoßen wir somit auf das bekannte Paradoxon, daß die mit dem krummen Buckel am
lautesten zum Geradegehen auffordern, diejenigen, die
menschlich am kältesten sind, von Herzlichkeit und Wärme
reden, die Gehemmten und Verklemmten Freiheit predi-
gen und die Blutleeren vom wärmenden Strom der Liebe
schwärmen.

Der Alltag

Der Boom der Waldorfschule bezieht seine Hauptnah-
rung aus den offen darliegenden Mängeln des Staats-
schulbetriebs; vom Touch des »Alternativen« profitierte
sie zusätzlich mit dem Entstehen einer »Alternativkultur«
und der Stimmung unter der bürgerlichen Jugend Ende
der sechziger, Anfang der siebziger Jahre unter dem Slogan: »Zurück zur Natur«. Während alternative Netzwerke,
Betriebe, Vollkornläden und Landkommunen entstanden,
konnte die anthroposophische Bewegung bereits alles
vorweisen, was nun in Mode kam: von Vollkorn, Wollpullover und -unterwäsche, Wünschelrute bis hin zu einer
sanften Medizin sowie einer pädagogischen Konzeption
aus einem Guß war alles schon da. Die Waldorfschule
wurde, ohne daß es allerdings ihr Bestreben gewesen
ware, in die »Alternativkultur« eingereiht und auch bei
nicht-anthroposophischen bürgerlichen Elternhäusern po-
pulär. Die Gründung von Waldorfkindergärten konnte
kaum mit der schnell anwachsenden Nachfrage in fast jeder größeren Stadt mithalten.

Nicht-anthroposophische Verlage entdeckten einen
Markt, und so erschien nicht zufällig 1975 bei Rowohlt das
Buch von Christoph Lindenberg mit einem Titel, der viele
Eltern anzusprechen wußte »Waldorfschulen – angstfrei
lernen, selbstbewußt handeln«. Es ist inzwischen in 17. Auf-
lage erschienen.

Mit der Angst waren immer schon gute Geschäfte zu
machen, und »angstfrei«, dazu noch ohne Leistungsdruck
und an einer »Freien Schule« zu lernen, wo ständig »zur
Freiheit erzogen wird« – das waren schon verführerische
Etiketten, denen viele mehr blind als sehend folgen sollten.

Die Waldorfpädagogik war mit einem Male aus einem beschaulichen Winkel des Erziehungsgeschehens in das öffentliche Scheinwerferlicht geraten, in dem fortan ihre Vorzüge gepriesen wurden. Es dauerte fast fünfzehn Jahre, bis das erste kritische Büchlein über die Waldorfschule im Buchhandel zu beziehen war[1] und Hochschulprofessoren wissenschaftliche Artikel und Bücher zur Waldorfpädagogik zu schreiben begannen.[2]

Auch in Proseminaren der pädagogischen Abteilungen der Universität wurde Waldorfpädagogik ein beliebtes Thema und ist es bis heute.

Haben sich andere reformpädagogische und in freier Trägerschaft stehende Schulen wie die Landerziehungsheime, aber auch evangelische und katholische Internate und Heime den Anforderungen der jeweiligen Zeitumstände entsprechend verändert und weiterentwickelt, wird an der Waldorfschule jedoch seit siebzig Jahren nach den gleichen Prinzipien und Methoden gearbeitet.

Die Waldorfschule geht dabei nicht nur von einem anthroposophischen Weltbild und einer eigenen Christologie, sondern auch von einem Menschenverständnis aus, das Phänomene wie Akzeleration im Wachstumsprozeß des Kindes, veränderte Bedingungen des Aufwachsens in menschlicher und natürlicher Umwelt sowie den Paradigmenwechsel von Weltbildern und seine Folgen für das Bewußtsein der Zeitgenossen ignoriert. Dies legt den Verdacht nahe, daß die Waldorfschule Kinder in vorgestanzte pädagogische Muster steckt und ihnen eine genormte erzieherische Behandlung verabreicht, die eher das Gegenteil von Freiheit im landläufigen Sinn bedeutet.

Sieht man zunächst von den Unterrichtsinhalten ab und betrachtet lediglich einige formale Aspekte, so ergibt sich

Heimliche Schülerzeichnung eines Zehnjährigen

folgendes Bild: Es wird noch immer die Klassenstärke von vierzig Kindern als für ein 1. Schuljahr sinnvoll angesehen, ohne zu berücksichtigen, daß heutzutage weder Kinder noch Lehrer den damit verbundenen Anforderungen gewachsen sind. Das häufig zu beobachtende Resultat ist, daß der ursprünglich für acht Jahre vorgesehene, meist junge Klassenlehrer schon nach wenigen Jahren in vielen Fällen aus gesundheitlichen Gründen ausgewechselt werden muß und der Unterrichtsstil besonders autoritär ausfällt.

Die Waldorfschule wählt gleich von Anfang an die Schüler aus, die zu ihrer Pädagogik passen: ein Komitee, bestehend aus Schularzt, manchmal dem Eurythmisten oder einem anderen Lehrer aus der »internen Konferenz« und dem zukünftigen Klassenlehrer prüft Kind und Eltern auf Waldorftauglichkeit. Auf diese Weise dürften Kinder, die zuviel fernsehen, Fußball oder am Computer spielen und zu viele Lego-Baukästen zu Hause haben, darüber hinaus Vorlieben für Coca Cola, Pommes Frites und Süßigkeiten haben, kaum eine Eintrittskarte für die Waldorfschule erhalten. Außerdem wird in der Regel danach gefragt, ob im Elternhaus eine Form des Christentums gepflegt wird oder überhaupt irgendeine Form von religiöser Einstellung vorhanden ist. Daß dabei nicht immer der richtige Ton getroffen wird, belegt folgender Ausschnitt aus dem Protokoll einer Elternratssitzung:

»Da ... in der Elternschaft in der Vergangenheit vereinzelt Kritik an den Aufnahmegesprächen geäußert wurde, nahmen wir (die Elternratsmitglieder, d. V.) die Gelegenheit wahr, mit den Lehrern des Aufnahmegremiums zu sprechen. (...) Von den Lehrern wurde um Verständnis dafür gebeten, welche Arbeit es bedeutet, aus jährlich 120 bis 140 interessierten Kindern diejenigen auszusuchen, die mit ihren Eltern in unsere Schulgemeinschaft passen. (...) Als wesentliche Kriterien gegenüber dem Elternhaus wurden genannt: eine positive Einstellung zum Christentum und die Bereitschaft, sich mit den Grundlagen der Waldorfschulpädagogik zu beschäftigen. (…) Es ist auch selbstverständlich, daß Fragen nach der christlichen Grundhaltung einer Familie und nach anderen persönlichen Lebensgewohnheiten mit höchster Zurückhaltung gestellt und nicht an die Kinder gerichtet werden.«

Oft scheiden sich an dieser Prozedur schon die Geister, manche Eltern empfinden solche Fragen als eine Form von Gesinnungsschnüffelei, andere geben vor, christlich zu sein, damit das Kind angenommen wird, und bekommen in diesem Punkte später Schwierigkeiten, noch andere hatten andere Vorstellungen von den Grundlagen der Waldorfpädagogik und kommen mit den Steinertexten nicht zurecht. Es sind meist diejenigen, die die Waldorfschule als eine Art »Alternativschule« ansehen und das »Christliche« in Kauf nehmen für das, was ansonsten so verführerisch klingt und womit die Waldorfschule genau im Trend liegt: fehlendes, beziehungsweise stark abgeschwächtes Leistungsprinzip, handwerklicher, künstlerischer, musischer Unterricht und das alles in integrierter Form. Sie suchen eine menschliche Schule für ihr Kind. Ein nachvollziehbarer Wunsch.

Doch weder wissen sie, was die Kinder lernen werden noch wie. Sie haben eine vage Vorstellung davon, daß an der Waldorfschule anders, kindgerechter erzogen werden soll. Ihnen ist meist nicht bekannt, daß Unterricht an der Waldorfschule in einer Form stattfindet, die teilweise sogar hinter die Errungenschaften der verteufelten Staatsschule zurückfällt: Die Kinder sitzen hier an Tischen, die meist in Panzerschlachtordnung stehen, und schauen nach vorn, wo der Lehrer steht und den Ton angibt. Es findet überwiegend Frontal-Unterricht statt, eine Fossilie, auf die fortschrittliche Kollegen an der Staatsschule schon seit langer Zeit verzichten. Darüber sollten die schöneren Unterrichtsräume nicht hinwegtäuschen. Das Unterrichtsverfahren erschöpft sich bei den meisten Kollegen, bei denen ich hospitieren durfte, im Frage-Antwort-Spiel, im Vortragen und Nachsprechen. Der Lehrer fragt, die Schüler antworten. Die richtigen Antworten erhalten vom Lehrer Zustimmung. Darüber hinaus gibt es kaum Gruppenunterricht oder gar individualisierte Arbeitsformen, dafür wird ein erheblicher Teil der Unterrichtszeit für sprachliche Rituale verwendet.

Ein Schüler einer Berliner Waldorfschule beschreibt den Vormittagsunterricht:

»1. – 4. Klasse (jeden Morgen): In die Klasse gehen, hinter die Stühle stellen, Schweigemantel machen (Arme verschränken und mit den Händen auf die eigenen Schultern fassen). Morgenspruch (in Gedichtsform, gebetsartig). Dann die Begrüßung: ›Guten Morgen lieber Herr/liebe Frau ...‹ Hauptunterricht: 15 – ca. 35 Minuten Sprachübungen. Danach den Rest der 2. Stunde die Epoche, die gerade durchgenommen wurde. Tischgebet, 15 Minuten Pause. Danach zwei Stunden: 1. Fremdsprache oder Russisch/Französisch. 2. Fachunterricht, z. B. Handarbeit, Musik, Leiern usw. Meistens 4 Stunden.

5. – 6. Klasse (jeden Morgen): In die Klasse gehen, hinter die Stühle stellen, Begrüßung: ›Guten Morgen Herr/Frau ...‹ und Morgenspruch für die höheren Klassen. 15 – 35 Minuten oder länger Sprachübungen. Hauptunterricht, Fachunterricht z. B. Handarbeit (Söckchenstricken), Leiern, Eurythmie usw. Russisch oder Englisch. (Nach jeden zwei Stunden eine Pause à 10 Minuten. (Schulzeit ins-

gesamt 5 – 6 Stunden.) Manche Schüler werden im Hauptunterricht regelmäßig zur Heileurythmie geholt. (Weil sie
angeblich von Zappelei, Frechheiten usw. geheilt werden
sollten.) Ich hatte in 6 Jahren 4 x Heileurythmie. 4 x in der
Woche, jeden Morgen.«

Die 15 bis zu 35 Minuten dauernden Sprachübungen werden nicht von allen Schülern als angenehm empfunden.[3]

Der Stellenwert der Sprachgestaltung in der Hauptun-
terrichtszeit ergibt sich unter anderem aus der anthroposophischen Sicht von Vokalen und Konsonanten: »Vokale geben Seelenerlebnisse wieder, ... in den Konsonanten gestaltet
die Seele die Außenwelt nach.«[4] Anthroposophische Sprachgestaltung geht über den Zweck der Sprache als Kommuni-
kationsmittel hinaus und zielt auf Weiter- und Höherent-
wicklung des einzelnen Menschen und der Menschheit im
ganzen, auf den Erwerb eines höheren Bewußtseins.[5]

Was Marylin Ferguson als Kritik für das öffentliche Schulwesen formuliert hat, gilt genauso für die Waldorfschule:
Der Schüler hält sich in einem begrenzten Territorium auf,
seinem Körper sind begrenzte Aktivitäten erlaubt, seine
Sinne werden einer begrenzten Stimulierung ausgesetzt,
sein soziales Feld besteht aus einer begrenzten Anzahl von
»Peers«, sein Geist ist einer begrenzten Erfahrung von der
ihn umgebenden Welt ausgesetzt.[6]

Erschwerend kommt hinzu, daß der Schüler hier mit einem Lehrer konfrontiert ist, der Vertreter der anthroposophischen Weltanschauung ist und sich fast ausschließlich in
der Waldorfwelt bewegt. Er hat es also mit Repräsentanten
einer recht engen Welt zu tun, soll aber doch vorbereitet
werden auf die »normale« Welt, in der die meisten Eltern
und der Schüler selber nach Schulschluß zu Hause sind.

Ein Blick in die Hefte

Die phänomenologische Betrachtungsweise ergibt aber auch bei anderen Aspekten der Waldorfschule nachdenklich stimmende Ergebnisse.

Dadurch, daß es fast keine Lehrbücher an Waldorfschulen gibt, sind die Schüler über Jahre hinweg gezwungen, Texte, Bilder, Zahlen, Schemata von der Tafel abzuschreiben oder sich diktieren zu lassen, die sich Waldorfpädagogen aus einem Sammelsurium von Schulbüchern und anderen Quellen, deren Herkunft aus den Heften nicht ersichtlich ist, zusammengesucht haben.

Fragwürdig ist, ob der Zeitaufwand, den das Abschreiben einnimmt, in einem vertretbaren Verhältnis zum Lerneffekt steht. Auf jeden Fall besitzt der Lehrer mit der Abschreibmethode einen mächtigen Erziehungsgehilfen, mit der er zu große Klassen auch stillhalten und disziplinieren kann. Denn wo es keine Zensuren gibt, braucht man andere Disziplinierungs- und Stillhaltemittel. Es gibt noch einen anderen Grund, warum diese Methode über Gebühr angewendet wird. Die Schüler hätten sonst außerhalb des Unterrichts überhaupt nichts, woran sie sich orientieren könnten, sie hätten nichts zum Nachschlagen. Das, was der Lehrer im Unterricht gesagt hat, wäre womöglich in das eine Ohr hinein und aus dem anderen wieder heraus.

Der Versuch, zum Beispiel aus den Heften der ersten Grundstufenklassen (Berliner Waldorfschule) heraus zu überprüfen, ja zu systematisieren, was denn nun eigentlich gelernt worden ist, erzeugt nach dem Durchblättern der Hefte der ersten vier Schuljahre das Gefühl der Verwirrung: Unlinierte Seiten, auf denen sich Bilder, Zahlen, Formen, Symbole, Sprüche, Weisheiten, Wörter, Sätze ohne

Schreibversuche in Sütterlin in der 3. Klasse in unlinierten Heften. Kommentar der Lehrerin: »Bitte ziehe keine Linien quer über die Seite.«

Punkt und Komma, dafür mit goldenen Sternchen dazwischen, englisch- und russischsprachige Textausschnitte von höchstem Schwierigkeitsgrad und immer wieder kunstvoll nachgemalte geometrische Formen finden. Erst nach dem Durchblättern von 40 Heften (der Waldorfschüler legt in 10 Klassen ca. 150 DIN-A-4-Hefte an), in der 5. Klasse, setzt eine deutlich wahrnehmbare Ordnung ein.

In den betrachteten Heften lebt auf jeder Seite, in beinahe jedem Fach, Weltanschauung: Es finden sich Hinweise auf das hier gefeierte Johanni-Fest, bildhafte Spuren der Erzengel der Jahreszeiten: Raphael, Michael, Uriel und Gabriel, die anthropomorphisierende Sicht von Tieren und Pflanzen, Auszüge aus dem Johannesevangelium, Atlantis, der Hinweis auf die sieben indischen Seher (Rishis) usw. Die ersten Wörter, die von den Kindern geschrieben werden: Gott, Himmel, Teufel, Engel, Michael, Maria, still, gut, rein usw.

Eine Systematik oder gar größere Sinnzusammenhänge lassen sich beim Schreibenlernen fast nicht ausmachen. Es tauchen Wörter und Sätze auf, so wie sie der Lehrer gerade aus einem unerschöpflichen Vorrat an Tugendwörtern gegriffen zu haben scheint. Eine Chronologie oder Datierungen als Ordnungssystem fehlen. Der Versuch, aus den ersten Heften etwas nachlernen zu wollen ist restlos zum Scheitern verurteilt. Den Unterrichtsgang aus den Heften der ersten vier Klassen rekonstruieren zu wollen ist ein mühevolles Unterfangen.

Das Russisch- und Englischheft der ersten drei Klassen genau wie das Religionsheft weisen nur Malereien auf, die teilweise sehr schön, aber stereotyp sind. Die Motive: Märchen oder Heiligenfiguren. Im Fremdsprachenunterricht werden russische bzw. englische Gedichte vorgelesen, russische Märchen zum Teil in deutscher Sprache, dazu Bilder gemalt. Übungen also, die nicht aufs Sprechenlernen und Begreifen angelegt sind, sondern aufs passive Aufnehmen. Die kyrillischen Buchstaben scheinen systematisch eingeführt worden zu sein, im Heft ist eine Kopie aus einem Wörterbuch eingeklebt. Dann bis zur 4. Klasse kaum Spuren systematischer Stoffdarbietung. Immer wieder Gedichte, die rezitiert und dann offenbar diktiert werden.

Die Hefte der 3. Klasse mußten außer Betracht bleiben, sie waren in deutscher Schrift (Sütterlin) geschrieben. Nachdem der Schüler gerade das lateinische und russische Alphabet gelernt hatte, mußte er in der 3. Klasse fast ausschließlich deutsch schreiben. Daß das nicht einfach ist, beweisen die Kommentare des Lehrers, der sich selbst dauernd verschreibt, lateinische mit deutschen Schriftzeichen verwechselt.

Den Schülern geht es ähnlich. Es muß für die Schüler außerordentlich verwirrend sein, dieses Wechselbad von Schriftzeichen über sich ergehen lassen zu müssen. Motivation als lerntheoretische Bezugsgröße scheint dem Waldorflehrplan fremd zu sein:

Wörter und Texte wirken langweilig, moralisierend, ja steril. Auf einen Nenner gebracht: Ähnlich wie im sozialistischen Realismus, wo positive mit negativen Helden rangen und aufgrund ihrer besseren Ideologie stets zu siegen verstanden, ringen in den Stoffen der Waldorfgrundstufe positive mit negativen Figuren: Engel mit Teufeln, gute Geister mit bösen, Recken und Ritter mit Bösewichten usw. Die Zeichnung der Helden ist stets klischeehaft.

In den Heften der 4. und 5. Klasse lassen sich deutlichere Spuren anthroposophischer Weltanschauung nachweisen, darunter Aussagen, die zum Faktum erheben, was bestenfalls als Spekulation ausgegeben werden könnte, aus dem Zusammenhang gerissene Behauptungen, die Vermischung von Wahrem und Halbwahrem, Mythen und Fakten, besonders in den Geschichtsepochen.

Nicht nachweisen läßt sich an den Heften, was der Lehrer an Problematischem gesagt hat. Es muß vermutet werden, daß es der bei weitem größere Anteil ist. Die Waldorfschule zeigt sich in den Heften als eine Privatschule im schlechtesten Sinne, hier wird nicht zur Freiheit erzogen (ein Widerspruch in sich), sondern die Freiheit des Lehrens zur Vermittlung von Weltanschauung, vor allem aber Moral gebraucht.

In der 5. Klasse wird an allen Waldorfschulen eine Geschichtsepoche »Urgeschichte« behandelt. Wie alle anderen Epochenhefte ist das ausgewählte Heft des Berliner Waldorfschülers eingeleitet mit einem Gedicht, das Grundüberzeugungen anthroposophischen Glaubens spiegelt:

»Alpha und Omega

In der Urzeit lichten Tagen
Waren Götter unsre Hüter.
Hießen uns zur Erde tragen
Heilig anvertraute Güter.

Doch die Himmel wurden dunkel
Und die Götter wichen ferne.
Nur ein tröstend hohes Funkeln
Blieb: die unberührten Sterne.

Die Prophetenstimmen schwiegen.
Es erlosch das alte Schauen.
Brachen Irrtum auf und Lügen,
Wuchsen Schuld und Not und Grauen.

Als die Herkunft schon vergessen,
Als die Hoffnung fast verloren,
Ward – wer darf dies Heil ermessen
Er zu uns als Mensch geboren.

Und Er trat in unsre Pfade
Und Er ging durch unser Sterben,
Daß wir durch die höchste Gnade
Licht und Leben neu erwerben.

Er hat uns zum Ziel gerufen,
Da sich nun die Zeiten neigen
Vor uns leuchten Seine Stufen.
Laßt uns mutig aufwärts steigen.

Wolfgang Holz«

Der Schüler wird durch eine vierwöchige Epoche geführt, in der er etwas über die Urgeschichte des Menschen erfahren soll. Das Gedicht faßt in Kürze zusammen, wie sie verlaufen ist. Außerhalb der Waldorfschule wird solche Geschichtsauffassung meist als Geschichtsklitterung bezeichnet. In diesem Falle handelt es sich sogar um eine geklitterte anthroposophische Geschichtsauffassung in Gedichtform: In der Urzeit wurden die Menschen von Göttern geführt, sie besaßen Wissen, das ihnen von diesen für ihre irdische Entwicklung mitgegeben wurde. Dann ging dieses Wissen verloren, die Propheten und Seher (Geheimschüler, Meister) schwiegen, das Böse konnte entstehen, dadurch kam es zu einer irdischen und kosmischen Katastrophe, nur ein Teil der Menschheit konnte sich nach Atlantis retten. Doch alles wäre noch schiefgegangen, wenn Er, Christus, »der Herrscher im Sonnenreiche«, »das umfassende Vorbild der Liebe«, nicht geboren worden wäre. Christus erinnert die Menschheit an ihr eigentliches »Ziel«: weiter aufzusteigen auf dem siebenstufigen Pfad der Erleuchtung, sich letztlich zu befreien aus dem niederen Leiblich-Stofflichen ins Reingeistige: »Laßt uns mutig aufwärts steigen.«

Nach diesem Motto geht es hinein in die Geschichte: Die Rede ist zunächst von Atlantis. Ein sagenhafter Ort, von dem man weiß, daß er bei Platon erwähnt wurde. Ansonsten ist umstritten, ob es sich um eine Fiktion handelt oder um einen Lokalisierungsversuch. In der Waldorfschule jedoch wird dieser Ort ausgemalt und bevölkert mit Figuren und Mythen, die sich in Rudolf Steiners »Akasha-Chronik« finden und die allein er selbst kennt. Waldorfschülern jedoch wird diese Spekulation so nahegebracht, als wären es Fakten. Das Kapitel Atlantis ist im Heft abgeschlossen mit einem Kreuzsymbol, es soll das atlantische gewesen sein.

Nach dem gleichen Muster wird dann über die urindische und die urpersische Geschichte gearbeitet. Der Schüler erfährt von den angeblich sieben heiligen Rishis (indische Seher) genauso wie von Zarathustra und Ahriman, der persischen Version des Teufels, der in allen anthroposophischen Schriften als Kraft der Finsternis eine Rolle spielt. In dem Heft des Schülers finden sich Sätze wie: »Wir alle leben so immer noch von den Göttergaben, die Zarathustra auf die Erde pflanzte.« Während große

Zweifel daran bestehen, ob es den Propheten Zarathustra überhaupt gegeben hat, werden hier Tatsachenbehauptungen über seine Taten und Folgen aufgestellt.

Da es unmöglich ist, hier alle Verdrehungen der Wahrheit in den Heften zu dokumentieren, die ohnehin nur ein Teilaspekt des Waldorfunterrichts sind, einige typische Beispiele. Zunächst aus der Menschen- und Tierkunde der 4. Klasse.

Anstelle eines Gedichts finden wir hier auf der ersten Seite eine Weisheit:

«Der Mensch allein kann aufrecht gehn und frei die Hände heben. Er kann den Himmel staunend sehn. Voll Mut zum Guten streben. Dann schreitet er mit sichrem Schritt, und segnend geht sein Engel mit.»

Während überall die Weltbilder einstürzen, bleibt das hier vermittelte unverrückbar stehen: Oben ist der Himmel und unten die Erde, Gott hat den Menschen an seinen Platz gestellt, er kann voll Mut zum Guten streben. Die Erkenntnisse der Wissenschaft der letzten Jahrzehnte haben keinen Eingang in den Lehrplan der Waldorfschule gefunden. Weiter heißt es:

»Gott hat den Menschen zwischen Himmel und Erde gestellt. Er kann sein Haupt frei tragen. Mit den Augen kann er zum Himmel aufschauen aber auch nieder zur Erde blicken. So wie die Sterne an der großen Himmelskuppel aufblitzen, so blitzen in der kleinen Kuppel unseres Hauptes die Gedanken auf ... Der Mund kann drei Dinge ... Die Sprache aber schicken wir mit dem Atem zusammen hinaus in die Welt. Die Welt möchte viel Gutes von uns hören!«

Wo sonst könnte man solche Sätze heute Schülern diktieren?!

Wie mir der Schreiber des Heftes berichtete, gab es in

diesem Zusammenhang sogar Widerspruch. Ein Schüler mit Vorwissen, der fragte, ob denn die Erde nicht vulkanischen Ursprungs sei, wurde durch die Lehrerin zurechtgewiesen (in abschätzigem Ton):«In irgendwelchen schlauen Büchern stehen solche Sachen, ist ja gar nicht wahr!« (Berliner Waldorfschule)

Eine ähnliche Umgangsform in dem gleichen Zusammenhang (Dortmunder Waldorfschule): Eine junge Waldorflehrerin kommt völlig aufgelöst ins Lehrerzimmer und klagt einer älteren Kollegin ihr Leid, ein Schüler bringe ihr die Klasse durcheinander, weil er immer wieder behaupte, daß der Mensch doch vom Affen abstamme, entgegen der von ihr behaupteten Version, daß der Mensch Gottes Geschöpf sei. Der Rat der älteren, erfahrenen Kollegin: »Dann sagen Sie ihm doch einfach: Wie kannst du das beweisen!? Leider war nicht in Erfahrung zu bringen, wie dieselbe Lehrerin die Affen im Unterricht darstellte. Steiners Evolutionstheorie geht nämlich davon aus, daß der Fortschritt der Menschheit zu Lasten der »ganz Geistlosen« gehe, die zur Stufe der Tierheit zurücksanken: »So sind die Affen rückgebildete Menschen einer vergangenen Epoche.«[7]

Frei von staatlicher Einmischung heißt also in der Praxis: Frei von öffentlicher Kontrolle, der Lehrer braucht es mit der Wahrheit nicht allzu genau zu nehmen!

In der 2. Klasse heißt es im Zusammenhang mit Feuergeistern in einem Heft: »Salamander können sehr gefährlich werden. Große Wälder können sie verbrennen. Sie verzehren besonders gerne Holz und Kaffee. Salamander leben im Licht der Sonne und färben die Beeren und Früchte. Sie malen Äpfeln ihre roten Backen.«

Das Heft war vom Lehrer gegengelesen worden und mit seinem Namenskürzel versehen.

In der 3. Klasse im Hauptunterricht: »Der Kreuzschnabel. Ein liebes Vögelein wollte dem Herrn am Kreuz helfen. Immer wieder versuchte es einen Nagel am Kreuz zu lockern. Dabei hat es seinen Schnabel sehr verbogen. Kreuzschnabel heißt es seitdem. Christus verlieh ihm eine Gabe. Mit dem verbogenen Schnabel kann das Vöglein besonders gut die Samen aus den Schuppen der Fichtenzapfen ziehen.«

In der 2. Klasse im Heimatkundeunterricht (1985): »Berlin ist gewachsen. Im Laufe von einigen Jahrhunderten ist Berlin zu einer Weltstadt geworden. Eine Anzahl Wasserwege, Fluglinien, Straßen und Eisenbahnen führen in alle Himmelsrichtungen. Jedoch ist nach dem Zweiten Weltkrieg Berlin zu einer Insel geworden. Man kann ohne besondere Papiere nicht in die Stadt hinein oder aus ihr heraus.«

Im Heft finden sich keinerlei Hinweise auf die damalige Existenz der DDR. Alle Berlinzeichnungen sind ohne Grenzen dargestellt, das Umland wird so behandelt, als gehörte es zu Westberlin. In gleicher Weise ist von der Insel Rügen die Rede:

»Die größte Insel Deutschlands ist Rügen.« (1985!)

Auch der Grammatikunterricht ist nicht frei von eigenwilligen Eingriffen in allgemeingültige Konventionen. Einige Beispiele aus einer Grammatikepoche in der 5. Klasse. Auch hier Moral, in einem Motto versteckt, als Einleitung:

>»Gleiche dem tätigen Wort
das immer
sich wandelt und wendet!

Wenn du lebendig dich regst, wirst
du den Zeiten gerecht.«

Bevor die Fälle (Casus) dargestellt werden, findet sich der Satz: »Beginnt ein Mensch seinen Erdengang, so erhält er von den Eltern einen Namen. Er kann später sagen: Ich heiße...«

Die lateinischen Casus werden übersetzt in Namensfall (der Werfall wurde vermutlich vergessen), Stammfall oder Wessenfall, Gebefall oder Wemfall, Schaffensfall oder Wenfall. Dem Gebefall wird besondere Aufmerksamkeit geschenkt: »Alles, was unseren Leib so wunderbar gefügt hat, sind (in roter Schrift, d. V.) Geschenke Gottes. Einmal hat Gott uns den Leib gegeben. Aber seine Gaben strömen unaufhörlich ... Nahrung, Luft und Licht bekommen wir fortwährend als Gaben. Gott gibt dem Menschen unaufhörlich alles, was der zum Leben benötigt ... Wir sprechen vom 4. Fall, dem Schaffensfall oder Wenfall. Hier ist das Lateinische nicht brauchbar, akkusativ das übersetzt ›Ankläger‹ oder ›Tadler‹.

Das Lateinische wird vom Waldorflehrer hier nur insoweit verwendet, als es sich zum Vehikel der Weltanschauung eignet! Im 4. Fall ist es darum nicht brauchbar.

Im weiteren tauchen folgende, nur im Waldorfkontext gebräuchliche und verständliche grammatische Termini auf: »Fühlwort« als deutsches Äquivalent zu Adjektiv, »Blickwort« zu Präposition, »Austräger« zu Subjekt, »Satzausführer« zu Prädikat, »Satzergänzer« zu Objekt.

Die Unterscheidung der Zeiten in Gegenwart, Vergangenheit und Zukunft wird mit Moral und der heraklitschen Sicht des ewigen Fließens verbunden: »In der Gegenwart bin ich tätig. Mit wachen Sinnen schaue ich um mich. Da heißt es handeln, denn rasch strömt die Zeit vorbei.« Das Strömungsbild kommt auch in der Vergangenheit und in der Zukunft I vor. Es wird sogar von »strömender« im Unterschied zu »abgeschlossener« Vergangenheit gesprochen, eine Kategorie, die sich sonst nirgendwo finden läßt. Der Beispielsatz für die »strömende« Vergangenheit: »In der strömenden Vergangenheit können wir unserem Tun nachschauen, wir können erkennen, was recht und was unrecht war. Es schenkt uns etwas, ehe es vom Zeitenstrom fortgetragen wird.«

Jeder Löffel Stoff, der dem Schüler eingetrichtert wird, enthält, wo immer möglich, moralische Beigaben. Zur Auflockerung des grammatischen Stoffes findet sich im Heft wieder ein Gedicht:

»Zwischen Erd' und Himmel ward gezogen
Bivrot – die Brücke – der Regenbogen.
Darüber die Götter oftmals reiten
Wenn zum Richtplatz an Urts Brunen sie schreiten.
Nur Thor farbigen Steg. (sic!)
Er nimmt watend durch den Fluß seinen Weg.«

Zum Schluß der Unterrichtsepoche werden die Konzepte von Indikativ und Konjunktiv vermittelt. Als Symbol für die »volle Wirklichkeit«, den »Indikativ«, ist eine strahlende Sonne ins Heft gemalt, für die »Möglichkeit«, den »Konjunktiv«, ein dunkler Fleck.

Man möchte fragen: Wessen »volle Wirklichkeit« ist die strahlende Sonne? Und warum ist die Möglichkeit dunkel?

Da die Schüler bisher (5. Klasse) keine Gelegenheit hatten, die ihnen vermittelten Konzepte der Wirklichkeit zu relativieren, werden beim Konjunktiv, der sprachlich die Möglichkeit böte, Wahrheitsansprüche von Menschen zu relativieren, Beispiele aus dem Tierreich gewählt! Sie stehen außerhalb eines nachvollziehbaren Kontextes, sie wirken eher abwegig als einleuchtend: »Ich habe gehört, ein Zaunkönig wiege nur etwa vier Gramm, junge Störche miauten wie Katzen, der Papagei führe als einziger Vogel seine Nahrung mit den Klauen zum Schnabel, der Kolibri könne« usw.

Wie der vollständige Satz der betrachteten Hefte belegt, hat dieser Schüler bis zur 6. Klasse einschließlich im Deutschunterricht kaum Möglichkeiten gehabt, sich nichtgelenkt schriftlich zu äußern. Es finden sich nur wenige Sätze, die er selbständig hat zu Ende formulieren können. Denkt man an die Möglichkeiten, Schüler schon in der Grundstufe kreativ mit Texten arbeiten zu lassen, dann ist in diesen Heften fast nichts zu finden, was ihnen nicht zuvor vom Lehrer in den Mund gelegt worden ist: »Die Welt will viel Gutes von uns hören!« Da dieses Verfahren an allen Waldorfschulen ähnlich praktiziert wird, kann man berechtigterweise sagen, daß der Schüler bis zur 8. Klasse Sprache in erster Linie als Mittel zur Moralerziehung ausgesetzt ist, nicht zum Selbstausdruck, nicht zum Diskurs. Der eigene Ausdruck scheint von untergeordneter Bedeutung zu sein. Statt Meinungsvielfalt finden wir Ausdrucksarmut und -einfalt. Ist in der Kirche die Predigt nach spätestens einer Stunde beendet und der Kirchgänger frei, nach Hause zu gehen, ist der Waldorfschüler Objekt einer festgehaltenen Zuhörerschaft, einer sich täglich wiederholenden Prozedur, wiederholt sich an dieser Schule die Moralpredigt im Stundentakt. Hat der Schüler im Deutschunterricht gerade »Gutes« gehört und nachgesprochen und abgeschrieben, geht es nach demselben Schema im Fremdsprachenunterricht weiter! Der Schüler bekommt auf diese Weise in der Waldorfschule kaum Gelegenheit, sich einmal in einem

Konfisziertes Löschblatt eines Schülers der 5. Klasse

Text mit einem ungehorsamen Kind zu identifizieren. Ungehorsame Kinder sind böse und werden bestraft! Eine solche Pädagogik muß Widerstand hervorrufen. Das nachstehende Beispiel ist deutlicher Ausdruck hierfür. Keine Frage, daß dieser eigene Ausdruck zensiert wurde! Wie mir der Schüler berichtete, ging das so weit, daß der Lehrer nicht nur Strafarbeiten aufgab, sondern auch die bemalten Löschblätter regelmäßig konfiszierte.

Die Vermutung, daß es sich bei den betrachteten Heften um diejenigen eines besonders liederlichen Schülers handelt, der unvollständig abgeschrieben oder geschmiert hat, bestätigt sich nicht. Alle Hefte wurden vom Waldorflehrer abgezeichnet und mit unterschiedlichen Kommentaren versehen, die sich entweder auf formale Aspekte vom Typ »Du schreibst schon sehr schön, aber Du solltest Dich mit den Zahlen noch mehr anfreunden« konzentrieren oder auf Verhaltensauffälligkeiten abheben: »... hat gute Formkräfte. Es gab öfter Anlässe, ihn bei der Arbeit zu loben. Wenn er jetzt noch sein albernes Getue und sein Grimassenschneiden beenden könnte, dann wird die Arbeit gut werden.« (2. Klasse) Die Arbeit ist jedoch nicht gut geworden, der Schüler will sich nicht einfügen. In der 5. Klasse zeichnet sich dann die kommende Katastrophe ab: »..., die Schule hat wieder begonnen am 3. April. Heute ist der 15. April. Ich verstehe nicht, daß Du so nachlässig bist. Das Nacharbeiten – der Umschlag!! Muß es erst wieder ein Donnerwetter geben? Wenn bis Donnerstag nicht alles in Ordnung ist – dann ist es so weit.«

Nach dem Donnerwetter – Ohrfeigen und An-den-Ohren-Ziehen – war es soweit. Nach Auseinandersetzungen mit der Waldorfschule, der Einschaltung des schulpsychologischen Dienstes, der Suche nach einer neuen Schule, wurde der Schulvertrag schließlich gelöst. Wie bei dem im ersten Kapitel geschilderten Fall befanden sich auch hier die Eltern wegen des anhaltenden Schulstresses am Rande eines Nervenzusammenbruchs.

Gemessen an den fortlaufenden Verhaltens- und Charakterfestschreibungen durch den Waldorflehrer sowohl im Zeugnis als auch in den Heften, wirkt die Note der staatlichen Schule wie ein harmloser, fast schüchterner Versuch, dem Schüler wenigstens leistungsmäßig einigermaßen gerecht zu werden.

In bezug auf fremdsprachiges Lernen wird man den Waldorfschulen große Versäumnisse vorwerfen müssen.

Deswegen scheint es auch keine Rolle zu spielen, wenn man im fremdsprachigen Unterricht Inhalte präsentiert, die weit über den sprachlichen, aber auch den Verstehenshorizont der Schüler hinausgehen. Ein Beispiel: Zur Himmelfahrtszeit sollte im Russischunterricht der 9. Klasse ein Text aus dem Johannesevangelium mit den Schülern gelesen werden (das Johannesevangelium wird wegen seiner dualistischen Gedanken und seiner der Anthroposophie besonders nahestehenden Christologie als biblische Offenbarungsquelle regelmäßig herangezogen). Der Einwand, der Text sei zu schwierig und inhaltlich passe er nicht in den Unterrichtszusammenhang, wurde von einem »erfahrenen Waldorfkollegen« pariert mit dem Hinweis: Die Schüler würden zwar zunächst den Sinn nicht verstehen, später aber würde das der Fall sein, weil sie ihn durch Wiederholung aufnähmen und ihn mit stärkerem Reifegrade begriffen. Es käme darauf an, sprachlich über den Willen und die Wiederholung zu wirken.

Kein Wunder, daß die Schüler bis zur 11. oder 12. Klasse

weit davon entfernt sind, mit der Fremdsprache etwas anfangen zu können. Dafür können sie schön nachsprechen und rezitieren und Sätze vielfarbig von der Tafel abschreiben. Jeder Lehrer entwickelt hier seine eigene Grammatik, jeder Schüler schreibt sie von der Tafel ab. Dabei bleibt manches auf der Strecke, mancher Lehrer ist damit überfordert, eine eigene Systematik zu entwickeln; eine Arbeit, die an staatlichen Schulen von Lehrbüchern geleistet wird.

Ergäbe sich nicht in der Oberstufe die Notwendigkeit einer Vorbereitung aufs Abitur, würden die meisten Schüler vermutlich überhaupt keinerlei fremdsprachige Fertigkeiten, wie frei sprechen oder schreiben, erwerben. Es scheint sich der von Klaus Prange geäußerte Verdacht, hier werde nicht im üblichen Sinne gelernt, zu bestätigen.[8] Ein Schüler, der nach der 6. Klasse auf die Staatsschule gewechselt hatte: »Hier habe ich in drei Wochen gelernt, was ich an der Waldorfschule in sechs Jahren nicht gelernt habe.«

Es gibt auch Materialien, die keinerlei Spuren in den Heften hinterlassen. Es handelt sich dabei um Texte, die bis vor wenigen Jahren der Öffentlichkeit nicht zugänglich waren, neuerdings aber in anthroposophischen Verlagen, meist im Verlag Freies Geistesleben oder Verlag Urachhaus, gedruckt werden. Sowohl im Waldorfkindergarten als auch in der Unterstufe wird viel vorgelesen. Die Eltern erfahren jedoch in der Regel nicht, um welchen Erzählstoff es sich dabei handelt. Der Nachweis der Verwendung solcher Texte im Unterricht ist nur schwer möglich, da die Waldorfschule kein Verzeichnis ihrer »Lehrbücher« und sonstigen Unterrichtsmaterialien herausgibt und der Waldorfklassenlehrer relativ frei ist bei der Auswahl anthroposophischer Literatur. Es muß daher davon ausgegangen werden, daß von vielen Waldorflehrern und Waldorfkindergärtnerinnen solche Texte zur »Erbauung« ihrer Schüler nach Gutdünken eingesetzt werden. Auf jeden Fall verweist solche Literatur auf bestimmte Aspekte anthroposophischen Denkens, vor allem darauf, wie sie für Kinder umgesetzt werden, und ist deshalb in diesem Zusammenhang von Bedeutung. Ein Beispiel für einen solchen Erzählband stellt der im Verlag Urachhaus erschienene Titel »Auf eurer Wanderung dürft ihr den unsterblichen Wald erleben« von Irene Johanson, Anthroposophin und Pfarrerin der Christengemeinschaft, dar. Im Nachwort schreibt die Autorin: »Die Inhalte vieler Vorträge, Kurse, schriftlicher Darstellungen von Rudolf Steiner und von anthroposophischen Verfassern sind in die Geschichten hineinverwandelt worden.«[9]

Unter vielen anderen anthroposophischen Erzählungen über Tiere und Pflanzen findet sich auch eine mit der Überschrift »Die Begegnung mit Murmeltier, Wühlmaus und Wildkatze«:

Ein kleines Mädchen geht mit dem Förster in den Wald und begegnet dort Murmeltier, Wühlmaus und Wildkatze. Da die Murmeltiere in der »Herzenssprache« sprechen, ist eine Verständigung zwischen Mensch und Tier einerseits, aber auch zwischen den Tieren möglich. Aus dem Dialog zwischen Murmeltier und Maus: »Es ist nicht so, wie du meinst«, piepste die Wühlmaus. »Wir Mäuse leben gerne in der sichtbaren Welt, aber genauso gern leben wir auch in der unsichtbaren Welt beim großen Mausegeist. Der holt uns immer wieder zu sich. Er läßt uns auf der Erde sterben, damit wir ganz bei ihm sein können. Eine Weile leben wir beim großen Mausegeist. Dann läßt er uns wieder auf Erden leben.

Damit wir aber recht oft zu ihm gelangen, hat er mit dem Katzengeist verabredet, daß seine Katzen auf Erden uns fressen sollen. Wenn eine Katze eine Maus frißt, spielt sie vorher eine Weile mit ihr, so lange bis der Maus schwindelig wird und sie nicht mehr wegläuft, sondern sich auf die Heimkehr zu ihrem Mausegeist freut. Dann läuft sie selber in die Fänge der Katze, läßt sich fressen und kommt mit ihrer Seele zum Mausegeist zurück. Sobald irgendwo eine Muttermaus Junge bekommt, schickt der Mausegeist uns wieder auf die Erde. Dort bleiben wir, bis der Mausegeist Sehnsucht nach uns hat und es dem Katzengeist sagt. Der schickt uns eine Katze, und alles beginnt von neuem.«[10]

Welche Eltern, die ihre Kinder auf eine Waldorfschule schicken, weil sie eine Alternative zur Staatsschule suchen, haben diese »geistige Welt« beabsichtigt?

Es bleibt festzuhalten, daß Waldorfschüler während ihrer Schulzeit Tausende von Seiten von der Tafel abschreiben müssen. Während des Unterrichts wird nur ins Vorschreibheft geschrieben und dann zu Hause noch einmal alles ins Schönschreibheft übertragen! Erstaunlicherweise wird dabei noch nicht einmal Rechtschreibung gelernt, wie man bei der Menge an abzuschreibenden Texten vermuten könnte. Es liegt der Verdacht nahe, daß die Schüler an der Waldorfschule reduziert werden auf einen ganz ausgefallenen Lerntypus, wie es ihn nur in anthroposophischen Vorstellungen gibt. Gerade die jüngere Forschung zur Psychologie des Lernens, hier soll nur Eric Vester als Pionier erwähnt werden mit seinem »Denken, Lernen, Vergessen«, hat aber nachgewiesen, daß gerade der Gebrauch von verschiedenen Lernmodi, das optimale Eingehen auf die unterschiedlichen Lerntypen förderlich ist.

Keine Noten – kein Leistungsdruck?

Immer wieder wird für die Waldorfschule der fehlende Leistungsdruck durch Noten lobend hervorgehoben. Allerdings habe ich auch innerhalb der Waldorfelternschaft niemanden getroffen, dessen Denken in bezug auf seinen Sprößling nicht doch vom Leistungsprinzip beeinflußt gewesen wäre. Beim Elternsprechtag wurde in erster Linie nach Lern- und Leistungsfortschritten gefragt. Und die Schüler selbst haben das Leistungsprinzip alle schon verinnerlicht, ehe sie überhaupt die Schule betreten. Eine verbale Beurteilung, die eher Verhalten als Leistung beschreibt aber einen Ersatz für Noten darstellen soll, ist in der gegebenen Umwelt eher weltfremd. Die Enttäuschung kommt dann in der Oberstufe, also in der 10., spätestens aber in der 12. Klasse, wenn Noten gegeben werden müssen. Manche Schüler und vor allem ihre Eltern können es dann nicht glauben, daß sich die bisher in stereotypen Zeugnisformulierungen niedergeschlagene Beurteilung in eine harte 4 oder gar 5 übersetzt findet. Hier ist dann auch oft der Zeitpunkt erreicht, wo sich die sonst bis zur Selbstverleugnung tolerante Elternschaft zu Wort meldet, ja protestiert.

So hagelte es gerade zu der Zeit, als ich einen Fachlehrer ablösen sollte – ich war der fünfte innerhalb von sieben Jahren! –, geharnischte Proteste von Eltern, nachdem sie das Versetzungszeugnis ihrer Kinder von der 11. in die 12. Klasse gelesen hatten. Es hatte sich herausgestellt, daß Wissen und Kenntnisse in vielen Fächern, besonders jedoch in Fremdsprachen, Deutsch und Mathematik, nicht den Anforderungen der Jahrgangsstufe entsprachen. Bei einem fremdsprachigen Test wurde klar, daß die Schüler nach elf Jahren

Englisch und Französisch buchstäblich keinen Satz richtig schreiben oder sagen, geschweige denn ein Gespräch in diesen Sprachen führen konnten. Sie hatten elf Jahre lang fremdsprachige Sätze nachgesprochen und von der Tafel ·abgemalt. Sie waren jedoch zur Verständigung in diesen Sprachen völlig unfähig. Da, wo sich Sprechfertigkeiten nachweisen ließen, gingen sie auf Privatinitiativen der Eltern zurück (Englandfahrten, Nachhilfe etc.). Das Versagen wurde jedoch den einzelnen Lehrern zur Last gelegt, nicht den Unterrichtsbedingungen und -voraussetzungen, also den Methoden und Inhalten. Was Leistung in der Waldorfschulklasse angeht, so ist darum auch hier das Versagen des einen Schülers der Erfolg des anderen.

Selbst dann, wenn der Lehrer jemandem keine Note geben muß, ihn auch nie aufruft, weil er doch nie etwas antwortet, welches Gefühl mag ein solcher Schüler haben, und wie wird er im Klassenverband dastehen? Und möchte nicht jeder das schönste Bild vom Erzengel Michael malen? Und lobt der Lehrer die Bilder nicht, vergleicht er sie etwa nicht? Welcher Schüler möchte nicht das »goldene Epochenheft« schaffen, und welcher Schüler der Waldorfschule muß nicht an seinem »Karma« arbeiten, sich unaufhörlich moralisch bewerten lassen? Wenn man sich also wirklich vom Leistungsprinzip freimachen wollte, müßte man schon etwas mehr ändern als nur die Notengebung.

Die Beurteilung von Schülern

Außer den Bemerkungen in Heften, Briefen an die Eltern, in Konferenzen, in Gesprächen mit Eltern und Schülern äußern sich Waldorflehrer am Ende eines Schuljahres in einem meist mit königsblauer Tinte handgeschriebenen Zeugnis über ihre Schüler. Nicht etwa in einem nichtssagenden, abstrakten Notenzeugnis, sondern in ganzen, wohlgestalteten Sätzen, in einer Art, wie sie in der historischen Reformpädagogik häufiger anzutreffen waren, es sie in dieser Form heutzutage aber nur noch an Waldorfschulen gibt. Die Hauptarbeit fällt dabei dem Klassenlehrer zu, der u. U. für vierzig Schüler jeweils einen Bericht über die Arbeit eines ganzen Schuljahres in seinem Hauptunterricht abfassen muß. Dieser hat in der Regel die Länge einer DIN-A-4-Seite. Dabei versucht er, unter Berücksichtigung des Temperaments, der allgemeinen körperlichen Entwicklung, des Denkens, Fühlens und Wollens, des Lernfortschritts, dem Schüler gerecht zu werden, und gibt ihm (indirekt auch den Eltern) Ratschläge, wie die weitere Arbeit verbessert werden kann. Die Fachlehrer treffen dagegen relativ kurze Aussagen von vier bis zu sechs Zeilen, in denen sie auf Unterrichtsinhalte und Mitarbeit des Schülers eingehen. Ein Beispiel aus der 2. Klasse:

»Auch im zweiten Schuljahr erweckte ... den Eindruck, als könne er seine Kräfte und Fähigkeiten nicht in vollem Umfang entfalten. Noch oft lebte er zurückgezogen in seiner eigenen verträumten Welt. Überblickt man alle seine Arbeiten im ganzen, so erkannte man das Bemühen, die Werke schön gestalten zu wollen. Was ihm durch den Zeugnisspruch geraten wurde, nämlich Fähigkeiten durch beständigen Fleiß zu erwerben, griff er ansatzweise auf. Verständnisvoll nahm ... Gedankeninhalte auf, oft fehlte es ihm jedoch an Wachheit. So kam es noch gegen Mitte des Schuljahres vor, daß er beim Abschreiben von der Tafel Vokale ausließ, auch die Groß- und Kleinschreibung nicht genügend beachtete. Die gemeinsam erübten Texte gelangen besser. Als es darum ging, eigene Überlegungen in einem Aufsätzchen niederzuschreiben, bedurfte er der Unterstützung. Beim Lesen las ... bekannte Texte langsam vor, fremde mehr stockend. In schöner Weise bemühte er sich immer mehr darum, im sprachlichen Bereich klar die Endsilben zu artikulieren, sie deutlich und richtig auszusprechen.

Auch beim Zeichnen von Formen und im Rechnen zeigte er Ansätze, genau zu arbeiten. Die Symmetrieübungen führte er ... mit leichter Hand harmonisch auf dem Papier aus. Die mehr geometrischen Formen übte er fleißig, zielgerichtet zeichnete er die Linie. – Ebenso schrieb er Zahlen und Rechenkästchen allmählich in guter Ordnung. Beim Kopfrechnen hielt er mit den anderen Kindern Schritt; jedoch ist er noch nicht in der Lage, auf der sicheren Grundlage der Einmaleinsreihen aufzubauen. Es ist notwendig, sie regelmäßig zu üben.

Auffallend blaß und zart wirkten ... Malereien mit den Wasserfarben. Er beherrschte durchaus die Maltechnik, aber die Bilder erweckten den Eindruck, als getraue er sich nicht, einmal die kräftigen Farben auszuprobieren.

So ging ... in diesem Jahr einen Weg, indem er sich liebevoll und träumend in eine Sache hineinlebte. Er steht im kommenden Jahr vor der Hürde, die Willenskräfte festigen zu müssen. Nach einem kräftigen Wachstumsschub in diesem Jahr blieb seine körperliche Konstitution noch recht zart. Um in der inneren Entwicklung Schritt halten zu können, könnten regelmäßige musikalische Übungen hilfreich sein. Daneben wäre es schön, wenn... zum interessierten Lesen solcher Bücher geführt würde, die ihm etwa in Form einer Legende große Persönlichkeiten schildern. Möge er im dritten Schuljahr einen Weg finden, sich innerlich zu sammeln und an der Vielfalt der Epochen aufzuwachen.«

Im ersten, subjektiven Teil des Zeugnisses erfahren Schüler und Eltern: ... hat seine »Kräfte und Fähigkeiten« wie bereits im ersten Schuljahr nicht voll entfaltet. Der Verweis auf das erste Schuljahr legt nahe, daß er es wohl besser hätte tun sollen. Bereits hier der erste zarte Hinweis, daß der Schüler nicht in seiner Eigenart hingenommen wird, sondern er in eine bestimmte Richtung hin erzogen werden soll. Keinesfalls darf der Schüler seine Kräfte und Fähigkeiten zurückhalten, sie dem Unterricht entziehen, aus welchen Gründen auch immer. Dabei muß bedacht werden, daß die Waldorfschule ihrem Anspruch nach keine Leistungsschule sein will. Doch einsetzen muß sich der Schüler auch hier voll. Dabei bleibt offen, ob seine Zurückhaltung eine Reaktion auf den Unterrichtsstil ist, auf die Inhalte oder ob er vielleicht schüchtern, introvertiert ist. Möglicherweise hält er es auch für zuviel Anstrengung, den Finger zu heben, wo doch soviele andere Kinder sich heftig melden.

Die zweite Bemerkung geht in die gleiche Richtung. Der Schüler lebte »noch oft zurückgezogen in seiner eigenen verträumten Welt«.

Der Schüler liebt es offenbar zu träumen. Der Lehrerin ist diese Eigenart aufgefallen. Sie scheint ihr bemerkenswert zu sein, und wie gleich zu sehen ist, kann dies so nicht bleiben. Sie konstatiert ebenfalls »das Bemühen von ..., die Werke schön gestalten zu wollen«. Eine Tendenz zur Beschönigung deutet sich hier an. Die Lehrerin unterstellt ... die Absicht, »schön gestalten zu wollen«, obwohl die Ergebnisse möglicherweise objektiv gesehen nicht so schön sein können. Hier wird nach einem bekannten humanistischen Prinzip verfahren, das sich in dem lateinischen Hexameter »Ut desint vires, tamen est laudanda voluntas« (wenn auch die Kräfte fehlen, so ist doch der Wille zu loben) ausdrückt. Im weiteren bestätigt sich die Lehrerin, daß ihr Zeugnisspruch vom Vorjahr auf fruchtbaren Boden gefallen ist. Der Schüler ... hat zumindest »ansatzweise« getan, was ihm geraten wurde, »nämlich Fähigkeiten durch beständigen Fleiß zu erwerben«. Die Lehrerin hat den Schüler nun im wesentlichen subjektiv charakterisiert, kann im weiteren Verlauf darauf eingehen und kommt im folgenden zum objektiven Teil, dem Lernbericht:

Nun kann die Lehrerin zeigen, wohin »Verträumtheit und fehlende Wachheit führen«: Der Schüler… vergißt Vokale und nimmt es auch mit der Groß- und Kleinschreibung nicht so genau, er braucht Unterstützung beim Aufsatzschreiben, und er liest noch langsam und stockend. Besonderen Wert mißt diese Waldorflehrerin offenbar der Sprachgestaltung zu: ... bemüht sich, »klar die Endsilben zu artikulieren, sie deutlich und richtig auszusprechen«. Keineswegs darf er so reden, wie ihm der Schnabel gewachsen ist. Sehr genau registriert die Lehrerin Abweichungen von Normen, die ihr wertvoll zu sein scheinen. Dies sind, abgesehen von der Artikulation der Endsilben, im weiteren Verlauf des Zeugnisses: harmonische Ausführung, fleißiges Üben, ordentliche Ausführung und Mithalten mit der Klasse; während er »blasse Farben« bevorzugt, empfindet die Lehrerin, sollte er »kräftigere ausprobieren«.

Der letzte Teil des Zeugnisses wendet sich direkt an die Eltern, die etwas über die künftig zu leistende Arbeit mit ... erfahren. Er hat bisher offenbar die Willenskraft nicht genügend gestärkt, es drohen innerliche Disproportionen. Hier weiß die Lehrerin Abhilfe: Musikalische Übungen könnten hilfreich sein. Des weiteren empfiehlt sie Lektüre

und weiß sogar, welche angebracht wäre: »Legenden
großer Persönlichkeiten«. Der letzte Satz der Lehrerin an
die Adresse der Eltern, vielleicht auch an die von ..., wirkt
beinahe beschwörend: »Möge er im dritten Schuljahr einen
Weg finden, sich innerlich (sic!) zu sammeln und an der
Vielfalt der Epochen aufzuwachen.«

Auf den ersten Blick wirkt dieses Zeugnis wie ein liebevolles Sich-Einfühlen in den Schüler. Die Lehrerin
scheint sich Mühe zu geben, ihn in seiner Eigenart möglichst genau wahrzunehmen, und entwickelt Ratschläge
da, wo sie Defizite vermutet. Beim genaueren Hinsehen
zeigt sich jedoch, daß ihr Diagnoseapparat anthroposophisch eingestellt ist (... wird vom phlegmatischen Temperament her beschrieben), was dazu führt, daß der Schüler
in einem Raster gesehen wird, das ihn erstens unzurei-
chend beschreibt, weil hier von Normen ausgegangen wird
(wach sein steht gegen träumen, aus sich herausgehen
steht gegen sich zurückziehen, kräftige Farben stehen gegen blasse etc.), die gerade an der Eigenart des Schülers
vorbeisehen, und zweitens er Ratschläge erhält, die
ebenso falsch sein können wie richtig: Legenden großer
Persönlichkeiten soll ... lesen, wie Rudolf Steiner es für
diese Altersstufe empfiehlt, aber vielleicht hat er davon
gerade genug und würde gerne Indianergeschichten lesen,
vielleicht würde ihn das eher zum »interessierten Lesen«
führen; er soll »musizieren«, damit er innerlich nicht aus
dem Gleichgewicht gerät, möglicherweise wäre aber Sport
oder Angeln viel besser für seine Entwicklung. Die Er-
mahnung der Lehrerin, »die Willenskräfte festigen zu
müssen«, ist eine anthroposophische Standardfloskel, die
in vielen Waldorfzeugnissen auftaucht, aber wenig besagt.
Prekär wäre diese Forderung vor allem dann, wenn der

Unterricht der Klassenlehrerin langweilig wäre oder die Unterrichtsinhalte nicht genügend Interesse wecken könnten. Der Appell, die Willenskräfte zu stärken, wäre dann etwa so sinnvoll, wie jemanden zum Springen in ein Becken aufzufordern, in dem sich kein Wasser befindet.

Es bleibt festzuhalten, daß ein solches Zeugnis wohl die Normen der Waldorfschule deutlich macht, aber wenig über das tatsächlich Geschehene und Geleistete aussagt und hinsichtlich der Schülerdiagnose als äußerst problematisch angesehen werden muß. Dabei muß berücksichtigt werden, daß der Schüler wohl ein braver Kerl war, der sich mehr oder weniger gut an die Waldorfnormen anpassen konnte.

Das nächste Beispiel stellt eine Äußerung einer Lehrerin über eine Schülerin dar. Es belegt, daß Waldorflehrer, die nach ihrem eigenen Anspruch so viel vom Kinde verstehen wollen, sich doch recht uneinfühlsam über ihre Schüler äußern können. Eine Besonderheit, die man hier aber überhaupt nicht erwartet: Die Resultate, die diese Schule aufgrund ihrer Lehrmethoden selber zu verantworten hätte, schiebt sie entweder auf das Kind oder auf das Elternhaus. Die Waldorfschule ist in dieser Hinsicht eine Gemeinschaft mit ausgeschlossener Haftung. Sie übernimmt keinerlei Verantwortung für das von ihr durchgeführte Programm! Wenn es nicht klappt, muß es am Kind oder am Elternhaus liegen. Wenn Eltern beim schulpsychologischen Dienst oder anderen Einrichtungen außerhalb der Waldorfschule gegebenenfalls um Hilfe anfragen, wird das von der Schule als der erste Schritt zur Lösung des Schulvertrags angesehen.

In einem Brief, in dem die Eltern sich mit der Schule auseinandersetzen, beschreiben sie, daß ihre Tochter nie ohne Bauchschmerzen in die Schule gegangen sei (angstfrei lernen!), daß sie eingeschüchtert worden wäre und daß der schriftliche Zusatz der Lehrerin sie empört habe.

Ganz wie eine Mutter ist die Lehrerin »traurig« – eine Bemerkung, die man auffällig häufig in Heften von Waldorfschülern finden kann –, daß das Kind so schlecht gelernt hat. Abgesehen von dieser Rollenverwechslung übt sie zusätzlichen Druck auf die Schülerin damit aus, sie könne den Anschluß an die Klasse verlieren. Ob die Schülerin aber auf diese Weise besser rechnen lernt? Einen solchen Kommentar, der die Lernschwierigkeiten allein bei der Schülerin sieht, hätte man eher von der Staatsschule erwartet.

Auch in diesem Falle wurde der Schulvertrag von den Eltern gelöst.

Ein weiteres Beispiel aus dem Zeugnis eines Schülers, der das Unterrichtsgeschehen häufig störte. Ein Fachlehrer schreibt:

»Denn manche seiner Hampeleien sehen stark nach Exkarnationsversuchen aus (z. B. langanhaltende schnelle Drehungen um die eigene Achse). Auf seiner weiteren Entwicklung sollte ein liebevoller, aber illusionsloser therapeutischer Blick ruhen.«

Paradox die Formulierung: »liebevoll, aber illusionslos«. Was für eine Form von Liebe soll das sein? Hier versteckt sich die Resignation des Lehrers: Hier ist nichts zu machen! Der Schüler wurde aufgegeben. Den Begriff Exkarnationsversuche kennt nur die Anthroposophie. Er muß ein Gegenbegriff zu Inkarnation (Menschwerdung eines göttlichen Wesens, wörtl. Verfleischlichung) sein und würde so, auf den Schüler bezogen, bedeuten: Er versucht, seinen Geist bzw. Verstand zu verlieren. Eine Deutung, in der sich der Lehrer als »anthroposophischer Psychologe« ausweist,

der den Schüler nicht verstehen kann, da er eine anthroposophische Kategorie benutzt, die Verhaltensauffälligkeiten
von Schülern nicht erklären kann.

Bereits diese wenigen Beispiele machen deutlich, daß
an der Waldorfschule keineswegs nur Menschenkenner
und Unterrichtsheilige tätig sind. Und habe ich nicht ständig aus den benachbarten Klassenräumen die Trompeten-
stimme von Herrn Demütigung gehört und darunter die
von Frau Zynismus und gleich darüber die Säuselstimme
von Frau Falschheit? Besonders letztere scheint eine Dau-
erstellung an der Waldorfschule gefunden zu haben. Ihre
heitere Miene und ihre strahlenden Augen, ihre von Gestaltung überformte, künstlich wirkende Sprache verraten
den Erfolg einer streng durchgehaltenen Selbsterziehung,
wie sie von Rudolf Steiner beispielhaft vorgelebt wurde.
Treffend beschrieb diese Falschheit ein fünfjähriges Kind,
das aus dem Waldorfkindergarten nach Hausekam, mit
dem Satz:»Heute hatte ich wieder Ohrenschmerzen, weil,
die Kindertante, die kann gar nicht richtig reden.«

Autoritätsperson Klassenlehrer

Der besonders enge Kontakt zwischen Lehrern – insbesondere den Klassenlehrern – und Schülern bringt den Schüler
zudem in ein viel größeres inneres Abhängigkeitsverhältnis
zum Lehrer, als das an öffentlichen Schulen der Fall ist.
Denn der Waldorflehrer setzt sich ja dem Anspruch nach
mit Haut und Haar für seine Schüler ein und erwartet zugleich ein sehr großes Maß an Toleranz gegenüber seinen
unausweichlichen Schwächen.[11]

So konnte ich erleben, wie ein Klassenlehrer eine in

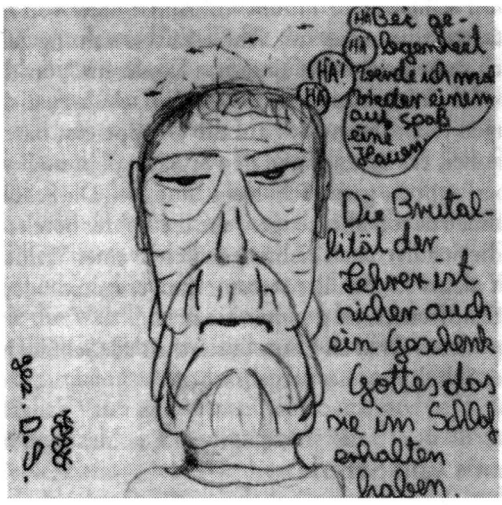

Schülerzeichnung, 5. Klasse

seiner Abwesenheit außer Rand und Band geratene Klasse
nach seiner Rückkehr mit einer nur an Waldorfschulen
möglichen Moralpredigt zusammenstauchte. Er verwies
darauf, daß das Benehmen der Klasse um so verwerflicher
sei, als er bei der Schulaufsichtsbehörde etwas für die Waldorfschule habe erreichen wollen, die Schüler ihm aber mit
ihrem Verhalten quasi in den Rücken gefallen seien. Dabei
ließ er deutlich werden, daß es sich bei der Behörde um eine
fremde, äußere Macht handelt.

Gängig ist der Versuch, Schüler mit der Drohung zu disziplinieren, man werde die Verfehlung »außerdem dem
Klassenlehrer mitteilen«. Der Klassenlehrer nimmt als Au-
toritätsfigur an der Waldorfschule die Stellung des Vaters
oder auch der Mutter ein, und tatsächlich werden alle grö-
beren Verfehlungen des Schülers von ihm registriert und
notfalls dann mit den Eltern erörtert.

Mit anderen Worten, die Waldorfpädagogik arbeitet mit
quasifamiliären Straf- und gegebenenfalls auch Unter-
drückungsmechanismen und funktioniert mit dem Appell
an das schlechte Gewissen und Spielregeln, die den
Schülern oft nicht durchschaubar sind. Dies hat mir einmal
ein sogenannter verhaltensauffälliger Schüler bestätigt, der
aus der Waldorfschule »herausgeeitert« wurde und an die
öffentliche Schule übergewechselt war, indem er sagte:
»Hier weiß ich wenigstens, wo dran ich bin.« Dabei haben
wir nicht über Noten und Bewertung gesprochen.

Es ist darum sicher keine Übertreibung zu behaupten,
daß der Waldorfzögling an einem festen pädagogischen Gän-
gelband geführt wird. Keine Aktivität oder Zusammenkunft
von Schülern, die nicht der Phantasie und immerwährenden
Initiative ihrer Lehrer entspringt. Keine Reise, kein Schritt,
der nicht von einem pädagogischen Hintersinn geprägt wäre.

Bezeichnenderweise ist im Konzept der Waldorfschule auch keine institutionalisierte Form von Schülermitverantwortung vorhanden. Nicht einmal eine sogenannte. Hier wird der Schulbetrieb ausschließlich verwaltet und gestaltet von Pädagogen, die ein immerwahrendes, unausgesprochenes »Wir-wissen-genau-was-für-euch-gut-ist« auf den Lippen tragen.

Wie einfach die Lehrer es an der Waldorfschule haben, Initiativen von Schülern in Luft aufzulösen, die nicht ins pädagogische Programm passen, verdeutlicht folgendes Beispiel: Eine kleine Gruppe von Schülern der 11. und 12. Klasse hatte von Freunden aus der Staatsschule etwas von Schülermitverwaltung gehört und wandte sich an Lehrer aus der »internen Konferenz«, um die Chancen einer solchen Institution an der Waldorfschule zu diskutieren. Diese gingen recht freundlich auf die Gruppe ein, baten sie ins Lehrerzimmer, erklärten ihnen den Stundenplan und wie kompliziert überhaupt die ganze Schulverwaltung sei. Die Schüler ließen sich schließlich davon überzeugen, daß die Lehrer bereits alles optimal für die Schülerschaft richten, daß es an einer Waldorfschule überhaupt nichts für Schüler selbst mitzuverwalten oder -gestalten gebe. Sehr freundlich trennten sie sich.

Einen größeren Grad an Entpolitisiertheit der Schüler hat kaum ein anderer Schultypus hervorgebracht.

Elternhaus und Schule

Sicher meinen die Eltern, die ihre Kinder in einen Waldorfkindergarten schicken und anschließend an der Waldorfschule anmelden, ihnen etwas Gutes zu tun. Sie bedenken dabei im allgemeinen nicht, daß sie sich mitsamt ihrem

Kind einer Pädagogik ausliefern, die sie kaum hinreichend beurteilen können. Sie bringen sich schließlich in eine Situation, sich selbst Nachhilfestunden im anthroposophischen Einmaleins geben lassen zu müssen. Wie das aussehen kann, zeigt folgendes Beispiel aus dem Protokoll einer Elternratssitzung:

»Da die bisherige Lektüre des Jugendkurses von Rudolf Steiner von einem großen Teil des Elternrates sehr zurückhaltend beurteilt wurde, unterhielten wir uns noch einmal eingehend über die Form der gemeinsamen Lektüre und über die Lektüre selbst.

Aus der Sicht der meisten Elternratsmitglieder stehen hinter der Lesung folgende Ziele:

Durch die gemeinsame Denkanstrengung sich vom Alltag lösen und eine Einstimmung erfahren; eine möglichst vielen gemeinsame Basis für eine fruchtbare Zusammenarbeit schaffen und nicht zuletzt auch praktisches Wissen über den geistigen Hintergrund der Waldorfschulpädagogik erwerben. (...) Die Erfahrung zeigte, daß die gelesenen Abschnitte weder vor- noch nachbereitet wurden. Die Ehrlichkeit vor uns selbst und der Respekt vor den Gedanken Steiners waren deshalb für die meisten Elternratsmitglieder Grund, diese Lektüre nicht mehr fortzusetzen. (...) Bevor wir in die Diskussion über (eine andere geeignete, d. V.) Lektüre einsteigen konnten, kam der Vorschlag, uns mit den Monatssprüchen Rudolf Steiners zu beschäftigen. (...) Der Oktober-Spruch lautete: *Zufriedenheit wird zur Gelassenheit.*«

Und in dieser Haltung beginnen sie, gerade wenn sie anfangs noch sehr begeistert sind über das »Alternative« an der Waldorfschule, ein pädagogisches Abenteuer und fangen an, im Verein mit der Schule die Welt ihres Kindes zu pädagogisieren. Genau hier trifft Ivan Illich ins Schwarze, wenn er schreibt: »Ganz anders liegt das beim typischen Pädagogensprößling von heute. Auf ihn stürzen sich täglich Vater und Mutter in loco magistri (an Lehrers Stelle), um in unbezahlter Erziehungstätigkeit das abzurunden, was an der Schulerziehung fehlt, ob diese nun vom Staat, von der Waldorfgemeinde oder dem Kinderladen bezogen wird. In dieser Art von Heim wird Geschirr, Spielzeug, ja das Ehebett zum Lehrmittel und nicht weniger methodisch eingesetzt als das Werkzeug des Lehrers.«[12]

Vielleicht müßte man das, was Illich sagt, noch dahingehend präzisieren, daß im typischen Waldorfelternhaus zunächst häufig eine Überanpassung der Eltern an die Wünsche der Schule stattfindet. Dies ist vor allem das Resultat zweier Phänomene. Zum einen genießt die Waldorfschule einen immensen Vertrauensvorschuß, denn man hat sich ja bewußt von der Staatsschule abgewandt, zum anderen fehlt den Eltern scheinbar das nötige Wissen, um richtig mitreden zu können.

Alles wird darum zu Hause zunächst so gemacht, wie es der Klassenlehrer vorschlägt. Das Tischchen mit den Nüssen wird da ebensowenig fehlen wie das pädagogische Holzspielzeug und die »richtigen« Bücher aus dem Waldorfkolonialwarenladen. Und womöglich zieht die Mutter anstelle ihrer Jeans sogar einen Rock an, zumindest wenn der Klassenlehrer einen Hausbesuch macht, der Fernseher wird vielleicht hinter den Vorhang geschoben und der Kassettenrecorder aus dem Kinderzimmer in einem Wandschrank versteckt.

Die Zusammenarbeit zwischen Elternhaus und Schule ist in jeder Hinsicht intensiv und nicht folgenlos. Das nachstehende Dokument, abgedruckt in der Schulzeitschrift

»Gratwanderung« der Berliner Rudolf Steiner Schule macht dies deutlich:

«Die *Neue Elternschule* ... hat im Zusammenwirken des *Vereins für Waldorfpädagogik in Kreuzberg e. V.* mit der Elternschaft der waldorforientierten Klassen der *Teltow-Grundschule* Gestalt angenommen. Von den Initiatoren wurde im Frühjahr '89 die Aufgabe gesehen, eine Fortbildungsmöglichkeit für Eltern zu schaffen, die all die Fragen aufgreift, die in der Familie gestellt sind von der Geburt bis zum Tod.

Auch wenn zunächst die Einrichtung von Vortragsreihen der naheliegende Ausgangspunkt war, so war doch auch an Arbeits- oder Gesprächsgruppen gedacht, bei denen die eigene Betroffenheit im Vordergrund steht. Gesehen wurde dabei, daß die inhaltliche Arbeit in den Schulen und Kindergärten oft ins Hintertreffen gerät gegenüber den alltäglichen, organisatorischen und praktischen Arbeiten für die eigene Einrichtung. Daraus ergab sich die Aufgabe, eine Elternbildungsarbeit für und mit Eltern zu gestalten, die an der Waldorfbewegung interessiert oder in ihr engagiert sind.

Da uns diese Fragestellung für die Eltern der waldorforientierten Klassen besonders drängend schien, entwickelten und organisierten wir eine Vortragsreihe für die Eltern der *Teltow-Grundschule.* Weiter entstand in der *Elternschule* ein Aquarellkurs, der in dem Hort dieser Klassen ... stattfindet. Ein geplanter Musikkurs fand leider kein Interesse.

Die weitergehende Vorstellung ist, für interessierte Eltern ein vielfältiges Fortbildungsangebot an unterschiedlichen Orten unter dem organisatorischen Dach der *Neuen Elternschule für Lebens- und Erziehungsfragen* zu entwickeln.

Die *Neue Elternschule* im *Verein für Waldorfpädagogik in Kreuzberg e. V.* lud am 12. Oktober '89 zum Vortrag und Gespräch mit ... mit dem Thema Erziehung im Lichte von Lebenslauf und Schicksal ein. Diese Veranstaltung war kurzfristig angesetzt und sehr rege besucht.

Das sind die ersten Schritte für eine Elternbildungsarbeit, die eine Hilfestellung bei den Fragen im Familienalltag geben soll. (...)

Hinweis: Jeden Donnerstag ... trifft sich ein Elternkreis, der an den Vorträgen Rudolf Steiners ›Die Kunst des Erziehens aus dem Erfassen der Menschenwcsenheit‹ arbeitet. Jeder ist dazu herzlich eingeladen.«[13]

Hier ist die Pädagogisierung des Familienlebens vollkommen: Die Kinder gehen morgens in die Waldorfschule, ihre Eltern abends oder immer, wenn freie Zeit ist. Globale Fragen werden erörtert, »von der Geburt bis zum Tod«, fehlen darf auch nicht »die Kunst des Erziehens aus dem Erfassen der Menschenwesenheit« und natürlich das künstlerische Betätigungsfeld. Der sich als Hilfestellung gebende pädagogische Zugriff auf Elternhaus und Kind zielt aufs Ganze. Wer sich hier voll einläßt, wird den Weg zurück aus dem anthroposophischen Geisterland und seiner irdischen Entsprechung nur unter großen Schwierigkeiten wieder finden. An dieser Stelle noch einmal das Zitat aus einem Elternhaus, dessen Kinder die Waldorfschule besuchten. Die Eltern waren sehr für die Schule engagiert, bis es zu einem Konflikt kam, als dessen Folge sie den Schulvertrag lösten. »Wir waren zwei Jahre voll dabei, bis mich Zweifel plagten. Es dauerte acht Jahre, bis wir uns völlig lösen konnten und unser Leben wieder führen.«

Der Schulpsychologe Beckmannshagen berichtet aus

seiner Praxis: »Ich habe anthroposophische Männer, Familienväter, in der Beratungsstelle weinen sehen, weil sie den Konflikt zwischen ihrem Verlangen nach Selbstachtung und dem ständigen Zwang zum Selbstverrat nicht mehr ertrugen. (…) Es dauert viele Jahre, bis man annäherungsweise eine Vorstellung bekommt von dem Netz aus Schikanen und Intrigen, aus Tricks und Machenschaften, aus Mißgunst und Verdächtigungen, in dem jeder Kollege mehr oder weniger ›gefangen‹ sitzt.«[14]

Die bekannten »Leistungen« der Waldorfschule sind aber nicht nur dem übermäßigen Einsatz ihrer Lehrerschaft zu verdanken, sondern der ständigen Mobilisierung und Aufforderung der Elternschaft zur Mitarbeit und Mithilfe, freilich nach den Wünschen der Schule. Was die Waldorfschule aber von der Sache her nicht leistet, muß spätestens ab der 10. Klasse durch Privatstunden, Volkshochschulkurse und andere außerschulische pädagogische Dienstleistungen nachgeholt werden, eine Arbeitsteilung, die das gewöhnliche Prinzip einer Schule auf den Kopf stellt: Die gründliche ideologische Versorgung der Schüler besorgt die Waldorfschule, das notwendige Wissen müssen andere vermitteln. Ohne die Bereitschaft der Eltern zu dieser Form von Mitarbeit wäre die Waldorfschule von vornherein zum Scheitern verurteilt.

Wie weitgehend die waldorfspezifischen Normen und Werte von den ihr überantworteten Kindern unbewußt verinnerlicht werden, macht das folgende Beispiel deutlich. An der Waldorfschule findet abends eine Eurythmieaufführung statt. Eingeladen sind Eltern und Schüler. Die Tochter, zwölf Jahre alt, sagt zu ihrer Mutter, die in Jeans gehen möchte: »Es wäre aber viel schöner, wenn du einen Rock anziehen würdest.«

Verdrängte Sexualität

Genauso werden Kolleginnen, die gerne Hosen tragen, von »richtigen« Waldorflehrerinnen, die von Schülern frech »Anthropo-Tanten« genannt werden, immer gelobt, wenn sie einmal einen Rock tragen: »Der Rock steht Ihnen ja so gut, Frau Y!« Das in dem Wort »Anthropo-Tanten« mitschwingende Element des Asexuellen hat seinen Grund in der Verschiebung und Verdrängung körperlicher Sinnlichkeit zur Über-Sinnlichkeit. Die von Steiner postulierte Erziehungskunst verwandelt sich durch diese, besonders an den erwähnten »Anthropo-Tanten« wahrnehmbare, Verschiebung unversehens in Erziehungsbrunst: Je größer die Verdrängung der Sexualität, desto intensiver die pädagogische Brünstigkeit, eine Erscheinung, die an Staatsschulen weitaus seltener zu beobachten und eigentlich nur von Klosterschulen bekannt ist.

Besonders häufig finden sich unter den männlichen Vertretern der Anthroposophie hagere, asthenische, vertrocknet erscheinende Menschen, die den Körper in wesentlichen Teilen zugunsten einer Vergeistigung abgetötet haben. Rudolf Steiner verkörperte diesen Typus in beinahe idealer Weise. Obwohl sein Leben relativ genau erforscht wurde, gibt es doch kaum Aussagen über sein Geschlechtsleben. Es charakterisiert aber sowohl ihn als auch die ihn verehrende anthroposophische Gemeinde, wenn er über Sexualität und Erotik schreibt: »Wenn davon gesprochen werden muß in diesen Jahren (bis zum 20./21. Lebensjahr, d. V.), so ist es an sich schon etwas Krankhaftes.«[15] Schwer vorstellbar für einen Heranwachsenden unserer Zeit, daß er nicht über seine Sexualität spricht. In einigen Waldorfkindergärten wird sogar darauf geachtet, daß die Jungen möglichst Höschen ohne Schlitz tragen, damit sie nicht durch sein Öffnen und Ziehen am Geschlechtsteil erregt werden und damit dieser Quelle der Lust zu früh zuviel Aufmerksamkeit schenken. In diesem Punkt unterscheidet sich die Waldorfschule nicht von der traditionellen christlichen Körperfeindlichkeit des 19. Jahrhunderts. Die wesentliche anthroposophische differentia specifica besteht jedoch in dem Glauben, daß der Mensch der Zukunft sich nicht mehr mit Hilfe seiner Geschlechtsorgane vermehren wird. Steiner schreibt: »Und das letzte Ergebnis in dieser Richtung (einer Entwicklung in »aufsteigender Richtung«, d. V.) wird sein, daß er durch seine auf der Höhe ihrer Vollkommenheit angelangten Sprechorgane sich selbst – seinesgleichen – hervorbringen wird. Die Sprechorgane enthalten also in sich gegenwärtig keimhaft die zukünftigen Fortpflanzungsorgane.«[16]

Auf diese Weise wird die besondere Pflege der Sprache als »Sprachgestaltung« an der Waldorfschule verständlich, die durch unaufhörliche Massage des Kehlkopfs mittels Vokalen, Konsonanten, Reimen, Sprüchen sich als Vorbereitung auf die Umwandlung der Sprechwerkzeuge in Sexualorgane entpuppt. Daraus wird das Streben nach oben, die Konzentration auf alles, was über der Gürtellinie liegt, verständlich. Wozu auch Geschlechtsorgane, gar den Sexus kultivieren, wenn das alles sowieso abstirbt, man sich später durch den eigenen Mund vermehren kann. Das entlastet vom Druck des Triebes und macht reine Kopfgeburten möglich.

Formen der Bestrafung

Wer nach theoretischen Vorgaben für das Phänomen körperlicher Züchtigung in der Literatur zur Waldorfpädagogik sucht, stößt bald auf eine Schrift von Erich Gabert mit
dem Titel »Die Strafe in der Selbsterziehung und in der Erziehung des Kindes«.[17]

Das Buch ist erstmalig 1951 im Verlag Freies Geistesleben erschienen und wurde immer wieder unverändert aufgelegt; zuletzt 1989 in 10. Auflage. Es zählt zur Reihe der
Schriften der Pädagogischen Forschungsstelle beim Bund
der Freien Waldorfschule und kann damit als immer noch
grundlegend und autoritativ für die anthroposophische
Lehrerausbildung angesehen werden.

Erich Gabert hat der Frage des Schlagens von Kindern
ein eigenes Kapitel in seinem Buch über das Strafen gewidmet. Grundsätzlich lehnt er es ab, räumt aber ein:
»Wenn man also sagen wollte, es (das Schlagen, d. V.) sei unter allen Umständen falsch, so wäre das abstrakt, wäre le-
bensfremd. Es gibt eben Fälle, wo keine Zeit zu verlieren
ist, und es gibt Kinder, denen man vor allem anderen erst
einmal imponieren muß, bei denen man sich erst in Respekt
setzen muß, ehe man überhaupt mit irgendwelchen erzie-
herischen Maßnahmen beginnen kann.«[18]

Nur in Ausnahmefällen und auch dann mit Vorbehalten
hält Gabert aber das Schlagen, sozusagen das Erziehungs-
fähig-Schlagen, für eine praktikable Methode. Er führt zur
Illustration einer solchen Situation ein Beispiel an, das stut-
zig macht: »Eine sehr ruhige, besonnene, ältere Lehrerin an
einer Waldorfschule, allen groben Eingriffen gründlich ab-
geneigt, erzählte einmal, wie sie eine völlig verwilderte
Klasse von 9- bis 10jährigen zu übernehmen hatte. Später

hing diese Klasse mit der größten Liebe an ihr und ließ sich
mit jedem leichten Wink gut lenken.« An dieser Stelle zitiert Gabert die ruhige, besonnene, ältere Lehrerin im
Wortlaut:»Aber im Anfang war es fürchterlich; ich habe um
mich geschlagen wie seit meinen Kindertagen nicht mehr.«
– Gabert schlußfolgert: »Es kann also durchaus Notwen-
digkeiten geben für körperliche Strafen und auch gute Resultate, die daraus entspringen.«[19]

Mit dieser Position findet er sich in Übereinstimmung
mit Rudolf Steiner, der nicht nur der Ansicht ist, daß, »einer in der Schule befehlen muß«, sondern daß es »unter
Umständen auch einmal notwendig sein kann, daß man sogar ein bißchen prügelt«.[20]

Man kann zwar davon ausgehen, daß Formen körperlicher Bestrafung in den fünfziger Jahren als Erziehungsmittel an fast allen Schulen noch häufig eingesetzt wurden und
sich das zitierte Waldorfschulbeispiel in diesem historischen Kontext der autoritären Phase der Pädagogik in der
Bundesrepublik steht. Das Erstaunliche ist aber, daß sich
der von Gabert dargestellte Fall durchaus in der Gegenwart
ereignet haben könnte; er entspricht dem, was man im Umfeld der Waldorfschule von Kollegen, Eltern und Schülern
immer wieder zu hören bekommt.

Wäre man kleinlich, würde man zu dem angeführten Beispiel fragen: Wie ruhig und besonnen war diese ältere Lehrerin wirklich? Hätte es keine anderen Mittel gegeben, um
Schüler dieser Altersstufe zu beruhigen? Wie oft verwildern
Klassen an der Waldorfschule und vor allem, wie oft verlieren Waldorflehrer ihre Selbstkontrolle? Welche Atmosphäre muß in dieser Klasse geherrscht haben, wenn sie sich
später mit jedem leichten Wink gut lenken ließ? Welches waren diese Mittel? Sind sie etwa typisch für Waldorfschulen?

Erich Gabert beantwortet die vorletzte Frage selbst. Nicht dem Schlagen redet er das Wort, wohlgemerkt; denn er hat sehr genau die nachteiligen seelischen Folgen für das Kind erkannt.

Er plädiert für feinere Formen der Strafe gemäß der Einsicht von Hermann Nohl, »daß feinere Strafen nicht nur von feineren Menschen kommen, sondern auch feinere Menschen machen«. Er schreibt an anderer Stelle: »Und man kann die Regel aufstellen, daß der eigentliche höhere Zweck des Strafens um so besser erreicht wird, je mehr man auf die körperlich oder seelisch groben Schmerzen verzichtet und mit feinen, zarten Formen auskommen kann.

So ist, um nur ein einziges Beispiel zu nennen, die Erweckung des Schamgefühls ein Strafmittel, das gewiß mit größtem Feingefühl angewendet werden muß, das aber darum tief, gründlich und stark aufweckend wirkt.«[21] Er bringt dann ein Beispiel aus der pädagogischen Praxis, das Rudolf Steiner selbst immer wieder verwendet haben soll, und formuliert: »Solch ein feines, aber durchdringendes Gefühl der Beschämung tut oft Wunder in bezug auf das vierte Grundelement der Strafe: Es wirkt intensiv auf den Willen. Die Kinder fühlen sich im besten Teil ihres Wesens angerührt Sie straffen sich innerlich, recken sich in die Höhe, beginnen sich zu zügeln.«[22]

Nicht allein die schematische Unterscheidung in »beste« und dementsprechend »schlechteste« Teile des Wesens verweist auf eine anachronistische psychologische Auffassung vom Seelenleben, auch die Formulierung »recken sich in die Höhe« ist problematisch. Wo soll das sein? Der Logik der Anthroposophie gemäß in Richtung Geist-Gott, welches aber wäre die entgegengesetzte Richtung? Diese Art von Bildlichkeit sagt mehr über die naive Psychologie des Pädagogen als über das Kind und geht im Zweifelsfall an dessen tatsächlicher Verfassung vorbei.

Die nicht-anthroposophische pädagogische Psychologie kommt wegen der paradoxen Wirkungen der Beschämung als Erziehungsmittel zu einer im wesentlichen negativen Beurteilung dieser Methode. Sie vermutet, daß die Selbstachtung des betroffenen Kindes gestört werden kann, und rät darum von ihrem Gebrauch ab.

Alice Miller ist in ihrer Schrift »Am Anfang war Erziehung« weniger zurückhaltend. Sie zählt Beschämung zu den Mitteln der Unterdrückung des Lebendigen. In ihrer Aufzählung nennt sie Beschämung im Zusammenhang mit Demütigung, Verachtung, Spott, Gewaltanwendung und Folter.[23] Solche Mittel zählen ihrer Meinung nach zum Arsenal der »Schwarzen Pädagogik«, also einer unterdrückenden, strafenden, manipulativen Pädagogik, als deren Ahnherrn Pestalozzi und Rousseau gelten können.

Das bei Gabert gefundene Beispiel demonstriert, wie wenig Waldorfpädagogen von Psychologie wissen, wenn sie eine Form der Manipulation als Erziehungsmittel empfehlen. Derartigen Formen von Manipulation kann man jedoch an der Waldorfschule in den verschiedensten Facetten begegnen. So möchte ich es Manipulation nennen, wenn ein Lehrer einen Schüler der 7. Klasse unter einem Vorwand nachmittags während der pädagogischen Gesamtkonferenz in die Schule bestellt, ihn an die Tür klopfen und sich eine Strafarbeit bringen läßt. Da genau dieser Schüler Thema der Konferenz war – es fand eine sogenannte Schülerbesprechung statt –, konnten sich alle anderen Lehrer ein anschauliches Bild von dem Jungen machen, der den gesamten Konferenzraum durchmessen mußte, um seine Strafarbeit dem Klassenlehrer auszuhändigen. Gewiß ein

»feines« Demonstrationsmittel, wenn auch nicht unbedingt ein faires.

Beschämung als Erziehungsmittel, sozusagen als Selbsterziehungsmittel, wird auch in pädagogischen Konferenzen eingesetzt, wo »erfahrene« Kollegen mahnende Reden halten, die scheinbar alle Mitglieder des Kollegiums betreffen, in Wirklichkeit jedoch immer einen konkreten Vorfall und einen einzelnen meinen, der sich dann entsprechend bloßgestellt fühlt.

Man kann es sogar Manipulation nennen, wenn Lehrer ihren Schülern Geschichten erzählen, die kaum verhüllte – und meist peinliche – Illustrationen ihrer eigenen Weltanschauung sind.[24] Solche Texte kursieren fast nur in Händen von Anthroposophen, sie sind in öffentlichen Bibliotheken kaum zu finden.

Als Musterbeispiel für manipulatorische Erziehung gilt im allgemeinen Rousseaus »Emile oder über die Erziehung«. Die folgende Stelle aus dieser Schrift möchte ich in ganzer Länge zitieren, da sie in unsichtbaren Lettern an der Eingangstür jeder Waldorfschule geschrieben steht:

»Es gibt keine vollkommenere Unterwerfung als die, der man den Schein der Freiheit zugesteht. So bezwingt man sogar seinen Willen. Ist das arme Kind, das nichts weiß, nichts kann und erkennt, euch nicht vollkommen ausgeliefert? Verfügt ihr nicht über alles in seiner Umgebung, was auf es Bezug hat? Seid ihr nicht Herr seiner Eindrücke nach eurem Belieben? Seine Arbeiten, seine Spiele, sein Vergnügen und sein Kummer – liegt nicht alles in euren Händen, ohne daß es davon weiß? Zweifellos darf es tun, was es will, aber es darf nur das wollen, von dem ihr wünscht, daß es es will. Es darf keinen Schritt tun, den ihr nicht für es vorgesehen habt, es darf nicht den Mund auftun, ohne daß ihr wißt, was es sa-

gen will.«[25] Es kann kein Zweifel daran bestehen, daß Waldorfpädagogen glauben, im Interesse des Kindes zu handeln, daß es neben Lehrern, die manipulative und andere
stark negativ wirkende Erziehungsmethoden verwenden,
auch solche gibt, die das nicht tun. Doch es ist die Ansicht
verbreitet, der hehre waldorfpädagogische Zweck, den vollendeten Menschen erziehen zu wollen, heilige die Erziehungsmittel; und sicher ist den Erziehenden oft nicht klar,
was und warum sie es tun, weil sie in ihrer Ausbildung keine
andere als die Steinersche Sicht vom Menschen kennenlernen, die von psychologischer Erkenntnis sehr weit entfernt
ist. Wissenschaftliche Psychologie gilt unter Waldorfpädagogen sogar als suspekt, da sie nicht den ganzen Menschen im Blick habe. So gelten hier Normen, die merkwür-
dig antiquiert und unaufgeklärt wirken. Ein Beispiel dafür
findet sich in einer Darstellung aus dem Waldorfkindergarten: »Ein ... Fall einer besonderen Bestrafung war nötig, als
ein Junge sich auf der Toilette unanständig benahm und ent-
blößt zu den Mädchen lief. Er erhielt von mir (von der Kindergärtnerin, d. V.) spontan eine schallende Ohrfeige ... vor
allen Kindern.«[26] Die Ohrfeige ist »schallend«, weil der Vorgang als besonders verwerflich, das Kind als kleiner Sittlich-
keitsverbrecher angesehen wird. Was halbwegs aufgeklärte
Eltern keinesfalls tun würden, nimmt sich hier die Kindergärtnerin heraus. Das »Unanständige« existiert jedoch nur
in ihrer Sicht, die vermutlich auf ihre eigene rigide Sexualerziehung zurückzuführen ist.

Die Atmosphäre der Waldorfschule, das Gesamt-Arran-
gement der Kinder vom morgendlichen Begrüßen per
Handschlag an der Schulpforte, über die Wiederholung derselben Prozedur durch den Klassenlehrer vor dem Betreten
der Klasse, das stehende Begrüßen des Lehrers vor dem je-

weiligen Unterricht, die Adventsgärtlein im Kindergarten
und die perfekt organisierten Monatsfeiern bis hin zur vom
Lehrer straff geführten Theateraufführung in der Oberstufe
habe ich jedoch nie anders als manipulativ empfinden können. Wer schon einmal eine Schülertheateraufführung oder
eine Monatsfeier an der Waldorfschule besucht hat, ist in der
Regel tief beeindruckt von der Perfektion der Darbietungen. Er erfährt aber nicht, mit welchem Leistungsdruck und
unter welchen Opfern sie erkauft werden. Hier sind weniger
Freude, Spontaneität oder gar Improvisationskunst am
Werk – dabei werden immer wieder dieselben Klassiker ge-
spielt – als der inszenierte Ehrgeiz des hinter der Aufführung
stehenden Pädagogen, der sich auch vor den Kollegen profi-
lieren will. Hier werden Schüler wie Dressurpferdchen in
Veranstaltungen Erwachsener vorgeführt, in denen fast
nichts schiefgehen kann, da Organisation, Durchführung
und Aufsicht bis hin zur Kleiderordnung des Publikums per-
fektioniert sind. Gerade in solchen gerne auch der Öffentlichkeit vorgeführten Darbietungen sieht die Waldorfschule
das glänzende Produkt ihrer Arbeit. Die lokale Presse wird
stets zu solchen »Höhepunkten« des Waldorflebens eingeladen. Sie revanchiert sich meist mit wohlwollenden Artikeln.
Es ist der Versuch, Erziehung absolut zu machen. Dabei ist
das Bemühen, bei Feierlichkeiten per Rundbrief oder Er-
mahnungen in die Kleiderordnung einzugreifen, noch das
Harmloseste, was man sich vorstellen kann. Bei einer Monatsfeier wurde zum Zweck der Ruhighaltung der jugendlichen Zuhörer vor der Bühne ein Tisch aufgebaut, über dem
ein großes grünes Tuch hing. Den jüngeren Schülern wurde
von einem Lehrer erzählt, unter dem Tuch befände sich ein
Drache, der herauskäme, wenn sie zu laut wären. Jedesmal,
wenn sie sich zu laut gebärdeten, ertönte Trommelschlagen,

und die Drohung wurde wiederholt. Einige Schüler aus den
untersten Klassen fingen dabei jedesmal an zu weinen. Auch
die Figur des St. Nikolaus wird zur Einschüchterung in den
unteren Klassen benutzt. Dies hat regelmäßig Kindertränen
zur Folge, wenn er gegen die Tür poltert und dann aus dem
goldenen Buch die Verfehlungen und Streiche, die ihm der
Klassenlehrer vorher mitgeteilt hat, mit Namen vorliest. Die
Schüler sollen sich stets von einer höheren Gewalt beobachtet fühlen. Manipulation und Angsterzeugung sind also rou-
tinemäßig und durchaus unbedenklich verwendete erzieherische Mittel.

Allerdings entstehen bei dem Versuch, die Welt des
Schülers pädagogisch total zu kontrollieren, notwendiger-
weise paradoxe Erscheinungen, für die es waldorfintern
dann keine Erklärungen gibt. Die Waldorfpädagogik produziert so ihre eigenen Rätsel, die entweder totgeschwie-
gen, auf jeden Fall aber der Öffentlichkeit vorenthalten
werden.

So steht es mit dem Phänomen der körperlichen Züchtigung. Man vermutet es zunächst gar nicht an einer Schule,
die mit so vielen dem Anschein nach sanften Erzieherper-
sönlichkeiten versorgt ist. Es muß als eine paradoxe Erscheinung einer an allen Waldorfschulen wahrnehmbaren
vordergründigen Sanftheit interpretiert werden.

Wie sollen Pädagogen, die unerbittlich gegen sich
selbst sind, es gegenüber den ihnen überlassenen Zöglin-
gen nicht sein? Die Unerbittlichkeit verrät sich an vielen
Stellen in Erich Gaberts Schrift wenn es um die Selbsterziehung der Erzieher geht. Dort ist dann die Rede von
»Wegbrennen« pädagogischen Fehlverhaltens, von
»quälen und brennen«, von »Schicksalsstrafen, die den
Pädagogen zu Recht treffen«.[27]

Ebenso wie an staatlichen Schulen ist an Waldorfschulen körperliche Züchtigung gesetzlich untersagt. Hat der Staatsschullehrer jedoch die Möglichkeit, seine Schüler mit Noten und Tadel zu disziplinieren, fallen diese Mittel an der Waldorfschule fast völlig weg. An ihre Stelle tritt das Moralpredigen. Da die Wirkung der moralischen Peitsche sich aber infolge von Überbeanspruchung schnell abnutzt, können einem Waldorfkollegen ohne erzieherisches Charisma die Schüler recht bald auf dem Kopf herumtanzen. Seine durch anthroposophische Selbsterziehung verdrängte Aggression sowie die Frustration, wirksam disziplinarisch eingreifen zu können, entladen sich darum periodisch in bizarren Maßnahmen, die in dieser Häufig- und Regelmäßigkeit wegen der fehlenden öffentlichen Kontrolle und des »Faustpfandeffektes« verstärkt an diesem Schultypus auftreten. Das von Gabert selbst zitierte Beispiel der »besonnenen älteren Kollegin« ist nur die Spitze eines Eisbergs. Bei meinen Recherchen zu diesem Thema traf ich auf eine Vielzahl an körperlichen Mißhandlungen von Schülern durch Waldorflehrer.

Die Schwierigkeit, solche Fälle zu dokumentieren, liegt auf der Hand. Eltern waren häufig nicht gewillt, ihre Erfahrungen öffentlich zu schildern, wenn das Kind trotz der Züchtigung an der Schule bleiben sollte oder Geschwister an der Schule hatte, gegenüber denen man subtile Repressionen befürchtete. In vielen Fällen dringt diese Art pädagogischen Fehlverhaltens auch nicht an die Öffentlichkeit, sondern bleibt hinter der Klassentür verborgen, weil das betroffene Kind zu eingeschüchtert von der Autorität des Lehrers ist. Die Auswirkungen zeigen sich aber manchmal in Verhaltensauffälligkeiten, die nicht immer oder viel zu spät von den Eltern erkannt werden.

Ich kann bei meinen Darstellungen nur auf das zurückgreifen, was ich selbst beobachtet habe, was mir von zuverlässigen Gewährsleuten – Kollegen und Eltern, die bereits den Schulvertrag mit der Waldorfschule wieder gelöst hatten – berichtet wurde und was in Konferenzen und anderen Schulgremien behandelt werden mußte, da es publik geworden war. Die Namen von Betroffenen und Schulen müssen jedoch aus verständlichen Gründen anonym bleiben.

Nachdem ich einmal angefangen hatte, einschlägige Berichte zu sammeln, wurde mir bald deutlich, daß es keine Einzelfälle waren. Klagen über körperliche Züchtigung und andere bizarre Strafmethoden wurden mir bekannt aus Berlin, Göttingen, Dortmund, Bochum, Kassel, Stuttgart, Bremen und aus Herne. Die Liste ließe sich fortsetzen. Auch in dieser Hinsicht stellt die Waldorfschule eine »Einheitsschule« dar. (Auch der Distel-Bund in Herne, ein Verein, gegründet von einem waldorfgeschädigten Elternhaus, der sich um Aufklärung über solche und andere Vorfälle an Waldorfschulen bemüht, hat zahlreiche Fälle dokumentiert.)[28]

Das In-die-Ecke-Stellen ist beinahe noch die mildeste Form von Bestrafung, der ich begegnet bin. Sie wird noch generell angewandt. Die Beschämung, dieses Mal nicht verdeckt, sondern öffentlich, steht zwar im theoretischen Zusammenhang anthroposophischer Bestrafungsmethoden, widerspricht aber als »grobe Form« ihren eigenen Maximen. Die Rede ist vom Pranger: Ein Kind muß in die nächsthöhere Klasse gehen, sich vorstellen und von seiner Missetat berichten. Eine Variante davon ist das An-die-Tafel-Schreiben des Namens und der Tat des Schülers oder das Auf-den-Stuhl-Steigen, wo stehenzubleiben ist, bis von allen Seiten der Schüler und seine Missetat hinlänglich angeprangert worden sind.

Noch gröbere Formen des Prangers wurden mir bisher aus norddeutschen Schulen bekannt. In der Waldorfschule in G. stigmatisierte der Klassenlehrer einen häufig »störenden« Schüler in magischer Weise. Dieser Lehrer sagte vor der versammelten Klassengemeinschaft, der zehnjährige Schüler K. trage einen Stempel auf seinem Rücken in leuchtend roter Farbe, darauf stünde: »Ich bin ein Clown«. Diesen Stempel bekäme er allein nicht wieder ab; alle Mitschüler müßten dabei helfen, daß der Stempel wegginge.

Abgesehen davon, daß der Schüler K. nach dieser Stigmatisierung zutiefst verstört und niedergeschlagen und erst nach zwei Tagen in der Lage war, überhaupt zu Hause davon zu sprechen, wurde er im folgenden von seinen Mitschülern wegen dieses »Stempels« auf dem Rücken ständig gehänselt. Dieser Vorgang führte letztlich auch zum Lösen des Schulvertrags seitens der Eltern.

Der Fall der Schule in B. ist mindestens genauso kraß. Hier wurde einem Schüler der Unterstufe – und nur hier sind solche »pädagogischen« Maßnahmen überhaupt möglich –, der das Konzept des Lehrers gestört hatte, ein Kreuz auf die Wange gemalt, das er bis zum Ende des Schultags tragen mußte, um allen zu zeigen, daß er eine Verfehlung begangen hatte.

Wenn man die starke Wirkung des »Faustpfandeffekts« bedenkt, ist es nicht verwunderlich, wie selten Eltern in die Öffentlichkeit gehen und diese skandalösen Vorfälle dokumentieren.

Bekannt ist bei fast allen Eltern, die Kinder an einer Waldorfschule haben, daß derjenige, der ein »schlimmes Wort« gesagt hat, zum Waschbecken gehen und sich den Mund ausspülen muß.

Ohrfeigen stellen dann eine erhebliche Steigerung der

Übergriffe auf die körperliche Integrität des Schülers dar. Dazu zählen auch das an Freiheitsberaubung grenzende Festkleben von unruhigen Kinderhänden mit Heftpflaster auf der Tischplatte, das Anketten eines »Zappelphilipps« mit einer langen dünnen Kette, wie man sie zum Anschließen von Fahrrädern benutzt, an den Stuhl (eine Variante mit Kälberstricken hat der Distel-Bund dokumentiert) und der Fauststoß eines Lehrers ins Gesicht eines Schülers. Der erschreckendste Bericht in dieser Reihe stammt aus dem Ruhrgebiet wo ein Schüler an den Haaren über die Freitreppe der Schule geschleift wurde.

In einem Elternbrief, der der Abmeldung des Kindes vorausging, war zu lesen: Wie kann man ein Kind an den Ohren von einem Stuhl zum anderen ziehen. (...) Es gibt doch sicher andere Wege, Kinder zur Ruhe zu bringen.«

Diese Beispiele stellen keine Schauermärchen dar und sind nicht erfunden. Selbst dann, wenn es sich hier um Entgleisungen oder Einzelfälle, um schwere pädagogische Mißgriffe gehandelt haben sollte, muß man nach der psychologischen Basis einer Pädagogik fragen, in deren Umfeld sich derartiges ereignen kann. Die Vielzahl von »Entgleisungen«, die von Waldorfschulen berichtet werden, legt schon fast den Schluß nahe, ein großer Teil der Lehrerschaft befinde sich ständig »neben den Schienen«.

Bedenkt man das relative Ausgeliefertsein des Elternhauses an die Lehrerschaft der Waldorfschule, die ja über das Wissen vom Menschen schlechthin zu verfügen vorgibt, den Grad an entpolitisiertem Bewußtsein, den sie bei Eltern und Schülern gegenüber sich selbst erzeugt, ist es nicht mehr erstaunlich, daß so viele Betroffene eher zum Verschweigen als zum Veröffentlichen neigen.

Viel wirksamer noch als alle körperliche Gewalt, die ja

geahndet werden könnte, wenn das Kind sich traute, darüber zu sprechen, oder wenn sich Zeugen finden ließen, ist
jedoch die Erziehung zur Selbstverleugnung, die über die
Selbsterziehung der Lehrer indirekt auf ihre Schüler wirkt.
Beobachten läßt sich diese Art von Erziehung zu Selbstverleugnung, die in ihrer Konsequenz eine Form von Le-
bensverneinung darstellt, besonders gut in den Zeugnis-
sprüchen, die zugleich auch die geistige Grundhaltung der
Erziehung deutlich machen.

Die vermittelten Inhalte

Beispiel Zeugnissprüche

An der Waldorfschule ist es in der Unterstufe üblich, den Kindern jedes Jahr einen Spruch ins Zeugnis zu schreiben, den es über das Jahr einmal pro Woche, vor der Klasse stehend, aufsagen muß. Den Spruch wählt der Klassenlehrer aus einer Anzahl von nur an Waldorfschulen kursierenden, von Anthroposophen stammenden Spruchweisheiten aus. Der Spruch soll, bestimmte Eigenarten und Eigenheiten des Kindes aufnehmend, es in eine Richtung hin beeinflussen, die nur der Lehrer »kennt«, möglichst sein Temperament (ob Choleriker, Melancholiker, Phlegmatiker oder Sanguiniker, hier wird noch nach der veralteteten, diagnostisch untauglichen Typologie der Temperamentenlehre verfahren) modifizieren, auf jeden Fall aber »das Gute« im Kind stärken.

Es ist aufschlußreich, sich einige dieser poetisierenden Sprüche einmal genauer anzusehen. Sie wurden exemplarisch ausgewählt und sind Zeugnissen verschiedener Waldorfschulen entnommen Der erste ist für Peter, Schüler der 7. Klasse. Als Verfasser des Spruchs ist auf dem Zeugnis H. v. Kügelken zitiert:

«An allen häßlichen Gedanken
muß die eigene Seele erkranken.
Was rein und still du hochgeehrt,
des Herzens Reichtum dir vermehrt.
Was du so wirkst, dein Leben heißt,
du selbst bestimmst es allermeist.«

Dieses Spruchelixier könnte durchaus dazu führen, daß er an ihm erkrankt; denn es enthält eine Bedrohung, die das Kind nicht durchschauen kann: »muß die eigene Seele erkranken«. Auf jeden Fall trägt es dazu bei, daß, je nach Veranlagung des Kindes, Schuldgefühle verstärkt werden, daß die »häßlichen Gedanken«, der ungute Teil, wie es Waldorfpädagogen ausdrücken, womit das Kind ohnehin Schwierigkeiten hat, abgespalten, verdrängt werden muß. Und an der Waldorfschule lernt jedes Kind nur allzu bald, was im Sinne der Lehrer gut, was böse ist.

Es soll lernen, wie Alice Miller gezeigt hat, einen wesentlichen Teil seines Selbst zu verleugnen zugunsten sogenannter reiner Anteile: »Was rein und still du hochgeehrt ...« Der Pädagoge erkennt nicht, daß er eine nur bei Erwachsenen mögliche Form der religiösen Andacht von einem Kind fordert. Diese innere Haltung können Kinder jedoch nicht – schon gar nicht, wenn sie in plumpmoralisierender Weise daherkommt – annehmen. Da »rein« nicht äußerliche Reinheit meinen kann, steht es vermutlich für keusch. Hier deutet sich das bei Anthroposophen grundsätzlich gestörte Verhältnis zum Thema Sexualität an, und manchen Eltern dämmert hier die Erkenntnis, daß ihr Kind nicht ganzheitlich, angstfrei oder sonstwie progressiv erzogen wird, sondern einer kleinbürgerlich-muffigen, repressiven Atmosphäre ausgesetzt ist. Der anthroposophisch geschulte Erwachsene trägt unreflektiert Normen und Werte an das Kind bzw. den Jugendlichen heran, die eher seiner eigenen frömmelnden Bedürfnislage entsprechen, als sie der seelischen Entwicklung eines Dreizehnjährigen dienlich sind.

Gestärkt wird bei dieser Art der pseudoreligiösen Erziehung aber allemal das falsche Selbst und das Über-Ich, um einen Freudschen Terminus aufzugreifen, das Eltern-Ich, wenn man einen anderen psychologischen Begriff verwendet. Das ideale Kind der Waldorferziehung ist darum vor allem das brave Kind, das Kind, das nicht merken soll, was mit ihm geschieht.

Die in dem Spruch vorhandene Formulierung »An allen häßlichen Gedanken muß die eigene Seele erkranken« verweist jedoch noch auf eine andere anthroposophische Besonderheit. Wer häßliche Gedanken hat, also böse ist, wird krank. Dreht man diesen Satz um, wird daraus: Wer krank ist, war auch böse. So gesehen, sind körperliche Gebrechen auch als Folgen eines unmoralisch geführten oder »bösen« Lebens zu interpretieren. Wegen ihrer Brisanz wird diese anthroposophische Sichtweise jedoch kaum in der Öffentlichkeit nachhaltig vertreten. Sie kursiert in Christengemeinden und in anthroposophischen Zirkeln. Von hier aus wird aber erst der schwerpunktmäßige Einsatz der Anthroposophen in heilpädagogischen, pädagogischen und sozialtherapeutischen Institutionen verständlich. Die Insassen solcher Einrichtungen haben weltanschaulicher Beeinflussung und Zurichtung ihres Lebens natürlicherweise wenig Widerstand entgegenzusetzen und sind von ihren »Erziehern« besonders abhängig. Entsprechende Beispiele dokumentierte der Distel-Bund, so die Aussagen der Mitarbeiterin eines »Heimes für seelenpflegebedürftige Kinder«: »Die dortigen Anthroposophen gingen davon aus, daß zur Seele/Mensch-Sein diverse Teufel, Engel, Wesen, Mächte usw. beitragen. Wenn nun ein Kind nicht folgsam war, onanierte, bettnäßte oder einkotete, so wurde es u. a. von der Leiterin unter die kalte Dusche gestellt oder nur mit Unterwäsche bekleidet bei Minusgraden ins Freie befördert mit der Begründung, damit nicht dem Kind, sondern ›den bösen Mächten‹ in ihm etwas anzutun bzw. diese zu vertreiben.«[1]

Das Bild stimmt aber erst dann vollständig, wenn man sich dazu noch die anthroposophische Definition von Liebe beziehungsweise Leben als »Abzahlen von Schuld«, aufgeladen in einem früheren Leben, ansieht.[2] Die rigoros moralistische Erziehung zum »Guten« und der ebenso vehemente Versuch der Waldorfschule, das Böse im Schüler auszurotten oder jedenfalls Prophylaxe zu betreiben, sind nur zu verstehen, wenn man den folgenden Satz von Rudolf Steiner liest: »Während des Erdenlebens kann sich der Mensch in seinem Egoismus gegen dieses Gesetz wehren (es besagt, daß für jede Schädigung, jeden Schmerz, den ein Mensch einem anderen Menschen und damit der Welt zugefügt hat, von ihm entweder noch in demselben Leben oder im folgenden Leben oder in irgendeiner späteren Verkörperung unausweichlich ein Ausgleich geschaffen werden muß, d.V.). Er will nicht einsehen, daß er durch moralisch schlechte Handlungen letzten Endes niemanden so sehr geschädigt hat wie sich selber, daß er also gerade um seines eigenen Fortschreitens willen es nötig hat, diesen Ausgleich zu vollziehen. Weder sieht er es ein, noch will er es.

Das gewaltige Mittel, um seinen kurzsichtigen Egoismus zu überwinden, um ihn zu tieferer Einsicht zu führen und von ihr seinen Willen bestimmen zu lassen, ist eben die Reinigungszeit nach dem Tode, das Kamaloca. Alles, was während des Erdenlebens als Schicksalsstrafe erlebt werden kann, ist doch nichts als ein schwacher Anfang und Anklang an diese nachtodlichen Seelenvorgänge.«[3]

Ähnlich wie der Spruch »An allen häßlichen Gedanken muß die eigene Seele erkranken« enthält die soeben zitierte Auffassung eine Bedrohung, die demjenigen, der sich mit ihr identifiziert, Angst machen muß. Die anthroposophische nachtodliche Läuterungszeit (indisch: Kamaloca) muß die normale christliche Hölle bei weitem übertreffen, wenn schon die »Schicksalsstrafen im Erdenleben« nur ein schwacher Vorgeschmack sind auf das, was danach kommt.

Anthroposophie weist also zutiefst angstmachende Denkfiguren auf. Und nur von hier aus können der moralische Rigorismus, der das gesamte Spruchwesen und die Lesebuchtexte der Waldorfschule durchzieht, ihre ganze Atmosphäre bestimmt, der häufig beobachtbare Fanatismus an Waldorfpädagogen, ihre Ambivalenz zwischen Sanftheit und Unbeherrschtheit verstanden werden. Der Waldorfpädagoge steht selbst unter der Pression seiner Lehre, und er gibt sie an den Schüler weiter. Daß eine solche Weltanschauung frei macht, gar eine Erziehung zur Freiheit darstellt, mögen so nur ihre Anhänger glauben.

Eine ähnliche pädagogische Absicht wie der erste verfolgt auch der nächste Spruch, der für einen Schüler der 5. Klasse geschrieben wurde. Ein Autor ist nicht genannt, es kann vermutet werden, daß der Klassenlehrer ihn selbst erdacht hat.

»Verschweige die sinnlosen Worte,
die nicht aus dem Herzen dir kommen.
Klarheit gewinnt dann dein Kopf
und Reichtum dein fühlendes Herz;
aber vor allem bedenke die Ruhe der anderen zu achten,
sprich nicht aus eigener Freude,
nur anderen zum guten Gewinn.«

Dazu muß gesagt werden, daß dieser Schüler die Eigenart hatte, oft dazwischenzureden, den Unterricht durch vorlaute Bemerkungen zu stören. Schon in sprachlicher Hinsicht ein zweifelhaftes Verfahren, einen Schüler diesen Vers über ein ganzes Jahr hinweg vor der Klasse laut aufsagen zu lassen.

Offenbar hat den Pädagogen das Dazwischenreden gestört. An welcher anderen Schule wäre eine disziplinarische Maßnahme dieser Art möglich? Sie stellt eine versteckte Demütigung des Schülers dar. Daran ändert auch die Tatsache nichts, daß sie in Gedichtform präsentiert wird. Darüber hinaus zielt die Zeile »Sprich nicht aus eigener Freude, nur anderen zum guten Gewinn« auf die Zerstörung der Individualität, der Eigenständigkeit des Kindes, ja, sie kommt einer Erziehung zur Verlogenheit gleich.

Den Zeugnisspruch für Maria, Schülerin der 2. Klasse, hat der Klassenlehrer wieder von H. v. Kügelken übernommen, der ein besonders produktiver Verseschreiber dieser Art sein muß:

»Wenn ich an andere denke,
schenkt mir mein Engel Weisheit.
Wenn ich mit anderen fühle,
schenkt mir mein Engel Mut.
Wenn ich für andere handle,
schenkt mir mein Engel Kraft.«

Dem Kind wird so das Gefühl vermittelt, es werde nur dann angenommen, wenn es gut ist, sich durch gottgefällige Taten beweist. Wie in dem vorhergehenden Spruch wird auch hier dem Kind das Gefühl für das eigene Selbst ausgetrieben und stattdessen der Gedanke der christlichen Nächstenliebe aufdringlich angetragen.

Wieder eine pädagogische Absicht, die am Kinde vor-
beigeht. Wird an anderen Schultypen soziales Handeln
schon durch den ständigen Wechsel der Unterrichtsformen
eingeübt, wird Waldorfschülern in Form einer Litanei die
jeweilige Botschaft des Lehrers im Frontalsystem eingetrichtert. In diesem Fall müssen die Kinder vortreten. Das
ganze erinnert dabei sowohl an Exerzitien als auch an Stra-
fexerzieren. Entsprechend unbeliebt ist es bei den
Schülern.

Klarer noch als die vorhergehenden Sprüche zeigt der
folgende, daß schon bei den ganz Kleinen der Lebensquell
nur bedingt und genau gesteuert sprudeln darf. Es ist der
Zeugnisspruch für Walburga, Schülerin der 2. Klasse. Verfaßt wurde der Spruch von Erika Dühnfort:

»Ich sammle und beherrsche mich,
so krieg ich Kraft und Kern.
Ich übe und bemüh mich,
daß ich stets Neues lern‹.
Ich such‹ das Klare, Lichte,
so werd ich stark und still.
Ich tue froh das Gute,
weil ich das Gute will.«

Da man an der Waldorfschule zu wissen glaubt, welche Gefühle für das Kind gut und wertvoll sind, werden diejenigen,
die die vitale Quelle der Lebensenergie ausmachen, unterdrückt. Nicht nur in diesem Punkt erweist sich die Waldorfpädagogik letztlich sogar als lebensverneinend. Das Kind
soll sich beherrschen und sammeln, ganz so, wie es die Vertreter der schwarzen Pädagogik des 19. Jahrhunderts schon
formuliert hatten. Es soll brav sein und »still«, möglicher-

weise damit es dem Lehrer wenig Mühe macht, und dabei »froh das Gute tun, weil es das Gute will«. Da Waldorfpädagogik in dieser Stufe weniger den Intellekt anspricht als mit gefühlsmäßiger Verstärkung und Identifikation arbeitet, braucht das Kind auch nicht zu wissen, warum es das Gute tun soll: Es ist evident! Der inhaltlichen Bestimmung des Guten kommt der nächste Zeugnisspruch schon etwas näher.

Er ist für Vera, ein Kind der 2. Klasse, von Heinz Müller erdacht worden:

»Wach sei mein Haupt,
liebend mein Herz,
helfend die Hand! –
Was ich dann tu,
recht wird es sein,
schön, fromm und gut.«

Neu ist hier der Wert des Frommseins, eingebettet in die Kategorien des Guten und Schönen. Welches Kind aber möchte fromm sein? Schon das Wort im Kindermund wirkt ominös. Kinder sind, wenn sie nicht schon durch Erziehung verdorben sind, eher wild als still, eher frech als brav, sowohl gut als auch böse, bewegungshungrig, neugierig und sehr interessiert, in bestimmten Phasen auch an ihrem Geschlecht und dem ihrer Kameraden. Hatte man von der Waldorfschule Freiheit, Aufwachsenlassen, Eingehen auf die Individualität des Kindes etc. erwartet, trifft man hier auf Zurechtstutzen, Herummodellieren am Kind mit Sprüchen, die mehr über den Geist anthroposophischer Pädagogen aussagen als über den Schüler.

Auch in diesem Spruch wieder Moral und die Wenndann-Struktur. Was aber folgt, wenn nicht ..., lernen die Kin-

der implizit: Verdammnis, Strafe und Buße. Die Waldorfschule stellt sich in ihrer Spruchkultur eher als Sonntags-
schule des 19. Jahrhunderts dar denn als aufgeklärte, ganz-
heitliche Alternative. Der Staatsschulbetrieb wirkt in
diesem Lichte gesehen als modern und offen.

Der letzte Spruch ist für Rainer, ein Kind der 4. Klasse.
Der Verfasser heißt Martin Tittmann:

«Es strahlt der Himmel sonnenhell:
Licht sei dein Denken!
Es singt des Waldes klarer Quell:
Rein sei dein Fühlen!
Es flammt das Feuer kraftvoll-schnell:
Stark sei dein Wollen!»

Also: Auf die Reinheit des Fühlens kommt es an! Wie aber
soll man sich unreines Fühlen vorstellen? Da die Waldorfschule sich christlich gibt, drängt sich auch hier wieder das
Attribut »züchtig« auf. Ein versteckter Versuch der Sexualerziehung?

Wenn auch nicht explizit wie im ersten Spruch gesagt
wird, von welcher Art die schrecklichen Folgen sein werden, wenn das Kind nicht gut, fromm oder rein sein kann,
so läßt sich doch in jedem Spruch die Ich-bin-nur-gut,-
wenn-ich…-Struktur erkennen. Welche anderen als diffuse
Schuldgefühle kann ein Kind empfinden, das sich solchen
Imperativen ausgesetzt sieht?

Und sind es nicht häufig diejenigen Eltern, die in den
sechziger Jahren sturmgelaufen sind gegen jede Form re-
pressiver Erziehung, besonders aber der Sexualerziehung,
die heute glauben, in der Waldorfschule *die* pädagogische
Alternative gefunden zu haben?

Die Betrachtung der Zeugnissprüche legt nahe, daß, eingekleidet in Formulierungen christlicher Nächstenliebe, alle Elemente der repressiven Pädagogik am Waldorf-schüler wirksam werden sollen.

Schüler, die fragen, warum sie sich vor die Klasse stellen und einen Spruch aufsagen sollen, den sie unter Umständen gefühlsmäßig ablehnen, werden schon durch die Lehrerautorität stumm gemacht. Wenn der Schüler aber hartnäckig bleiben sollte, was selten genug vorkommt, wird er vom Lehrer als »intellektuell zu früh erwacht« etikettiert und oft noch mit Hilfe der Eltern zum Schweigen gebracht. Dennoch gibt es gegen diese Waldorfrituale Widerstandsformen, besonders in den höheren Klassen, wo die Kinder ihr Unbehagen eher formulieren können. Dazu gehören: Verzögern der Zeremonie durch Lautsein, Zuspätkommen, Rülpsen, Kichern, Werfen von Gegenständen usw. Sie werden dann mit Strafpredigten oder mit Hilfe des Zeugnisses, teilweise auch mit den schon beschriebenen Übergriffen von Pädagogen geahndet, die nicht begreifen, daß sie selbst diese Symptome hervorbringen. Wer zum Beispiel den Morgenspruch stört, muß damit rechnen, ihn noch einmal, alleine vor der Klasse stehend, aufzusagen. Dazu einige dokumentierte Beispiele.

Im Zeugnis des Schülers F. einer 3. Klasse, wo sich der sich später zuspitzende Konflikt zum ersten Male ausdrückt, liest sich das so: »Wie schade, daß er sich dem Recitieren so entzieht. Es kostet schon einige Mühe, ihn zum Mitsprechen der Gedichte und Sprüche zu bewegen. Auch ist er kaum bereit, seine Gliedmaßen in den Übungen zum Rhythmisch-Bewegenden einzusetzen. Ähnlich hält er sich auch im Bereich des Musikalischen zurück. Gerade hier aber täte eine aktive Mitarbeit not! Es wäre gut, wenn die

Anregungen für eine Musiktherapie im nächsten Schuljahr aufgegriffen werden könnten.«

Bei dem Schüler F., der mir persönlich bekannt ist, handelte es sich aus meiner Sicht um ein gesundes, waches, begabtes Kind. Der Widerstand und die Distanziertheit gegenüber den an anderen Stellen schon zitierten Sprüchen und rhythmischen Begleitbewegungen – nicht nur im Hauptunterricht, sondern verstärkt in der Eurythmie – halte ich für eine ausgesprochen natürliche Reaktion.

Der Junge reagierte schon früh mit Verstimmungen, die sich in körperlichen Krankheiten ausdrückten, da er noch nicht in der Lage war, seinen Konflikt sprachlich verständlich zu machen. Während all der Jahre auf der Waldorfschule bis zur 5. Klasse fehlte er jährlich über 30 Tage und lag damit im Versäumnis um 50% über dem Durchschnitt. Der Lehrer erhob aber bereits den therapeutischen Zeigefinger und verlagerte die eindeutig waldorfgemachte Problematik auf das Kind bzw. ins Elternhaus.

Im Zeugnis der 4. Klasse findet sich wieder vom Klassenlehrer der folgende Eintrag: »Nun versucht unser Unterricht ja auch, in vielen anderen Bereichen das Herz anzusprechen, wie zum Beispiel in der Musik oder beim Recitieren. Beides aber begleitet F. eher distanziert. Zwar sträubt er sich nicht mehr gegen das Singen und Sprechen, aber er setzt sich auch nicht ein. Es erscheint ihm eher wie eine lästige, notwendige Begleiterscheinung des Unterrichts. Gleichzeitig ist zu erkennen, wie nötig eine entsprechende Schulung für F. wäre!«

Der Verfasser dieser Zeilen, der Klassenlehrer, würde nie auf den Gedanken kommen, daß es sich bei seinen Formulierungen um anmaßende pseudopädagogische Behauptungen handelt, die sich dann fortsetzen bis in die 5.

Schülerzeichnung

Klasse. Bis zu diesem Zeitpunkt hatte es zunehmende Konflikte besonders auch im Eurythmieunterricht gegeben, böse Briefe zwischen Elternhaus und Schule wurden gewechselt, der Junge kam regelmäßig verstimmt nach Hause. Der Konflikt war so stark und die Fehlzeiten waren so hoch, daß seine Leistungen auch in anderen Fächern stark nachließen. Schließlich erkannte das Elternhaus, daß der Junge die Schule wechseln mußte.

Erstaunlich ist meines Erachtens nicht, daß dieser Junge so reagierte, sondern daß so viele Kinder diese Art von Indoktrination fraglos mitmachen. Im Sinne von Erich Fromm wäre auch hier vielleicht zu sagen: »Die Kränksten sind die Gesündesten.«

Es gibt jedoch noch zahlreiche andere Symptome, die ich als Widerstand gegen diese unzeitgemäße, nicht-kindgerechte Pädagogik deuten möchte.

Wenn zum Beispiel ein Kind beim Morgengebet in der Schule immer wieder den Hosenstall öffnet oder rülpsen oder sonst auf irgendeine Weise den Ablauf der Spruch- und Gedichtzeremonie stören muß, kann das vom Lehrer nur als Böswilligkeit verstanden und verurteilt werden. Es führt oft zu Strafbehandlungen, auch zu sogenannter Heileurythmie, in jedem Falle aber zu einer langanhaltenden Phase der inneren Qual für das Kind, die meist erst viel zu spät so massiv wird, daß der Schulvertrag von seiten der Eltern gelöst wird.

Der Pädagoge Alexander Neill ist tot. Sein Projekt Summerhill, eine Internatsschule in Suffolk/England, als Modell einer antiautoritären, repressionsfreien Erziehung geschaffen, basierend auf freier Entfaltung der Schüler, wobei jegliche moralisch-religiöse Elemente im Unterricht fehlten, kann als das genaue Gegenteil der »freien Waldorfschule«

Märchenspiel in der Unterstufe

angesehen werden. Es war aber sehr stark an die Persönlichkeit Alexander Neills gebunden und hat nach seinem
Tod im Jahr 1973 an Ausstrahlungskraft verloren. Eine Erfahrung aus seiner Praxis hinsichtlich einer bestimmten
Form von religiöser Erziehung scheint mir jedoch nach wie
vor Gültigkeit zu haben. Sie trifft auch auf Waldorfpädagogik zu. Er schreibt:

»Für ein Kind bedeutet Religion praktisch immer nur
Furcht. Gott ist ein mächtiger Mann mit Löchern in den Au-
genlidern: Er kann dich sehen, wo du auch bist. Für das
Kind heißt das oft: Er kann auch sehen, was unter der Bett-
decke geschieht. In das Leben des Kindes Angst zu bringen,
ist das schlimmste Verbrechen überhaupt. Es wird für immer nein zum Leben sagen, wird sich immer minderwertig
fühlen, immer feige sein.

Wem in seiner Kindheit mit dem Leben in der Hölle ge-
droht wurde, der kann in *diesem* Leben unmöglich frei von
neurotischer Angst um seine Sicherheit sein. Und das ist
selbst dann so, wenn ein solcher Mensch verstandesmäßig er-
faßt hat, daß Himmel und Hölle infantile Phantasiegebilde
sind ... Den strengen Gott, der einen mit Harfen lohnt oder
mit Feuer straft, haben wir nach unserem eigenen Bilde geschaffen. Er ist die Superprojektion. Gott wird zur Wun-
scherfüllung, Satan zur Angsterfüllung. Was also Genuß und
Vergnügen bereitet, kennzeichnet das Böse. Kartenspiel,
Theaterbesuch, Tanz gehören dem Teufel. Nur zu oft heißt religiös sein ohne Freude sein. (…) Für viele Menschen heißt
religiös sein, traurig auszusehen und es auch zu sein.«[4]

So geht auch das ideale Waldorfkind nicht in die Discothek, es trägt Biosandalen und keine engen körperbeton-
ten Jeans, trägt überhaupt nach Möglichkeit züchtige Kleider, sieht brav aus und hat einen Zopf, macht vielleicht

sogar einen Knicks oder einen Diener, liest keine Comics, geht nicht ins Kino, sieht nicht fern, spielt nicht Fußball, besitzt keine elektronisch verstärkten Musikinstrumente, spielt keinen Jazz oder Rock. Das ideale Waldorfkind ist brav und angepaßt, macht das, was die Erwachsenen ihm sagen, ist so, wie sie es sich vorstellen.

Die umseitige Abbildung zeigt ein Märchenspiel, in dem die Kinder die Rollen von Heiligen spielen sollen. Der Strahlenkranz auf dem Kopf des mittleren Kindes läßt vermuten, daß es sich hier um den Heiland bzw. eine Heiligenfigur handelt. Die Gesichter der Kinder in der rechten Bildhälfte drücken jedoch aus, daß sie mit diesen Rollen wenig anfangen können. Welches Kind möchte eine Heiligenrolle spielen? So stellen Waldorfpädagogen sich Kinder aber gerne vor.

Zum Glück lassen sich Kinder in der Regel nicht so manipulieren, daß sie wie Karikaturen der Vorstellungen von Waldorfpädagogen aussehen, sind nicht angepaßt, still, rein, brav, lieb und fromm. Sie finden ihre Überlebenstechniken auch in einem System, das durchaus Merkmale eines kollektiven Wahns aufweist.

Doch eine Katastrophe bahnt sich an, wenn ein unnachgiebiger, strenger Lehrer zusammen mit einem unnachgiebigen, strengen Elternhaus sich hinter dem Rücken des Kindes in erzieherischer Absicht die Hände reichen. In diesem Fall bleibt das Kind mit seiner Eigen-Wahrnehmung, seinen Qualen und Ängsten, seiner unverstandenen Aggression allein und unverstanden.

Beispiel Grundschul-Lesebücher

Daß die angeführte Spruchkultur keineswegs nur schmückendes Beiwerk ist, zeigt ein Blick in die an Waldorfschulen üblichen Lesebücher, insbesondere die der Unterstufe. Üblicherweise werden hier verwendet: »Der Sonne Licht«, »Die Kristallkugel«, »Und Gott sprach«, »Schau in die Welt«, »Erde unser lieber Stern«.

Es gibt Standardtexte, die in beinahe jedem der genannten Bücher vorkommen, darunter vor allem solche, die Rudolf Steiner sowie andere anthroposophische »Klassiker« geschrieben haben.

»Der Sonne Licht«

Dieses Lesebuch ist für die 2. Klasse bestimmt. Es soll dem Anspruch nach keine Fibel sein, aber doch die »Fähigkeit des Lesens üben«.

In dem von Caroline von Heydebrand im Jahre 1928 verfaßten Nachwort für die Erwachsenen heißt es, daß die Gedichte und Prosaerzählungen möglicherweise über das Verständnis der Kinder weit hinausgehen und daß der Erzieher »die Kinder zwar nicht zum intellektuellen, aber ganz sicher zum fühlenden Verstehen führen könne«.[5]

Neben Texten von Goethe, Mörike, Keller und anderen finden sich hier auch Texte von anthroposophischen Schriftstellern. Caroline von Heydebrand schreibt dazu: »Dafür, daß ich so viele Dichtungen von Rudolf Steiner, Albert Steffen und Christian Morgenstern, die die Schüler der Waldorfschule so sehr lieben, bringen durfte, bin ich Frau Dr. Steiner, Herrn Albert Steffen und Frau Morgenstern zu größtem Dank verpflichtet.«[6]

Nicht die Reihenfolge der Genannten ist zufällig und auch nicht ihre Hervorhebung. Zur pädagogischen Absicht der verwendeten Texte sagt Caroline von Heydebrand: »Herr Dr. Steiner gab damals den Rat, recht viele Legenden aus verschiedenen Volksgebieten hineinzunehmen, in denen erzählt wird, wie Christus auf der Erde wandelt und unter den Menschen tätig ist. So gut es mir möglich war, habe ich versucht, diesem Rate zu folgen. Jeder, der Kindern Legenden solcher Art erzählen konnte, weiß, wie sehr sie zum innersten Wesen des heranwachsenden Menschen in unserer Zeit (sic! d.V.) sprechen. Die ehrfürchtige, innige Frömmigkeit, die sie in der Seele des Kindes pflegen können – dessen Lebenselement eben doch ein undogmatisches heiteres Frommsein (sic! d.V.) ist –, sollte diesem ersten Versuche eines Lesebuches für die Unterklassen der Freien Waldorfschule Farbe und Wärme geben.«[7]

Man muß der Verfasserin des Nachwortes dankbar sein dafür, daß sie so klar ausspricht, was sonst lieber verborgen wird: daß Gottesfurcht – und nichts anderes ist ja Frömmigkeit ihrer eigentlichen Bedeutung nach – der Waldorfschulstube »Farbe und Wärme« geben soll!

Für den Waldorferzieher mag Gottesfurcht eine unbezweifelbar positive pädagogische Norm darstellen, ob sie für das Seelenheil des Kindes förderlich ist, mag man nach T. Mosers »Gottesvergiftung« nicht mehr recht glauben. So heißt es in seiner Abrechnung mit Gott: »Es ist ungeheuerlich, wenn Eltern zum Zwecke der Erziehung mit dir paktieren, dich zu Hilfe nehmen bei der Einschüchterung wie bei der Vermittlung fiktiver Geborgenheit.«[8]

Das Lesebuch »Der Sonne Licht« wird eröffnet mit einem Gedicht von Dr. Rudolf Steiner selbst:

«Der Sonne Licht
durchflutet des Raumes Weiten,
der Vögel Singen durchhallet
der Luft Gefilde,
der Pflanzen Segen entkeimet
dem Erdenwesen,
und Menschenseelen erheben
in Dankgefühlen
sich zu den Geistern der Welt.«[9]

Die beste Vorstellung vom Einsatz des Gedichts im Unterricht macht man sich, wenn man es sich von Zweitkläßlern,
also sieben Jahre alten Kindern, im Chor gesprochen vor-
stellt, wobei das »r« gerollt wird und die einzelnen Silben
stark betont werden. Sein propagandistischer Klumpfuß –
wenn man von der klappernden Naturlobpreisung einmal
absieht – steckt in den letzten drei Zeilen, denn Dr. Steiner
spricht nicht von seiner Seele, sondern von Menschenseelen, die sich in »Dankgefühlen zu den Geistern der Welt«
erheben. Er unterstellt damit nicht allein deren Existenz,
sondern auch die eines für Kinder schwer vorstellbaren
»Erdenwesens«.

Indem man Kinder veranlaßt, ein solches Gedicht nach-
zusprechen, legt man ihnen ein Dankbekenntnis in den
Mund, das ihnen nicht entspricht. Aber, so Steiner: »Dieses
universelle Dankbarkeitsgefühl ist die Grundlage für die
wahrhafte Religiosität des Menschen.«[10] Schwer vorstellbar, daß Kinder mit diesem metaphysischen Gedicht etwas
anfangen können. Schwer vorstellbar auch, daß ein solcher
Text »Wärme und Farbe« in eine Klasse bringen kann. Darüber hinaus ist es keineswegs ein Text, der zum »innersten

Wesen der Kinder unserer Zeit spricht«. Er ist vielmehr ein Konstrukt, zugeschnitten auf die Bedürfnisse einer frömmelnden Erwachsenen-Seele, die sich in einer Welt von Geistern und Erdenwesen bewegt, in einer Welt, in der »Pflanzen Segen entkeimet«.

Eine Waldorfklassenlehrerin schreibt: »Freier kann kein König in seinem Handeln sein als der Klassenlehrer an der Waldorfschule. Und kann etwas größere Verantwortung in einem Menschen aufrufen als dieses Maß von Freiheit?«[11] Der Waldorflehrer scheint in der Tat sehr frei mit dieser Verantwortung umzugehen. Da anzunehmen ist, daß er im besten Glauben handelt, liegt der Verdacht nahe, er kann anthroposophisch überfrachtete nicht von kindgerechter Literatur unterscheiden. Ein schwerer Mangel für einen Pädagogen, der eine Klasse acht Jahre lang führen soll.

Auf der folgenden Seite des Lesebuches findet sich ein Gedicht des schon zitierten Albert Steffen, den, wie Caroline von Heydebrand sagte, »die Kinder genauso sehr lieben wie Rudolf Steiner«:

»Wegzehrung

Laßt uns die Bäume lieben,
die Bäume sind uns gut,
in ihren grünen Trieben
strömt Gottesblut.

Einst wollt das Holz verhärten,
da hing sich Christ daran,
daß wir uns neu ernährten,
ein ewig Blühn begann.«[12]

Auch in diesem Text geht es um die Vermittlung religiöser Inhalte; betrachtet man Wortwahl und Bildlichkeit, muß jedoch eher von pseudoreligiösem Inhalt gesprochen werden. Was sollen sich Kinder der 2. Klasse unter der Wortschöpfung »Gottesblut« vorstellen? Es gibt Menschenblut, Ochsenblut, Blutwurst, sogar Blutdurst, aber »Gottesblut«, das Zweige durchströmt und in dieser Form präsentiert wird, gehört zu den hölzernen Eisen anthroposophischer Wortschöpfungen, die nur vor ihrem besonderen weltanschaulichen Hintergrund verstanden werden können. Aber jede Tugend hat offenbar ihre Schundliteratur.[13]

Daß der Autor dieses Gedichts das Recht hat, einen seiner Gefühlswelt entsprechenden Text zu erfinden, sei unbestritten. Warum man in der Waldorfschule aber Kinder unserer Zeit ein solches Gedicht nachsprechen läßt, ist nur dann einzusehen, wenn man den Kontext betrachtet, in dem sich diese Handlung vollzieht. Hier wird Anthroposophie gelehrt. Das Lesenlernen, das eigentlich Spaß und die Kinder neugierig auf Texte machen soll, fungiert als Vehikel anthroposophischer Glaubensvorstellungen. Welche Leselust kann bei solchen Texten entstehen?

Daß auch Naturerscheinungen wie die Tanne, die Fledermaus oder das Rotkehlchen, durch die christologisch-anthroposophische Brille betrachtet, eine bestimmte Färbung annehmen und sich gefallen lassen müssen, in das manichäische Weltbild unter Gut und Böse rubrifiziert zu werden, die Fledermaus dabei gar als des »Teufels Vogel« apostrophiert wird, zeigen die folgenden Lesebuchtexte:

»Von der Tanne

Bei einem argen Unwetter ging der Heiland durch einen dichten Wald und suchte unter den Bäumen Schutz vor dem

Regen. Viele Bäume aber bogen ihre Zweige zurück oder schüttelten sich, so daß die Tropfen auf den Herrn fielen und er ganz durchnäßt wurde. Nur die Tanne breitete schützend und liebend die Arme aus, und er fand Sicherheit unter ihren Zweigen. Dankend verließ er den Zufluchtsort und sprach über die Tanne den Segen aus, daß sie Sommer und Winter grün sein sollte.« (Oskar Dähnhardt. In: Heydebrand, C. v.: »Der Sonne Licht. Lesebuch der freien Waldorfschule«, S. 8).

In diesem Text erhält die Tanne menschliche Eigenschaften, damit das von Rudolf Steiner postulierte Dankbarkeitsprinzip zur Anwendung kommen kann. Die Tanne ist nicht sommers und winters grün, weil es Chlorophyll und Naturgesetze gibt, sondern weil sie angeblich schützend ihre Arme über dem Heiland ausbreitete. Es entsteht eine auf den Kopf gestellte Welt. Es findet ein Zurückgehen hinter jegliche moderne Errungenschaft des Denkens ins Mysthisch-Magische statt; dies jedoch im schlechtesten Sinne. Was soll das Kind unserer Zeit hier lernen?

»Die Fledermaus

Gott und der Teufel schufen einst Vögel. Als Gott die Seinigen gemacht hatte, fingen sie gleich an zu fliegen. Der Teufel schuf auch einen Vogel, nähte ihm Flügel von Leder und machte Krallen dazu. Aber des Teufels Vogel konnte nicht auffliegen, und der Teufel bat: »Dein Vogel mag dann fliegen, wenn meine Vögel ruhen.« So entstand die Fledermaus. (Oskar Dähnhardt, a.a.O., S. 12).

Dieser Lesebuchtext beginnt wie ein schlechter Witz und endet auch so. Fern von jeder Biologie wird die Fledermaus

zum Opfer anthroposophischen Denkens: sie wird »verteu-
felt«. Was könnte die Lehrerin einem Schüler antworten,
wenn dieser nachfragen sollte, um dem wahren Sachverhalt
auf den Grund zu kommen, oder wenn er von zu Hause
Vorwissen über die Fledermaus mitbrächte?

»Das Rotkehlchen

Als Jesus voll Pein und Schmerz am Kreuze hing, sah
er nicht weit davon ein kleines Vöglein im Walde. Das
trauerte am Rande seines Nestes, und bittere Tränen ran-
nen ihm aus den Augen, als es die scharfen, stacheligen
Dornen sah, die das Haupt unseres lieben Heilands
durchbohrten. ›Niemand‹, sagte es zu sich, ›niemand
kommt , sein Leiden zu lindern. So will ich ihn zu trösten
suchen.‹ Es flog zum Kreuze, und es glückte ihm, einen
Dorn aus dem Haupte zu lösen. Zur selben Zeit aber
sprang ein Blutstropfen auf des Vögleins Brust. Und Jesus
sprach: ›Zum ewigen Gedächtnis, liebes Vöglein, sollst du
und deine Nachkommen dies rote Fleckchen auf der
Brust behalten, und die Menschen sollen euch Rotkehlchen nennen.« (Oskar Dähnhardt, a.a.O., S. 13).

Nach dem Motto: Der Zweck heiligt die Mittel, wird hier
die historische Wahrheit enstellt, Jesus Christus in die Nähe
eines Waldes gehängt und das Rotkehlchen im schlechten
Sinne vermenschlicht. (In der neuen Ausgabe des Waldor-
flesebuches »Schau in die Welt« ist der Text bezeichnenderweise geändert. Es heißt dort: »Als Jesus voll Pein am
Kreuze hing, sah er in einem Strauch ein kleines Vöglein sitzen …«) Damit es zu seinem Namen kommt, wird wieder
der »liebe Heiland« bemüht. Christian Bry schreibt in diesem Zusammenhang: »Der wahrhaft religiös Ergriffene

sieht die ganze Welt neu; sieht sie, als ob sie für ihn gemacht wäre. Auch der Hinterweltler (Anhänger einer verkappten Religion, der an etwas hinter der Welt glaubt; Def. von Bry) sieht die ganze Welt neu. Aber ihm dienen alle Dinge nur zur Bestätigung seiner Monomanie. (...) Soweit ihn die Dinge noch angehen, sind sie ihm nichts als Schlüssel zur Hinterwelt.«[14] Sprachökologisch gesehen ist die Waldorfschule ein Ort extremer Monokultur.

Als letztes Beispiel in dieser Reihe soll eine Erzählung von dem Begründer der Waldorfschule selbst stehen. Besser als in jeder Theorie vom Kinde kommt in solch einer lebendigen Kindern erzählten Geschichte zum Ausdruck, wie sich ein Mensch in eine Kinderseele einzufühlen vermag, wie und womit der sie zu beeindrucken versucht. Es ist sozusagen eine Selbstenthüllung.

«Vom kleinen und vom großen Veilchen

Da war einmal in einem Walde ... ein Veilchen, ein bescheidenes Veilchen unter einem Baume, der große Blätter hatte. Und das Veilchen konnte durch eine Öffnung ... hindurchschauen. Und das Veilchen sah, indem es hindurchschaute ... den blauen Himmel. Das kleine Veilchen sah zum erstenmal den blauen Himmel, denn es war ... eben erst aufgeblüht. Nun erschrak das Veilchen, als es den blauen Himmel sah und geriet in große Angst. Aber es wußte noch nicht, warum es in so große Angst geraten war.

Da lief ein Hund vorbei, ein Hund, der nicht gut aussah, der etwas bissig und böse aussah. Und das Veilchen fragte den Hund: ›Sag mir einmal, was ist denn das da oben, das Blaue, das so ist wie ich?‹ Denn es war der Himmel auch blau, wie das Veilchen blau war.

Und der Hund in seiner Bosheit sagt: ›Oh, das ist ein

riesengroßes Veilchen, wie du, und dieses riesengroße Veilchen ist so groß geworden, daß es dich mächtig schlagen kann.‹

Und das Veilchen bekam eine noch viel größere Angst, denn es glaubte, dieses kleine Veilchen da oben wäre so groß gewachsen, weil es dasein sollte, um das kleine Veilchen zu schlagen. Und das Veilchen zog seine Blütenblätter ganz zusammen und wollte nicht mehr hinaufschauen zu dem großen Veilchen...

Und als der nächste Morgen kam, da hatte das Veilchen die ganze Nacht noch nicht geschlafen. (...) Und immer erwartete es, daß jetzt und jetzt der erste Schlag kommen sollte, und er war nicht gekommen.

Und am Morgen, da kroch das Veilchen hervor, weil es jetzt gar nicht müde war ... Und als das Veilchen das Morgenrot sah, da wurde es gar nicht ängstlich. Und es war innerlich erfreut und froh über das Morgenrot. (...)

Und siehe da, da kam ein Lamm vorbei. Und jetzt wollte das Veilchen wiederum fragen, was das oben wäre. ›Was ist denn das da oben?‹ sagte das Veilchen.

Da sagte das Lamm: ›Das ist ein großes Veilchen, blau wie du selber.‹ Jetzt wurde das Veilchen schon wiederum ängstlich und meinte, es würde von dem Lamm nur wieder dieselbe Auskunft bekommen wie von dem bösen Hund. Aber das Lamm war gut und fromm. Und weil es so gute und fromme Augen machte, da fragte das Veilchen noch einmal: ›Ach, mein liebes Lamm, wird mich denn das große Veilchen dort oben schlagen?‹

›O nein‹, antwortete das Lamm, ›das wird dich nicht schlagen, das ist ein großes Veilchen, und seine Liebe ist so vielmal größer als deine eigene Liebe, als es mehr blau ist, als du mit deiner kleinen Gestalt blau bist.‹

Und da verstand das Veilchen gleich, daß das ein großes Veilchen ist, das gar nicht schlagen wird, sondern das so viel Blau hat, um so viel mehr Liebe zu haben, und daß das große Veilchen das kleine Veilchen schützen wird vor allem, was feindlich ist in der Welt. Und da fühlte sich das kleine Veilchen so wohl, weil alles, was es sah als Blau in dem großen Himmelsveilchen, ihm vorkam wie die göttliche Liebe, die ihm von allen Seiten zuströmte. Und es schaute das kleine Veilchen immer auf, wie wenn es beten wollte zu dem Gott der Veilchen.«

Auch diese Lesebuchgeschichte ist nach dem Muster von Kolportageliteratur gewirkt, nur daß hier das Textgerippe nicht aus Sex, Crime und Politik zusammengeleimt ist, sondern aus Furcht Gott, einem Veilchen, das erstaunlicherweise beten kann, und einem abstrakten Liebeskonzept. Drapiert um dieses Gerippe ist das, was Steiner nach Art anthroposophischer Assoziation zu einer Geschichte macht: das gute Lamm, der böse Hund, kleines und großes Veilchen und, natürlich, der Gott der Veilchen.

Zu sagen, der Erzähler lüge das Blaue vom Himmel herunter, wäre sicher nicht völlig falsch. Nur daß es eben auch noch schlecht zusammengelogen ist.

Die angeführten Beispiele sprechen für sich. Sie sind in ihrer Verkitschtheit und in ihrer Absicht allzu deutlich. Gegen Kitsch wäre nichts einzuwenden, wenn er in diesem Zusammenhang nicht ein so untrügliches Zeichen für falsche Gefühle, nämlich Ersatzgefühle, wäre, für eine aufgesetzte Religiosität beziehungsweise für eine »verkappte Religon«.[15]

Die Wirkung solcher Texte auf Kinderseelen läßt sich nur mittelbar nachweisen. Gesicherte Erfahrungen gibt es

jedoch aus analogen Beobachtungen in der psychothera-
peutischen Praxis. So schreibt der Therapeut J. Konrad
Stettenbacher im Zusammenhang mit seelischen Störungen: »Folgenreiche seelische Verletzungen entstehen auch
durch ›Ver-Fälschungen‹ der persönlichen, ontogenetischen sowie der stammesgeschichtlichen und der historischen Wahrheit oder durch Entstellung der Wirklichkeit.
Aus solchen Verletzungen der vom Verstand bestimmten
Integrität, z. B. durch Übermittlung irrealer Glaubensin-
halte, entstehen tiefe Verunsicherungen im System. Durch
solche seelischen Traumen wird das ganze System ver-
wirrt. Viele reale Erlebnisse, die Bewußtseinsinhalte bilden sollten, müssen dadurch ins Unbewußte verdrängt
werden, weil sie mit den irrealen Darstellungen nicht in
Übereinstimmung gebracht werden können.«[16]

Im Lichte der Darstellung von Stettenbacher muß die
anthroposophische Pädagogik mit ihrer Überbetonung von
Elfen, Geistern, geistigen Wesenheiten, Mythen etc. im
höchsten Grade gefühlsverwirrend sein. Erschwerend
kommt hinzu, daß sie unter weitgehender Ausschaltung des
Intellekts direkt auf den Willen und die Gefühle, also aufs
Gemüt zielt.

Schließt man sich darüber hinaus der Auffassung des Psychiaters Wolfgang Treher an, daß sich wesentliche anthroposophische Denkmuster und Bildlichkeiten aus Elementen
der Steinerschen Schizophrenie zusammensetzen, ist die
aufgezeigte Gefahr um so größer, da eine solche Welt gleichsam Kopf steht. Von daher auch die Steinersche grundsätzlich umgekehrte Sichtweise, die Prange die Umkehrformel
nennt. Daraus ergibt sich die Frage, wie es Schülern gelingt,
mit einer solchen auf den Kopf gestellten Welt zurechtzu-
kommen, wie sie die offensichtlichen Widersprüche über-

brücken. Ein wichtiges Mittel scheinen Karikaturen zu sein. Weitere, nach außen hin wahrnehmbare Mittel sind Teilnahmeverweigerung (besonders im Eurythmieunterricht), offene oder versteckte Sabotage des Unterrichts, Abschalten und Rückzug nach innen, Bemalen von Tischen etc. Schwerwiegender sind Symptombildungen wie Lernverweigerung (langanhaltende Lese- und Schreibschwächen), Entstehung von Ironie und Zynismus, Verhaltensauffälligkeiten. Unter ungünstigen Bedingungen scheinen mir auch Persönlichkeitsstörungen nicht ausgeschlossen. Möglicherweise spielt Waldorfunterricht hier keine ursächliche, sondern in Verbindung mit dem Elternhaus dann eine auslösende Rolle.

»Und Gott sprach«

Hatte man nach der Verengung des Lesestoffs in der 2. Klasse auf relativ abstrakte Texte mit einem manichäischen Gut-Böse-Schema in der nächsthöheren Klasse eine Erweiterung des Blickfeldes auf die wirkliche Umwelt der Schüler erwartet, ist das Gegenteil der Fall. Lese- und Erzählstoff der 3. Klasse halten den Waldorfschüler nun in der Welt biblischer Geschichten des Alten Testaments fest: von Adam und Eva, Kain und Abel, über Esau und Jakob, Daniel in der Löwengrube bis hin zu der Zeit vor dem Erscheinen von Jesus Christus. Bei dem Titel »Und Gott sprach« handelt es sich um kein Lesebuch für den Religionsunterricht, wie zu vermuten wäre, sondern für den Deutschunterricht. Seine Anwesenheit im Lehrplan geht auf die Anregung Rudolf Steiners zurück, den Kindern im 3. Schuljahr Geschichten des Alten Testaments zu erzählen, damit »der Unterricht alles nacherleben läßt im Erwachen des kindlichen Bewußtseins, was die Menschheit als solche hatte durchmachen müssen«.[17] Die »seelische Entwicklung der Menschheit« wird hier in Korrelation zu den Jahrgangsstufen der Waldorfschule gesetzt. Das Kind der 3. Klasse unserer Zeit, so wird unterstellt, entwickelt sich noch einmal vom Griechen zum Hebräer.[18]

Die Waldorfpädagogik sieht es an dieser Stelle als wichtiger an, daß die Schüler nacherleben, was »die Menschheit als solche hat durchmachen müssen«, als daß ihnen Orientierungshilfen und Identifikationsmöglichkeiten an die Hand gegeben werden für das, was sie selbst durchmachen müssen.

In der 1. Klasse der Waldorfschule werden Märchen erzählt, weil sie nach anthroposophischem Verständnis nicht etwa eine, sondern die diesem Lebensalter entsprechende Wahrheit darstellen. In der 2. Klasse hält die Waldorfpädagogik das Lesen und Erzählen von Fabeln für angemessen, denn es »stellt sich dann die erste bewußte zartpersönliche Beziehung zwischen dem Kind und seiner Umwelt her«.[19] In der 3. Klasse steht das Kind »noch voll drinnen ... im Wirken schöpferisch-göttlicher Kräfte, die an seinem eignen Körper in Gestaltung und Wachstum bauen«, doch »beginnt nun allmählich sein persönliches Seelenleben sich in sich selbst abzuschließen«.[20] Eine solche Sichtweise der seelischen Entwicklung des Kindes entbehrt jeder empirischen Grundlage, und was eine »erste bewußte zart-persönliche Beziehung zwischen dem Kind und seiner Umwelt« sein soll, bleibt das Geheimnis der Herausgeberin des Buches, Caroline von Heydebrand.

Es ist jedoch aufschlußreich, der Spur dieser verwaschenen Begrifflichkeit weiter zu folgen. Da nun die »Volksseele der Hebräer« in ihrer geschichtlichen Entwicklung

Schülerzeichnung, 5. Klasse

nach dieser Auffassung einen ähnlichen Prozeß durchge-
macht hat, sei es heilsam, sozusagen »ein geburtshelferi-
scher Prozeß für sein Ich«, dem Drittkläßler biblische Geschichten zunächst zu erzählen und sie ihn dann lesen zu
lassen. Das Lernziel soll hierbei sein: die Kinder das Sym-
bolische an diesem Schritt erkennen und die moralische
Wertung wirksam werden zu lassen.[21] Die moralische Wertung wäre dabei: Das Gute siegt über das Böse, in anthroposophischer Formulierung: Die Lichtkräfte siegen über
die Kräfte der Finsternis, der Mensch ist Gott unterworfen,
der alles nach seinem Gesetz regelt. Lebte der Schüler im
Deutschunterricht der 1. und 2. Klasse in einer Welt von
Märchenfiguren, guten Geistern, Gnomen, Elfen und Engeln, kommen in der 3. Klasse vermehrt Tunichtgute sogar
Brudermörder hinzu. Er ist mit dem Stoff alttestamentarischer Erzählungen, ihrer Symbolik und den Figuren von
Propheten, Königen, Heiligen und Anti-Heiligen konfrontiert. Das Waldorflesebuch präsentiert eine Welt, in der das
Böse ausschließlich als Sache jedes einzelnen erscheint,
nicht etwa auch als gesellschaftlich begründet.

Stellvertretend für viele andere Texte aus dem Lesebuch
»Und Gott sprach« soll hier die Geschichte von Kain und
Abel stehen:

»Adam und Eva bekamen mehrere Söhne und Töchter. Die
ältesten derselben waren Kain und Abel. Kain, der Stärkere, wurde ein Ackersmann, Abel ein Schäfer. Abel war
gerecht, Kains Werke dagegen waren böse. Nun brachten
einst beide dem Herrn zum Dank für Seinen Segen ein Opfer: Abel von den Erstlingen seiner Herde, Kain von seinen
Feldfrüchten. Da sah der Herr mit Wohlgefallen auf Abel
und sein Opfer; aber auf Kain und sein Opfer sah Er nicht.

Darüber wurde Kain so neidisch und zornig, daß sein Angesicht ganz einfiel.

Der Herr stellte ihn deswegen zur Rede und sprach: ›Warum bist du so zornig und warum ist dein Angesicht so eingefallen? Wenn du Gutes tust, so bist du Mir so lieb, wie dein Bruder, tust du aber Böses, so wird die Strafe dafür sogleich vor der Türe sein. Bezwinge die Lust zur Sünde und herrsche über sie!‹ Kain hörte aber nicht auf den Herrn, sondern behielt den Neid und Zorn in seinem Herzen. Eines Tages sagte er zu seinem Bruder: ›Komm, wir wollen miteinander auf das Feld hinausgehen!‹ Als sie draußen waren, erhob sich Kain gegen seinen Bruder Abel und schlug ihn tot.

Da sprach der Herr zu Kain: ›Wo ist Abel, dein Bruder?‹ Kain antwortete: ›Ich weiß es nicht. Bin ich denn der Hüter meines Bruders?‹ Gott sprach zu ihm: ›Was hast du getan? Das Blut deines Bruders schreit von der Erde zu Mir herauf. Deswegen sei verflucht auf der Erde, die durch deine Hand das Blut deines Bruders getrunken hat. Wenn du sie anbaust, wird sie dir keine Frucht geben. Unstet und flüchtig sollst du sein auf Erden!‹

Kain sprach zu dem Herrn: ›Meine Schuld ist zu groß, als daß ich Verzeihung verdiente! Ich muß mich vor Deinem Angesicht verbergen, und wer mich findet, wird mich töten.‹ Der Herr erwiderte: ›Das soll keineswegs geschehen; sondern wer Kain tötet, soll es siebenfach büßen.‹ Und Gott machte ein Zeichen an Kain, damit ihn niemand töte. Kain aber ging weg vom Angesichte des Herrn und zog umher, ohne Ruhe zu finden.«[22]

Alttestamentarische Texte wie der obenstehende passen deswegen hervorragend in den Lehrplan der Grundstufe, weil sich mit ihnen die bereits in den ersten beiden Klassen begonnene Moralerziehung jetzt auf dem Hintergrund christlichen Welt- und Kulturverständnisses fortsetzen läßt. Der Lehrer steht vor dem Schüler als unbefragte Autorität, die genau wie der strafende Gott des Alten Testaments die Sünden jedes einzelnen Schülers ahnden kann und dies auch tut. Sogar das Kainsmal findet, wie in der Darstellung körperlicher Züchtigung weiter oben beschrieben, Verwendung. Und so wimmelt es in diesem Lesebuch von Sündern, Sünde und dem mit Feuer und Schwert richtenden patriarchalen Gott. Hier findet der Schüler genügend abschreckende Beispiele für den Rest seiner gesamten Schulzeit.

In der 3. Klasse der Staatsschule dagegen weisen die Lesebücher eine Vielzahl von unterschiedlichen Texten auf, vor allem auch humorvolle und spannende Geschichten von Kästner, Härtling, Rühmkorf, Nöstlinger und anderen, die alle etwas mit der wirklichen Welt des Schülers zu tun haben. Der Waldorfschüler hingegen sitzt im Reagenzglas der Anthroposophie, wo die von frommem Ernst geprägten Erzählungen seines Lehres zu den »Tiefen seines Bewußtseins sprechen«.[23] Wenn er lange genug gelauscht, die Geschichte des althebräischen Volkes durchwandert hat, darf er weiter erfahren: die Heldensagen der Germanen und Griechen und so weiter, bis er schließlich in der 12. Klasse in der Gegenwart anlangt, um dann »das eigene Volk und die Völker der Erde, unter denen es wohnt, liebend zu umfassen«.[24] Faßt man die Lehrplanbegründung zusammen, bleibt als Resultat, daß die Schüler weniger etwas Konkretes lernen sollen als vielmehr »nacherleben«, sich identifizieren mit den vermuteten Seelenlagen anderer Völker, Reifeschritte symbolisch nachvollziehen und das eigene Volk nicht etwa begreifen, sondern

Bedrohung durch die Geister.
Schülerzeichnung aus dem Religionsunterricht, 5. Klasse

»liebend umfassen«. »Moralische Wirkungen« müssen sie dabei fortlaufend implizit in den Texten und explizit durch den Lehrer über sich ergehen lassen. Der Schüler erfährt dabei aber nicht die Relativität und Problematik von Werte- und Normenfindung, sondern eine Absolutsetzung alttestamentarischer Werte und Normen im Kontext einer freichristlichen Weltdeutung.

Wirbt die Waldorfschule mit dem Slogan von der »Erziehung vom Kinde aus« oder gar mit »Erziehung zur Freiheit«, so wird hier einmal mehr deutlich, daß diese Erziehung nur wenig mit dem Kinde, aber sehr viel mit anthroposophischer Menschensicht zu tun hat. Es findet eine Forsetzung religiöser Moralerziehung statt.

Die Begründung für die Anwesenheit der biblischen Geschichten im Unterricht der 3. Klasse weist in diesem Fall deutlich erkennbare Spuren von Steiners eigenwilligem Denken auf. Caroline von Heydebrand parallelisiert im »Nachwort für die Erwachsenen« den Reifeprozeß des neunjährigen Kindes mit der Entwicklungsgeschichte der Hebräer, die noch eine »Führerwesenheit, den Vatergott verehren müssen, weil sie sich selber noch nicht leiten können«. Dazu formuliert sie: »Ein Menschengeschlecht, das in ständigem Wechsel zwischen ehrfürchtig-gehorsamer Hingabe an das Göttliche und zwischen trotzigem Sich-selbst-Finden und -Behaupten seine weltgeschichtliche Entwicklung durchmacht, bis zu der Zeit, wo es reif wird, in einem seiner Volksgenossen jene erhabene Wesenheit Mensch werden zu lassen, die dann jedem einzelnen Menschen auf dem Erdenrund die Kraft geben wird, sich selbständig als Ich zu führen und zu leiten.«[25] An anderer Stelle anthroposophischer Ausführungen wird der in diesem Kontext vielleicht unauffällig erscheinende Heydebrandsche Halbsatz – »sich selbständig als Ich zu führen und zu leiten« – deutlicher beschrieben. Im Zusammenhang mit dem »Überhellsichtigen«, der, um die »übergeistige Welt« erkennen zu können, »esoterische Willensarbeit« leistet, heißt es im »ABC der Anthroposophie«: »Er muß sich selbst auslöschen. Die Seele steht dann buchstäblich als ein Nichts vor dem Nichts. Hat der Mensch die nötige Seelenstärke erworben, um diesen Schritt bewußt zu tun, ›dann tauchen ihm aus dem selbst hervorgerufenen Vergessen die wahre Wesenheit des Ich auf‹(Steiner). Dieses ›wahre Ich‹ existiert in der übergeistigen Welt als eine von seiner Umgebung ›relativ unabhängige, selbständige Wesenheit‹ (Steiner).«[26]

Die Heydebrandsche Formulierung »sich selbständig als Ich zu führen und zu leiten« Iäßt noch etwas durchscheinen von der an der Grenzlinie zum »normalen« Denken liegenden Auffassung Rudolf Steiners, wie sie sich in seiner »Akasha-Chronik« manifestiert hat. Nur dem seelisch Gespaltenen erscheint es erstrebenswert und möglich, sein Ich von außen zu führen und zu leiten oder gar leiten zu lassen. Steiner halluziniert hier offenbar Geist, Geister, Engel, sogar eine Christuswesenheit und sonstige Erscheinungen, die ihm dann als selbständige reale Wesen von außen also aus der »Geisterwelt«, gegenübertreten. Steiners »Hellsichtigkeit« Iäßt ihn sogar sehen, daß die Menschheit der Zukunft unsterblich sein werde, sie dahin komme, »ihren Verkehr mit der Umwelt willkürlich zu regeln, das heißt ihr Leben wird nicht ohne ihren Willen unterbrochen. Sie ist Herr über Leben und Tod geworden.«[27] Der Psychiater Wolfgang Treher kommt in diesem Zusammenhang zu dem Schluß: »Die durch Kontaktverlust abhanden gekommene äußere Welt wird aus der eigenen See-

lensubstanz ersetzt. Wer dies an sich erlebt, muß zu der Ansicht kommen, daß sein Leben von äußeren Daseinsbedin-
gungen nicht mehr abhängt.«[28]

Geht man davon aus, daß Steiner in jenen Sätzen aus der
»Akasha-Chronik« unfreiwilligerweise seinen eigenen
Geisteszustand bzw. seine Pathologie beschreibt, was sich
mittelbar auch in der Lesestoffbegründung für die 3. Klasse
findet, muß der Schluß lauten: Die Waldorfpädagogik re-
produziert in ihrem Lehrplan sowie in ihrer historischen
und psychologischen Auffassung vom Menschen die verschiedenen Stufen der Steinerschen Halluzinationen, aus
denen die Vergangenheit und die Zukunft der Menschheit
erklärt werden.[29]

Eine solche Begründung für Thema und Stoff einer 3.
Klasse wäre so gesehen die Fortsetzung des Steinerschen
Wahndenkens mit anderen Mitteln. Sicher ist zutreffend,
daß dieser »Wahnsinn Methode hat«, doch wird er da-
durch nicht gemildert.[30] Dies gilt in vielfach modifizierter
Gestalt auch für die Stoffauswahl der höheren Klassen.
Hieraus ergeben sich die besondere Sicht der Ur- und
Frühgeschichte, die zur Geschichtsklitterung wird, die
Sicht auf Mensch, Tier, Pflanze, Mineralien, Sprache und
so weiter und so fort.[31] In diesem Lichte gesehen, entstehen starke Zweifel, ob die pädagogischen Ratschläge, die
Rudolf Steiner gab, »von ihm so ausgesprochen wurden,
als wenn sie vom Genius des sich entwickelnden Kindes
selber ersehnt würden«.[32]

Es bleibt festzuhalten, daß der Lesestoff für die 2. und 3.
Klasse der Waldorfschule den Wunschvorstellungen ihrer
Lehrer von einer idealen, anthroposophisch gefärbten Welt
entspricht; dabei weisen die gewählten Texte (vor allem die
des Lesebuchs der 2. Klasse) durchaus Merkmale von

Schundliteratur auf, gerade wenn sie der Feder von führenden Anthroposophen wie Rudolf Steiner oder Albert Steffen entstammen. Der eine oder andere ebenfalls vorkommende Reim oder Text von Goethe, Tolstoi oder Mörike kann daran wenig ändern. Auch Texte dieser Autoren werden bevorzugt dann ausgewählt, wenn in ihnen Wörter wie Himmel, Gott, Sonne vorkommen oder sich scheinbar in ihnen anthroposophische Glaubenssätze finden lassen. Schwerlich hat aber das Gros der pseudo-religiösen, von frommem Ernst geprägten Texte etwas mit den Umständen des Lebens der Schüler zu tun, und schwerlich werden sie durch solche Texte etwas lernen, was ihnen helfen könnte, ihre Welt, ihre wirklichen Konflikte zu verstehen und zu bewältigen. Mit Sicherheit verstärken sie aber Schuldgefühle, weil kein Kind so gut sein kann, wie dies ihm die präsentierten Texte suggerieren.[33]

Der ideologische Charakter

Totalitäre Merkmale

Der Einheitscharakter der Waldorfschule zeigt sich nicht nur in der zwar ungewöhnlichen, aber dennoch stereotypen Architektur[1], sondern auch in den Farb–, Organisations–, Handelns–, ja sogar Denk- und Argumentationsmustern. Deutlich erkennbar sind stets auch die künstlerischen und handwerklichen Produkte. Wer einmal Bilder gesehen hat, die unter waldorfpädagogischer Anleitung entstanden sind, Schnitzwerke usw., wird sie unter anderen immer wieder erkennen. Zu sagen, sie glichen sich zum Verwechseln, wäre übertrieben, aber »wie sie gestrickt sind«, läßt sich auf Anhieb erkennen.

Das Waldorf-Paradigma scheint nur die gleiche Waldorfwelt einschließlich der in ihr erzeugten Produkte hervorbringen zu können, wo immer diese entstehen mögen: ob in Deutschland, Schweden, Neuseeland oder anderswo. Insofern widerspricht der Einheitscharakter gerade auch des künstlerischen Unterrichts der zu Werbezwecken aufgestellten Behauptung, die Individualität jedes Schülers werde mehr gefördert als in anderen Schulen. Es ist vielmehr zu fragen, ob jemand, der während seiner gesamten Schulzeit waldorfspezifische Bilder gemalt hat, später noch zu seinem eigenen Ausdruck kommen kann.

Was für alle stark ideologisierten Erziehungssysteme charakteristisch ist, gilt auch für die Waldorfschule: die intensive Zusammenarbeit mit dem Elternhaus, insbesondere der Versuch, über die Eltern auf das Kind im Sinne der

Schule einzuwirken, in weltanschaulicher Hinsicht möglichst an einem Strang zu ziehen. Dies nimmt, abgesehen von regelmäßig stattfindenden Elternabenden und Elterngesprächen mit dem Klassenlehrer, vor allem die Form von »Fortbildungsangeboten« an. Kinder von Eltern, die sich zu einer solchen Zusammenarbeit nicht von vornherein bereit erklären, nimmt die Waldorfschule nicht an. Sehen sich Eltern gegenüber der Staatsschule in den meisten Fällen als Anwalt ihres Kindes, haben sie aufgrund ihrer eigenen Schulerfahrung in der Regel das Gefühl, mitreden zu können, so werden sie an der Waldorfschule aufgrund des besonderen pädagogischen Konzeptes leicht in die Rolle von Erziehungsgehilfen der Schule gedrängt und sehen sich Experten gegenüber, denen sie aus Mangel an Wissen um Rudolf Steiners Menschenkunde meist nur zustimmen können.

Daß man früh anfangen muß, wenn man die Herzen und das Denken von Kindern erobern will, ist kein Geheimnis. Aus diesem Grund nimmt die Waldorfschule am liebsten Kinder auf, die bereits im eigenen Kindergarten entsprechend sozialisiert wurden, denen die Umgebung »normal« erscheint; Kinder also, die nicht zu viele »unnötige« Fragen stellen.

Doch das sind Idealvoraussetzungen. Die Waldorfschule nimmt auch Kinder an, die nicht im Waldorfkindergarten sozialisiert wurden. Dies ist wiederum nicht ihrer Liberalität zuzuschreiben, sondern dem einfachen Grund, daß sie ihre Klassen füllen muß, will sie finanziell tragbar sein. Außerdem hat sie als Bestandteil der anthroposophischen Bewegung das Bestreben, sich auszubreiten. Dabei braucht sie noch nicht einmal zu missionieren; denn die Waldorfschule ist Mission. Sie hat dabei die Möglichkeit, die Welt über ihre Schüler zu verändern. Damit stellt sie nicht nur eine Weltverbesserungsschule, sondern auch ein Politikum dar.

Die Waldorfschule befindet sich gegenüber jedem Kind, das nicht an ihre spezifische Umgebung gewöhnt ist, immer von neuem in der Situation, es an ein anachronistisches Symbol-, Werte- und Glaubenssystem gewöhnen zu müssen. Aus Waldorfsicht ist es darum erwünscht, daß im Elternhaus des anzumeldenden Kindes eine »positive Einstellung zum Christentum lebt«. Es ist – unter Vortäuschung einer Identität mit dem anthroposophischen Christentum – die Anbindung an die allgemeine Kultur und der kleinste ideologische Nenner, auf dem sich Waldorfschule und Elternhaus treffen sollten.

Sie muß bei der Durchsetzung ihres sakralen Wertesystems stets mit Widerständen rechnen, da ihm die profanen gesellschaftlichen Umstände außerhalb der Waldorfwelt nicht entsprechen. Die Waldorfgemeinde muß sich dazu in irgendeiner Form gegen die Einflüsse von »außen« abschirmen. Darum ist ihre Subkultur so angelegt, daß jeder Anhänger alle seine Bedürfnisse in ihr befriedigen kann; denn es liegt im Interesse jedes totalitären Systems, nach Möglichkeit die gesamte Zeit des einzelnen mit Beschlag zu belegen, sein ganzes Leben auszufüllen. Dem kommt entgegen, daß Waldorfschulen in der Mehrheit als Ganztagsschulen organisiert sind.

Die Waldorfschule ist auch eine Welt des ständigen Appells an die Einsatzbereitschaft des Lehrers. Er muß sich fortwährend fragen, was er mit seinem pädagogischen Handeln »eigentlich will«. Mobilisiert wird er gleichfalls durch das Gefühl, das vollkommene innere Glück sei möglich, wenn er nur recht handelt, wenn er selbst »rein, fromm und gut« ist. Je fehlerhafter und unvollkommener

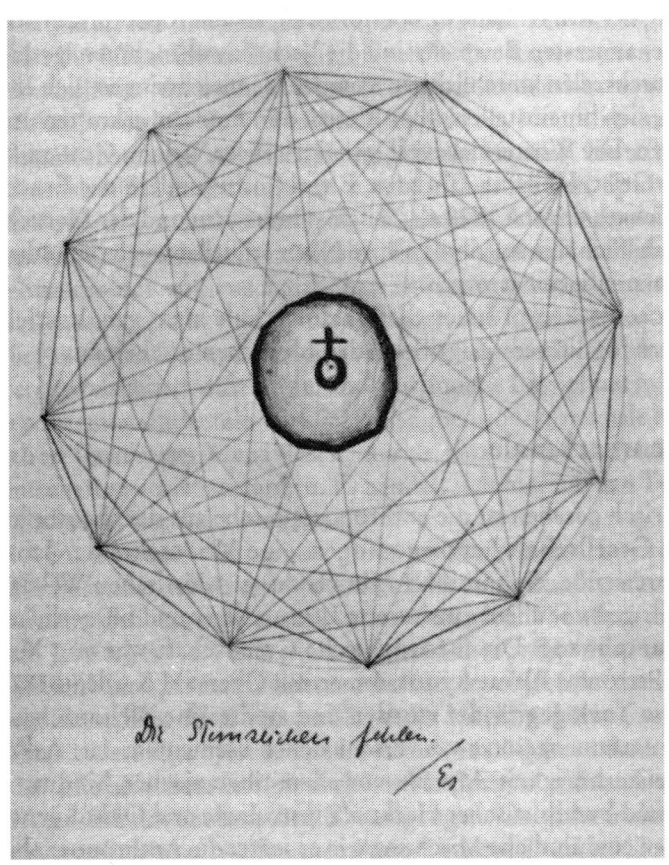

Geometrieunterricht.
Schülerzeichnung, 6. Klasse

seine Schüler sind, desto schneller muß er sich in der Lauftrommel seines utopischen Programms der »Erziehung zum vollkommenen Menschen« bewegen. Insofern ist anthroposophische Waldorfpädagogik für ihre Vertreter nicht nur eine Art Heilslehre, sondern auch äußerst anstrengend. Das Syndrom des Burning-out, des Verschleißes menschlicher Arbeitskraft, ist ein häufig zu beobachtendes Phänomen.

Die Schüler sind durch die ständig neben dem Unterricht stattfindenden erwähnten Veranstaltungen so stark eingebunden und gefordert, daß sie kaum Zeit finden, Altersgenossen kennenzulernen, die nicht zur Subkultur Waldorfschule gehören. Es ist auch erklärte Absicht, »daß sich um die Schulen eine schützende Hülle bildet, innerhalb derer die Schulgemeinschaft von Eltern, Lehrern und Schülern lebt«, sollen doch die »jungen Menschen vor den schädlichen Folgen eines materialistischen Zeitalters geschützt werden«.[2] Der typische Waldorflehrer verkehrt in der Regel mit Gleichgesinnten, ein Phänomen, das Haack »Festungskomplex« genannt hat. Dies führt zu gewissen geistigen Inzuchterscheinungen nicht nur an den Schulen, sondern auch auf pädagogischen Seminaren und Tagungen, auf denen immer wieder von den gleichen anthroposophischen Texten und Denkmustern ausgegangen wird; es führt zu einer Verarmung der Bücherregale in Schul- und Lehrerbibliotheken, auf denen anthroposophische oder entsprechend nutzbare Literatur dominiert; es führt sogar zu einer waldorftypischen Ausdrucks- und Redeweise sowohl dem Sprachduktus, der von Gestaltung überformt ist, als auch dem Inhalt nach. Die bekanntesten Beispiele sind die Verben: wahrnehmen, gestalten, durchseelen, durchlichten, eintauchen, mitschwingen, sich eingeben, sich hineinstellen, impulsieren, durchpulsen, erkraften und kunsten. Die Wörter liebevoll, geistig, höhere Welten, Gott, göttlicher Geist, Heiland, Christus, Engel (insbesondere der Erzengel Michael, der seit 1879 als Zeitgeist herrschen und der Menschheit behilflich sein soll, ihre geistige Natur schneller wiederzufinden) kommen inflationär vor.

Solche Praktiken lassen die Waldorfschule nicht ganzheitlich sondern totalitär im Zugriff auf den Menschen erscheinen.

Sektenmerkmale

Historisch gesehen ist die anthroposophische aus der theosophischen Gesellschaft hervorgegangen, eine Modesekte der Jahrhundertwende, die mit ihrer Hinwendung zu östlichen Weltanschauungen vor allem gutsituierte Leute adliger und bürgerlicher Herkunft anzog. Die theosophische Gesellschaft war von Madame Petrowna Blavatsky zusammen mit Oberst H. S. Olcott 1875 in New York gegründet worden und stellte eine Weltanschauung, zusammengesetzt aus verschiedenen Elementen, dar: Askese, Meisterhörigkeit, Mystik, vor allem tibetanischer, hinduistischer und buddhistischer Herkunft, Astrologie und Okkultismus bildeten eine ähnliche Mischung wie es später die Anthroposophie sein sollte. Rudolf Steiner fungierte als Generalsekretär der theosophischen Gesellschaft von 1902 – 1913. Sein Bruch mit ihr läßt sich im wesentlichen zurückführen auf die unterschiedliche Bewertung der Gestalt Jesus Christus. Die Mitglieder der theosophischen Gesellschaft sahen diesen als einen unter vielen Weltenführern an, während er für Steiner Mittel- und Wendepunkt der

Menschheitsgeschichte darstellte. Zusammen mit dem größten Teil der deutschen Theosophen trat Steiner 1913 aus der theosophischen Gesellschaft aus und gründete die anthroposophische.

In den Augen der Amtskirchen stellen die Anthroposophie und die mit ihr assoziierte Christengemeinschaft eine Form der Abweichung vom rechten Glaubensweg dar. Sie sehen in ihnen eine Konkurrenz und betrachten und erforschen aus theologischer Sicht ihr öffentliches Tun und Handeln. Im sogenannten »Sektenhandbuch« der evangelisch-lutherischen Landeskirche werden Anthroposophen unter Freikirchen, Sekten, Neureligionen als Weltanschauungsgemeinschaft aufgeführt. D. Kurt Hutten charakterisiert die Anthroposophen neben Theosophen, Spiritisten, Rosenkreuzern und anderen als »übersinnlich orientierte Weltanschauungsgemeinschaft«: »Sie gibt der Vernunft und den Ergebnissen der wissenschaftlichen Forschung einen geringeren Stellenwert und beruft sich stattdessen auf Erkenntnisquellen, die für sie die Bedeutung von Offenbarungen haben – alte Mysterienweisheiten, durch ›Meister‹ gewonnene Einsichten in höhere oder transzendentale Wirklichkeitsdimensionen, mediale Kundgaben jenseitiger Geistwesen, durch Kontaktler empfangene Botschaften von Planetariern. Es handelt sich hier um den Typ der okkulten Weltanschauung.«[3]

Anstoß erregen Anthroposophie und Christengemeinschaft mit ihrer besonderen Auslegung der Bibel, die unter Zuhilfenahme von Steinertexten neu gelesen und verstanden wird. Vor allem die Gestalt Jesu wird von Steiner in amtskirchlicher Sicht völlig »widerbiblisch« interpretiert. Nicht nur habe es zwei Jesusknaben gegeben, die sich im Alter von zwölf Jahren vereinigt hätten, sondern dieser

»vereinigte« Jesus habe im Alter von 30 Jahren dann Christus, »die hohe Sonnenwesenheit«, in sich aufgenommen. Das Blut dieses Christus, das bei seiner Kreuzigung zu Golgatha in den Erdboden geflossen sei – der sogenannte Christus-Impuls –, habe für die Menschheitsgeschichte die große Wende bedeutet: den geschichtlich-kosmisch errungenen Sieg des Geistes über die Materie. Durch diesen Christus, der das Ich des Lebewesens Erde darstelle, strebe der siebenstufige Entwicklungspfad des Menschen wieder dem Reingeistigen zu.[4]

Da der nichtesoterische christliche Glaube aber keineswegs die Befreiung aus dem Stofflichen ins Reingeistig-Übersinnliche als Grundgedanken hat, versuchen die Sektenbeauftragten der Amtskirchen immer wieder auf die zahlreichen Abweichungen von Anthroposophie und Christengemeinschaft hinsichtlich der Bibel aufmerksam zu machen. Sie weisen daraufhin, daß christliche Erziehung aus der Sicht der Amtskirchen mit den weltanschaulichen Prinzipien der Waldorfpädagogik nicht vereinbar sei.

Die Tatsache, daß an Waldorfschulen katholischer, evangelischer und freichristlicher Religionsunterricht als Fach unterrichtet wird, kann fast als Tarnung bzw. Zugeständnis an Elternwünsche und Öffentlichkeit angesehen werden. Welche Bedeutung der Beibehaltung des Religionsunterrichts als Kompromißlösung zukommt, zeigt der Fall eines Ausschlusses aus dem Bund der Freien Waldorfschulen. Er ereignete sich im Jahre 1986 in Kempten. Der Konflikt zwischen der Freien Waldorfschule Kempten und dem Bund der Freien Waldorfschulen war aufgebrochen, als eine starke Fraktion der Kemptener Schule unter ihrem Gründer durchsetzen wollte, keinen separaten Religionsunterricht mehr zu erteilen, da Religion praktisch in jedes einzelne Fach einfließe. Der Bund der Freien Waldorfschulen jedoch sah es als unabdingbar an, daß Religionsunterricht als Fach an jeder Waldorfschule unterrichtet werden müsse, da dies im Sinne von Rudolf Steiner liege und überdies der gute Ruf aller Waldorfschulen gefährdet sei, verzichte man auf das Angebot von separatem Religionsunterricht. So gesehen, wären die Waldorfschulen wenn schon nicht Weltanschauungsschulen, dann doch Religionsschulen.[5]

Klar hat sich in dieser Hinsicht auch Rudolf Steiner in einem Vortrag ausgesprochen: »Wir werden ja mit Bezug auf die Unterweisung von Religionsunterricht Kompromisse schließen müssen; das wissen Sie ja. Dadurch wird in unseren übrigen Unterricht dasjenige nicht hineinfließen können, was einmal allen Unterricht als religiöses Element wird durchseelen können. Daß wir solche Kompromisse schließen müssen, rührt davon her, daß eben die Religionsgesellschaften sich heute in einer kulturfeindlichen Weise zur Welt stellen.«[6] Religiöse Elemente sind direkt in vielen Unterrichtsinhalten, indirekt durch ihre Auswahl, aber auch in vielen Ritualen nachweisbar. Jeder Hauptunterricht wird zum Beispiel eingeleitet mit einem Spruch, dem Morgengebet, das anthroposophische Denk- und Sprachmuster widerspiegelt. Von der 1. bis zur 4. Klasse wird folgendes Gebet gesprochen:

> »Der Sonne liebes Licht,
> Es hellet mir den Tag;
> Der Seele Geistesmacht,
> Sie gibt den Gliedern Kraft;
> Im Sonnen-Lichtes-Glanz
> Verehre ich, o Gott,
> Die Menschenkraft, die Du

In meine Seele mir
So gütig hast gepflanzt,
Daß ich kann arbeitsam
Und lernbegierig sein.
Von Dir stammt Licht und Kraft,
Zu Dir ström Lieb' und Dank.«

Von der 5. bis zur 13. Klasse wird folgendes Gebet gesprochen:

»Ich schaue in die Welt;
In der die Sonne leuchtet,
In der die Sterne funkeln;
In der die Steine lagern,
Die Pflanzen lebend (sic!) wachsen,
Die Tiere fühlend leben,
In der der Mensch beseelt (sic!)
Dem Geiste Wohnung gibt;
Ich schaue in die Seele,
Die mir im Innern lebet.
Der Gottesgeist, er webt
Im Sonn- und Seelenlicht,
Im Weltenraum, da draußen,
In Seelentiefen, drinnen.
Zu Dir, o Gottesgeist,
Will ich bittend mich wenden,
Daß Kraft und Segen mir
Zum Lernen und zur Arbeit
In meinem Innern wachse.«[7]

Diese Art Gedichtgebete erwecken wie die anderen schon analysierten anthroposophischen Poesieversuche den Ein-

druck von zur Feierlichkeit erhobener Banalität, von all-
morgendlicher Erziehung zum schlechten Geschmack, was
bei vielen Schülern zu einem gestörten Verhältnis zur Lyrik
schlechthin geführt hat. Dabei stellt die Sonne, in die
Schüler und Lehrer gemeinsam schauen, jeweils etwas ganz
Verschiedenes dar. Die anthroposophische Sonne muß vor
einem spirituellen Hintergrund gesehen werden. Bei Johannes Hemleben heißt es dazu: »Rudolf Steiner ... spricht
... von dem erhabenen Sonnenwesen Christi, für das die
sichtbare Sonne bis zu seinem Erdenabstieg Lebensschau-
platz war.«[8]

Wurde noch in den sechziger Jahren in verschiedenen
Bundesländern öffentlich für die Trennung von Schule und
Kirche, um die Verfassungsmäßigkeit von Morgengebeten
an öffentlichen Schulen (in Hessen zum Beispiel) gestritten
und gegen die Beibehaltung des Morgengebets entschieden, so existiert seit 70 Jahren in Gestalt der Waldorfschule
das Kuriosum einer Verschmelzung von Schule und Kirche,
in der religionsähnliche Formeln von Schülern und Lehrern
in tagtäglich wiederkehrenden Ritualen auf den Lippen bewegt werden.

Die Mehrheit aller Lehrer an Waldorfschulen sind Anthroposophen, zudem viele gleichzeitig der Christengemeinschaft angehörig. Die meisten Lehrinhalte sind anthroposophisch
begründet und durchdrungen; auf diese Weise wird der Un-
terrichtende, auch der Nichtanthroposoph, zu einem Vermittler und die Schule zu einem Ort intensiver direkter und
indirekter Ausstrahlung dieser Weltanschauungsrichtung.[9]

Das »Sektenhandbuch« beleuchtet dies von der prak-
tisch-organisatorischen Seite: »Die Anthroposophische
Gesellschaft verlangt von ihren Mitgliedern keinen Kir-

AKUSTIK

Die Stoffe enthüllen im Tönen und Klingen
Ihr innerstes Wesen, verborgenes Sein.
Die Tiere sie fallen mit Rufen und Singen
Im Chore der Schöpfung lobpreisend mit ein.

Der Mensch als das Abbild der Gottheit auf Erden
Läßt tönen im Worte geistiges Werden.
Und krönend den Erden und Himmelsgesang
Erfüllet die Welten der Sphärenklang.

Vermittlung »naturwissentschaftlicher« Erkenntnisse.
Physikunterricht, 6. Klasse

chenaustritt. In vielen Fällen treten Anthroposophen der Christengemeinschaft bei.«[10] Und weiter heißt es: »Die Anthroposophische Gesellschaft in Deutschland besteht als Verein mit fester Mitgliedschaft. Die Zahl der eingetragenen Mitglieder aber wird überboten von der des Freundeskreises, der sich vor allem aus Angehörigen der Christengemeinschaft und aus Mitarbeitern in Waldorf-Schulen und sozialen Werken zusammensetzt.«[11]

Ein Beispiel aus der Praxis soll zeigen, daß Anthroposophie nicht nur als schulische Alltagskost täglich serviert, sondern auch als Sonderangebot im Rahmen von Schultagungen in der Waldorfschule präsentiert wird.

Das folgende Dokument, Auszug aus einem Text, der in der Schulzeitschrift einer Waldorfschule abgedruckt war, ist verfaßt von einem Schüler, der an einem innerhalb der Schule veranstalteten Seminar über anthroposophische Fragen teilgenommen hatte, bei dem auch der 1. Vorsitzende der Allgemeinen Anthroposophischen Gesellschaft anwesend war. Der Text macht deutlich, daß der Schüler bereits durch die Waldorfschule – ohne es zu wissen – anthroposophisch sozialisiert worden war: »Zum ersten Mal fand innerhalb unserer Schule eine Gesprächsrunde statt, in der die Oberstufenschüler und viele Lehrer sich mit zwei erfahrenen Menschen, die sich in ihrem Leben eingehend mit der Anthroposophie beschäftigt haben, über aktuelle Fragen unterhalten wollten. Die Erwartung war auf beiden Seiten groß.

Die erste Frage, die wir Herrn ... stellten, war: »Was ist denn eigentlich Anthroposophie?«

»Tja«, sagte er, »das ist gar nicht so leicht, aber wesentlich ist, das Geistige in allem Physischen, in der Welt, im Menschen, im Kosmos zu erkennen.«

Dann gingen unsere Fragen zu einem Thema über, das mich persönlich brennend interessiert, was auch in unserem Gespräch immer wieder auftauchte: Die Frage nach der Wiedergeburt der Seele – Reinkarnation. Ist ein Leben nach dem Tod denkbar? Möglich? – Dazu hatte Herr … einen sehr wichtigen Beitrag geliefert. Das Erste, was mir auffiel, war, daß er sich dorthin stellte, wo ihn jeder in unserem Kreis sehen konnte: ein alter, weiser Mann mit leuchtenden Augen. Und dann erzählte er aus seiner Schulzeit als Waldorflehrer. Sanft und behutsam versuchte er, seinen Schülern den Gedanken an ein Leben nach dem Tode möglich zu machen, und da mußte er hören, wie ihm ein Schüler sagte: »Das weiß ich doch schon längst. Ich sehe doch jeden Tag deine früheren Erdenleben ganz deutlich vor mir!« Seit diesem Zeitpunkt begegnete er Schülern mit anderen Augen und er sagte uns, daß es immer häufiger vorkomme, daß Menschen eine andere Welt wahrnähmen. »Das müssen wir sehen und können uns nicht davor verschließen. Was wir uns für ein Urteil darüber bilden, bleibt uns ganz allein überlassen.« Aus diesem Zusammenhang erfuhren wir auch etwas über unsere Waldorfpädagogik. »Kein Schüler ist ein unbeschriebenes Blatt. Es kommt darauf an, ihm das Nützlichste auf diesem Wege mitzugeben; und das Geben ist ein urchristlicher Gedanke.«

Auffällig sind die von dem Schüler als positives Kennzeichen erwähnten »leuchtenden Augen« des »weisen, alten Mannes«, die Haack als psychomutatives Merkmal gedeutet hat; außerdem die Tatsache, daß ihm der Gedanke der Reinkarnation bereits geläufig ist. Das Beispiel aus der Waldorflehrerzeit des 1. Vorsitzenden, bei dem der Schüler in der Lage ist, die »früheren Erdenleben des Lehrers zu sehen«, ist nur dann erstaunlich, wenn man außer acht läßt, daß solche Gedanken den Schülern der Waldorfschule von der 1. Klasse an in immer neuer Gestalt nahegebracht werden. Bemerkenswert ist, daß der Schüler (11. Klasse) offenbar zum ersten Mal Gelegenheit hatte, über die Pädagogik zu reflektieren, der er seit vielen Jahren ausgesetzt ist.

Ausgelöst durch den anhaltenden Boom der Waldorfschulen und seine Ausweitung auf die fünf neuen Bundesländer sind die Aktivitäten der Sektenbeauftragten der Amtskirchen in letzter Zeit besonders stark. So erschien in 3. Auflage eine Orientierungshilfe über die Waldorfschule, herausgegeben vom Nordelbischen Kirchenamt in Kiel, die deutlich macht, daß die Waldorfschulen Weltanschauungsschulen sind. Unter anderem heißt es dort auf Seite 4: »Die tiefgreifenden Unterschiede zwischen der anthroposophischen Konzeption solcher Erziehung und einer am biblischen Menschenbild orientierten Erziehung sollten allerdings von evangelischen Eltern nicht übersehen werden.«

Die AKVES (Arbeitsgemeinschaft der katholischen Verbände für Erziehung und Schule) hat ein Informationsblatt unter dem Titel »Katholische Kinder in Waldorfschulen« herausgegeben und schreibt drastischer: »Die Waldorfpädagogik ist Einweihung in die Anthroposophie, die Anthroposophie ist mit dem christlichen Menschenverständnis und Glauben unvereinbar. (...) Eine katholische oder evangelische Erziehung hat aber bei der ganzheitlich anthroposophischen Ausrichtung der Schulen und ihrer Lehrer keinen Raum. (...) Fazit: Eine Erziehung im Sinne der katholischen Kirche ist an Waldorfschulen nicht möglich.«

Könnte gegenüber den katholischen und evangelischen Schulen ins Feld geführt werden, daß sie ebenfalls Weltanschauungsschulen seien, sogar gegenüber der Staatsschule, so trifft dieses Argument nicht die ganze Wahrheit. Denn diese Schulen legen ihr Bekenntnis, ihren Stoff offen dar, ihre Grundsätze sind allgemein bekannt, ohne besondere Schulungswege gehen zu müssen, nachvollziehbar und in der allgemeinen Kultur verankert. Um sie zu verstehen, bedarf es keiner besonderen Fortbildungsangebote und Einführungskurse in ihre Pädagogik. Eltern wissen also in der Regel, worauf sie sich einlassen. Das gleiche kann nicht von der Waldorfschule gesagt werden, deren Vertreter unentwegt wiederholen, sie sei keine Weltanschauungsschule. Dabei verwenden sie in der Regel das sophistische Argument: Nur die Methode, nach der gelehrt werde, sei anthroposophisch, nicht die vermittelten Inhalte. Denjenigen Lehrern, die die Hinweise Steiners inhaltlich nähmen, unterliefen »Ausrutscher«.[12] Da die Waldorfschule über keinen ausgefeilten Lehrplan verfügt, jedem anthroposophisch geschulten Lehrer aber größte Freiheit bei der Gestaltung seines Unterrichts zugestanden wird, dieser sich in der Regel aber an Steiners Hinweisen zum Unterricht orientiert, kann auch nicht überprüft werden, ob es sich bei den »Ausrutschern« tatsächlich um solche handelt oder ob systematisch ausgerutscht wird. Allein die Betrachtung der Schülerhefte, die Auswahl der Texte in den Grundstufenlesebüchern und ihre Begründung für den Lehrplan widerlegen dieses Argument. Abgesehen davon stimmt es nachdenklich, daß, wer nach der anthroposophischen Methode denkt, meditiert oder »intuisiert«, immer nur dieselben Engel, Erzengel, Wesen- und Gottheiten erkennt. Der Verdacht liegt nahe, daß viele Jünger dieser Lehre gleich von den Ergebnissen der Steinerschen Methode ausgehen und diese als Ziel der »Erkenntnis höherer Welten« ansehen. Und mit dieser Vorgabe stellt sich nach intensiver Meditation ohne weiteres jedes gewünschte Geistwesen ein, kann man die I-Kraft erleben, den Astralleib sehen, Engel, Erzengel, Throne usw.; man weiß ja ohnehin von Steiner, wie das alles aussieht. Sollte nicht auch für die Anthroposophen das Einsteinsche: »Die Theorie bestimmt, was wir sehen« gelten? Wenn die Trehersche These von der Schizophrenie Steiners zutrifft, dürfte es sogar ausgeschlossen sein, das Steinersche Erkenntnisverfahren auf »normalem« Weg nachzuvollziehen, stellen die Geistwesen und höheren Welten seine persönlichen Halluzinationen dar, aufbereitet und angereichert mit Orchideen des Denkens aus Orient und Okzident, die in der ideologischen Treibhausatmosphäre der Jahrhundertwende besonders üppig gediehen.

Mit dem Aufkommen einer Vielzahl von sektiererischen, religiösen oder halbreligiösen Gruppen in der Mitte der siebziger Jahre, wie Kinder Gottes, Mun-Sekte, Scientology-Kirche, Hare-Krishna, Divine Light Mission und andere, deren Werbefeldzüge sich vor allem auf Jugendliche konzentrierten, entstand auch der Begriff der Jugendreligion. Der postmaterialistische Mensch, insbesondere der neue Sozialisationstyp des narzißtisch auf sich bezogenen Jugendlichen mit seiner Anfälligkeit für Drogen und utopische Programme, die einem mehr oder weniger sinnentleerten Leben Halt zu versprechen schienen, stellte das ideale Opfer solcher Gruppen dar. Die Kultusminister der Länder, die diese Entwicklung mit Sorge beobachteten, führten Aufklärungskampagnen durch und gaben entsprechende Broschüren heraus.

Der 2. Sachstandsbericht der Landesregierung von Nordrhein-Westfalen zum Thema »Jugendreligionen« räumt ein, daß der Begriff eine Notlösung darstellt, da es für ihn keine eindeutige Begriffszuweisung gibt.[13] In dem Bericht heißt es hierzu: »Gegen diesen Begriff kann ebenfalls eingewendet werden, daß die mit ihm bezeichneten Gruppierungen weder ausschließlich aus jungen Menschen bestehen noch in jedem Fall religiöse Ziele verfolgen. Für ihn spricht jedoch, daß er unabhängig von den jeweiligen Besonderheiten der verschiedenen Gruppierungen benutzt werden kann.«[14]

Bezogen auf die anthroposophische Bewegung fördert die Verwendung des Begriffs Jugendreligion wie schon das Bestimmungsraster für psychomutative Gruppen bedenkenswerte Erkenntnisse zutage.

Abweichend von dem gewöhnlichen Schema, bei dem eine solche Gruppierung über ihre Vertreter an den Jugendlichen herantritt oder dieser sich von bestimmten Slogans anziehen läßt, ist es im Fall der Anthroposophie anders. Sie ist etabliert und gesellschaftlich weitgehend akzeptiert. Die Eltern selbst bringen ihre Kinder zur pädagogischen Wirkungsstätte Waldorfschule, und beide werden automatisch mit Grundgedanken der Anthroposophie konfrontiert. Ob daraus dann eine tiefere Beziehung zu dieser Weltanschauung wird, hängt von der jeweiligen psychischen Disposition der Eltern und Kinder ab.

Ähnlich wie die Jugendreligionen bedient sich die anthroposophische Bewegung einer esoterischen Symbolik. Ihre Lehre ist ein Konglomerat aus biblisch-christlichen Ideen und Elementen östlicher Religionen. Sie hat sich außerdem weltverändernde Ziele gesetzt, insbesondere die Schaffung eines neuen Christentums, das sie über das utopische Programm einer »Erziehung zum vollendeten Menschen« sowie über die Christengemeinschaft erreichen will. Dabei bezieht sie sich auf einen Guru, den »Menschheitsführer« Rudolf Steiner, der ihr in Gestalt seiner schriftlich

festgehaltenen Lehre ein interpretationsträchtiges Ver-
mächtnis hinterlassen hat.

Es ist lohnend, sich vor dem Hintergrund dieser Merkmale die zahlenmäßige Stärke der Waldorfeinrichtungen
vor Augen zu führen. Es gibt zur Zeit in Deutschland ca. 120
Waldorfschulen mit etwa 50 000 Schülern, dazu ca. 130 Waldorfkindergärten. Weltweit zählt man etwa 430 Waldorfschulen.[15] Allein in den letzten Jahren haben somit etwa
70 000 Schüler diese Schulen durchlaufen.

Deren öffentliche Anerkennung stellt eine beachtliche
politische Leistung dar. Es dürfte kaum eine andere religiöse Sondergemeinschaft mit derart massiver staatlicher
Unterstützung geben. Es liegt also hier, wenn man so will,
der erstaunliche Fall vor, daß eine weltanschauliche Bewegung, die ähnliche Strukturmerkmale aufweist wie Jugendreligionen bzw. psychomutatorische Gruppen, eine staatlich anerkannte Schule betreibt; dabei ist zu bedenken, daß
hier Anthroposophen nicht unter sich sind. Der Anteil von
aus nicht-anthroposophischen Elternhäusern stammenden
Kindern beträgt fast 80 Prozent. Erstaunlich ist dies insofern, als der gleiche Kultusminister, der die Waldorfschulen
finanziert, sich um die Gefährlichkeit von Gruppierungen
wie Jugendreligionen sorgt. So heißt es in dem Beschluß der
Ständigen Konferenz der Kultusminister der Länder vom
29. und 30. März 1979: »Die Kultusminister sind sich einig,
daß die Aktivitäten der Jugendreligionen nicht nur eine
Gefahr für die persönliche, geistige und psychische Entwicklung junger Menschen bedeuten, sondern auch eine
Herausforderung darstellen für diejenigen, die mit der Erziehung von Jugendlichen betraut sind, insbesondere für
Eltern, Lehrer und Erzieher.«[16]

Bezogen auf die Lehrerschaft der Waldorfschule muß

der letzte Halbsatz wie Ironie klingen, denn so gesehen hätte man hier doch die Böcke zu staatlich anerkannten Gärtnern gemacht.

In dem erwähnten Sachstandsbericht der Landesregierung wird weiter erläutert: »Wie in der Einzelbeschreibung dargestellt, handelt es sich bei den Jugendreligionen um Bewegungen und Gruppen mehr oder weniger religiösen Charakters, die ein gewisses Konfliktpotential enthalten. Die Konflikte entzünden sich vor allem an ihrer Autoritäts- und Führungsstruktur, an ihrer Stellung zu Staat, Gesellschaft und Elternhaus, ferner zu Sexualität, Ehe und Familie, am Gebrauch bewußtseinsverändernder Praktiken und an ihren Methoden der Finanzierung, des Sammelns und der Ausnutzung der Arbeitskraft ihrer Mitglieder.«[17]

Wie bereits geschildert, entzünden sich typische Konflikte an der Waldorfschule, die zwar in der Regel intern gehalten, teilweise auch unterdrückt werden können, am autokratischen Führungsstil der »internen Konferenz«, beim Versuch des Bundes der Freien Waldorfschulen, alle Schulen unter ihrer ideologischen Kontrolle zu halten und Neugründungen durch Gründungslehrer zu beeinflussen.[18]

Als typisch für solche Bewegungen kann auch das grundsätzliche Hintanstellen persönlicher Belange gegenüber den Interessen der Gemeinschaft gewertet werden. Beruf kommt hier von Berufung, es wird erwartet und in Schulkonferenzen immer wieder zu verstehen gegeben, daß der Lehrer sich »ganz in die Bewegung hineinzustellen hat«, daß er einen »Auftrag am Schüler auszuführen hat«.

In diesem Zusammenhang ist mir der Selbstmord eines schulischen Mitarbeiters in Erinnerung. Der von der Schule herausgegebene Nachruf wies folgende Passage auf: »Am frühen Morgen des ... traf unsere Schulgemeinschaft ein unerwartetes Schicksal. Unser lieber Mitarbeiter ... hat im ... Lebensjahr die Todesschwelle überschritten. Mit großer Anteilnahme gedenken wir seines Erdenlebens. (...) Herr ... war ein von äußerstem Pflichtbewußtsein geprägter Mensch, dem keine Arbeit zu viel war. Er half immer geduldig und freundlich, wo er konnte, und hat sich dabei verausgabt. Wir konnten uns auf ihn verlassen. Auf das, was er für die Schulgemeinschaft geleistet hat, blicken wir mit großer Dankbarkeit zurück.«

Die Schule »trifft hier das unerwartete Schicksal«, daß ein Mitarbeiter Selbstmord begeht. Der Mitarbeiter »hatte sich verausgabt. Glatt wurde nach diesem »Betriebsunfall« zur Tagesordnung übergegangen. Auch wenn die anthroposophische Bewegung das Gemeinschaftliche, das Mit- und Füreinander besonders betont, kann es also vorkommen, daß sie gelegentlich ihre eigenen Kinder frißt.

Dies trifft offenbar in besonderem Maße für anthroposophisch gefuhrte Kinderheime zu, wie Angestellte von dort zu berichten wissen. Sie müssen Tag und Nacht zur Verfügung stehen. Auf persönliche Interessen wird kaum Rücksicht genommen, selbst wenn bereits Schlafstörungen und Depressionen einen hohen Grad an Überarbeitung signalisieren. Beschwerden werden mit Scheinargumenten zurückgewiesen und in einen Vorwurf gegen den Betroffenen gewendet, wie etwa: Die Störungen rührten vom Granit unter dem Haus her, der nur labilen Persönlichkeiten zu schaffen mache.[19] Als einziger Ausweg bleibt dann meist nur die Kündigung.

Hinsichtlich der Finanzierung hat die Waldorfschule mit ihrer Anerkennung als öffentliche Ersatzschule einen nicht unbetrachtlichen Teil ihrer Kosten auf den Staat abgewälzt. Das ständige interne Sammeln für Schulzwecke und die

Beutelschneiderei am Gehalt der Waldorflehrer scheinen dennoch erforderlich zu sein. Diese Form des Edel-Bettelns macht einen festen Posten jeder anthroposophischen Buchführung aus. Eine Mutter, die ihr Kind von der Waldorfschule nach schweren Auseinandersetzungen und inneren Kämpfen wieder abgemeldet hatte, schrieb: »Die ständig wachsenden Forderungen materieller Art und des aktiven Aufbauhelfens werden als Loyalitätsbeweis angesehen und rücksichtslos abverlangt (Kinder als Faustpfand).«

Das Verhältnis der Waldorfschule zum Staat, zum Normalleben draußen ist negativ besetzt. Beides existiert nur als Ebene, auf die man sich zwangsweise beziehen muß, mit der man aber nichts weiter zu tun haben will und kann, da ihre Einflüsse dem »freien Geistesleben« schädlich sind. Eltern versucht man, soweit es geht, in das Leben der Waldorfgemeinde einzubinden. In manchen Fällen jedoch können Eltern den Weg zurück über die schmalen Stege, die die Waldorfinsel mit dem Festland der großen Gesellschaft draußen verbinden, nicht mehr finden.

Die Begriffe »bewußtseinsverändernde Praktiken« und »Gehirnwäsche« sind schwierig zu definieren. Vielleicht ist der Begriff bewußtseinsverändernde Praktiken« in diesem Zusammenhang sogar zu einseitig, da er nur auf das rational Erkennende abhebt.

Die Waldorfschule beeinflußt in ihrem Unterricht aber nicht nur Bewußtsein, sondern sie prägt vor allem Gefühle, Geschmack, Werte, Weltsicht; Parameter, die sich schlecht messen lassen, aber erhebliche Auswirkungen auf das Seelen- und Gefühlsleben des Schülers haben.

Eine Erklärung für die wohlwollende Behandlung der Waldorfschulen von seiten der Kultusministerien gibt unfreiwilligerweise Professor Peter Paulig von der katholischen Akademie in Eichstätt, der sich als eifriger Vorkämpfer für Waldorfschulen einen Namen gemacht hat: »Es ist bemerkenswert, daß in München und Stuttgart auffallend viele Beamte aus dem Kultusministerium ihre Kinder auf die Waldorfschule schicken.«[20] Und nicht nur dort, wäre hinzuzufügen.

Auch bekannte Politiker schicken ihre Kinder zur Waldorfschule bzw. sind selbst auf eine solche gegangen, wodurch ein ähnlich günstiger Unterstützungseffekt für die Waldorfschule entsteht. Die bekanntesten Persönlichkeiten in diesem Zusammenhang sind der von den Grünen zur SPD übergewechselte Otto Schily, Bundeskanzler Helmut Kohl (sein Sohn ging eine Zeitlang zur Waldorfschule), Peter von Siemens, der Schriftsteller Michael Ende.

Die Nachfrage nach Waldorfpädagogik ist anscheinend noch immer riesig, viele Elternhäuser nehmen sogar lange Wartezeiten in Kauf. Die Schüler werden aber bei gelingender anthroposophischer Sozialisation zu Multiplikatoren. Darin könnte auch die Erklärung dafür bestehen, daß Anthroposophie und Christengemeinschaft für sich keine offensive Werbung machen. Sie haben es nicht nötig, da sie ihren optimalen Wirkungskreis in den Waldorfschulen besitzen und aus ihr heraus sich kontinuierlich erneuern und ausbreiten können.

Daß die Waldorfschule seit den siebziger Jahren so stark hat wachsen können, ist das Resultat einer ganz bestimmten Konstellation: Das Image der Staatsschule ist immer schlechter geworden, der Waldorfschule dagegen werden alle positiven Qualitäten zugeschrieben, die die Staatsschule nicht hat. Über die tatsächlichen Vorgänge jedoch, besonders über das, was im Unterricht der Waldorfschule vor sich geht, ist wenig bekannt, über bestimmte negative

Seiten fast gar nichts; darüber wird erst seit wenigen Jahren geforscht und geschrieben. Ganz wichtig scheint auch zu sein, daß Waldorfpädagogik bei bestimmten Schichten des Mittelstandes Mode geworden ist. Solche Elternhäuser melden ihre Kinder an der Waldorfschule an, weil es jetzt so viele tun, vor allem, weil »man soviel Gutes über diese Pädagogik gehört hat«.

Ausdehnung des anthroposophischen Umfeldes: Kinderheime, Universitäten, Verlage, Hotels, Fabriken, Banken

Neuerdings sind im Rahmen von Unternehmensgründungen sogar anthroposophische Kinderheime geplant. Im Umkreis einer der Westberliner Waldorfschulen kursierte 1990 ein Werbefaltblatt, das offenbar interessierte Eltern und Freunde ansprechen sollte. Auf der Umschlagseite ist der Name »Anthropos-Kinderheim e.V.« zu lesen. Im Untertitel steht: »für eine neue Generation ohne Angst«, im Kopf des römischen Portals klein gedruckt: »Freie Universität Schule und Ausbildung Internationales Kinderheim«. Die Säuleninschriften lauten jeweils »Ich Du« sowie »Bitte Danke« rechts.

Auf der Rückseite liest man: »Wir suchen Menschen, die dazu bereit sind, unter Mißständen nicht nur zu leiden und diese mehr oder weniger laut anzuprangern, sondern aktiv zu handeln – oftmals unter Hintanstellung eigener Vorteile.« Der letzte Halbsatz sollte nachdenklich machen, wenn man sich an die Sektenmerkmale erinnert. Unter dem zitierten Text folgt dann: »Wollen Sie Ihren Kindern, sich selbst und uns allen helfen? Die Kinder brauchen uns! Wir brauchen Sie! Herzlich willkommen im Anthropos-Kinderheim e.V.!«

Wer würde sich besser eignen als Nachwuchs für die Bewegung als Kinder, die im anthroposophischen Kinderheim, weitgehend unter Ausschluß der Öffentlichkeit und fern jeglicher Einmischung durch Eltern aufgezogen wurden. Selbst dann, wenn nicht alle diese Kinder sich später der Bewegung wieder anschließen würden, wären solche Einrichtungen von unschätzbarem Wert als Quelle eines vermutlich besonders »tauglichen« Nachwuchses.

Im Inneren der Broschüre wird werbepsychologisch geschickt vorgegangen: zuerst das Negative der Gesellschaft wie »Probleme, Katastrophe, Kinder ohne Zukunft, Kriminalität, Drogen und Alkohol«; dann allgemein gehaltene, positiv besetzte Begriffe aus der Welt der Anthroposophen: »liebevolles Miteinander, Schutz des Lebens, angstfreies Leben, Verantwortung« und so weiter. Kein Wort jedoch über den weltanschaulichen Hintergrund der Anthropos-Kinderheime.

Man könnte dieses Werbefaltblatt in betriebswirtschaftlichen Worten folgendermaßen beschreiben: Die anthroposophische Bewegung diversifiziert ihre Produktpalette. Außer den zahlreichen Unternehmungen wie Weleda (Kosmetik und Heilmittel), Wala (Pharmazie), anthroposophisch geführten Hotels, Demeter-Lebensmitteln, Verlag Freies Geistesleben, der GLS (Bank für Leihen und Schenken in Bochum), Waldorfschulen, der Freien Universität in Witten/Ruhrgebiet und zahlreichen anderen heilpädagogischen und therapeutischen Einrichtungen nun auch Anthropos-Kinderheime e.V.

Daß diese Aktivität im Zusammenhang mit dem schon behandelten Lehrernachwuchsproblem steht, legt die folgende Bemerkung eines bekannten Waldorfpädagogen nahe: »Man muß sehen, wo Aktivität ist und wie sie ausgebaut werden kann, und zwar so, daß jugendliche Lebensgemeinschaften entstehen.«[1] Und mit Verweis auf Rudolf Steiner, der gefordert hatte, Lebensgemeinschaften zu bilden, die »gemeinsam den Geist erleben wollen«: »Daraus geht für mich hervor, daß wir Stätten schaffen müssen, in denen junge Leute, die am Anfang ihres Erkenntnislebens stehen, sich miteinander in freier spiritueller Aktivität um die Anthroposophie bemühen können, noch ehe sie durch die materialistisch-positivistischen Vorstellungen der heutigen Universitätswissenschaft zugedeckt und verformt sind. Das braucht nicht lebens- und weltfremd zu sein.«[2] Hier muß die staatliche Universität als Beelzebub herhalten. Die geschlossene, totalitäre Gesellschaft, und sei sie noch so klein, braucht immer einen äußeren Feind. Völlig fern liegt ihr zudem der Gedanke, daß es sich bei ihr selbst um eine Spielart des naiven spirituellen Positivismus handelt, um eine geschlossene Gesellschaft, im Denken wie im Handeln. Die strukturell bedingte Intoleranz der Anthroposophen entlarvt derselbe Pädagoge, wenn er im Zusammenhang mit den »interessanten jungen Leuten«, die möglicherweise für den Nachwuchs zu gewinnen wären, vorsichtig fragt: »... ob wir aufgeschlossen genug sind, zum Beispiel vorurteilslos Menschen mit langen Haaren oder anderen Gewohnheiten gegenüberzutreten«?[3]

Zusammen mit dem Werbefaltblatt für Anthropos-Kinderheime kursierten in den gleichen Kreisen silbergraue Hochglanzbroschüren, die auf den ersten Blick wie eine beliebige Werbung einer beliebigen Firma wirken. Man muß eine ganze Weile blättern, ehe man auf das Stichwort »Anthroposophie« trifft.

Es handelt sich um ein Werbefaltblatt der efv AG (Erste Finanz- und Vermögensberater Aktiengesellschaft) in Deutschland. Im Untertitel: Curriculum Vitae der efv-AG/Anthropos Firmengruppe.

Wie aus dem Innenteil hervorgeht, wurde die Gruppe im Jahre 1985 gegründet und operiert inzwischen in fast allen bundesdeutschen Großstädten.

Werbeoffensive anthroposophischer Unternehmen
mit silbernen Hochglanzbroschüren

Zur Anthropos-Firmengruppe gehören die efv-AG, das Anthropos-Kinderheim e.V., die GVp (Gesellschaft für Vermögensplanung), der DBSFS (Deutscher Bundesverband für Steuer–, Finanz- und Sozialpolitik e.V.) sowie der M&M Verlag (Medien und Marketing Agentur GmbH), der »die Produktion und den Vertrieb von Büchern, Kassetten, Artikeln und Broschüren betreut und die PR-Arbeit für die gesamte Unternehmensgruppe durchführt«. Ein weiteres Mitglied der Firmengruppe stellt die Anthropos-Film- und Fernsehproduktion GmbH dar.

Auch hier wird das Bestreben erkennbar, sich weltweit zu etablieren. So heißt es unter Punkt VII auf Seite 12 der Broschüre: »Während der M&M Verlag vornehmlich national, also in der BRD tätig ist, sind die beiden Anthropos-Firmen auch international tätig. Besonders landesspezifische Produktionen (z. B. für einen Film über das Anthropos-Kinderheim in Brasilien) werden von den Anthropos-Gesellschaften abgewickelt, überwacht und marktgerecht verwertet.«

Daß Kinder und Jugendliche stets eine wichtige Zielgruppe der »Missionsaktivitäten« der anthroposophischen Bewegung bilden, zeigt Punkt III auf Seite 9 der Broschüre: »Die Zusammenarbeit der Berater der efv-AG unter dem schon erwähnten anthroposophischen Gedanken darf nicht auf die Welt der Erwachsenen beschränkt sein. Vielmehr gilt es, bereits jungen Menschen Möglichkeiten und Wege aufzuzeigen, ihre Welt harmonisch und friedfertig zu empfinden, bzw. an der Harmonie und Friedfertigkeit ihrer Zukunft selbst aktiv zu arbeiten.«

Bei Rudolf Steiner lautet das so: »Denn die, welche den Christus-Impuls in sich aufnehmen, bringen dadurch, daß sie in der Zukunft ihr Geistselbst gewinnen, Frieden oder Harmonie in die Welt.«[4] Für den mit Anthroposophie nicht

vertrauten Leser sind die unauffällig plazierten Sekten-
stichwörter kaum zu erkennen

Einerseits erinnert die Vorstellung von »Friedfertigkeit
und Harmonie« als wichtigste Gefühlsdimension an die Utopie der Erziehung zum vollendeten Menschen, der angeblich
durch Selbsterziehung frei von Konflikten und Fehlhaltun-
gen sein kann, andererseits an die geschilderten Fälle von
körperlicher Züchtigung, das Sündenbockphänomen etc.
Man beginnt zu ahnen, wie die Dialektik von angestrebter
Harmonie und verdrängter Aggression funktioniert.

Die anthroposophische Bewegung handelt nicht nur politisch, sondern auch wirtschaftlich äußerst geschickt, indem sie ihr Kapital in neue Betriebe investiert, von denen
sie sich einen Humanprofit verspricht. Dazu gehört, daß sie
sich besonders an Kinder und Jugendliche wendet, wobei
sie ihre weltanschauliche Ausrichtung unter allgemeinen
Floskeln von Angstfreiheit, Friedfertigkeit und Harmonie
verbirgt. Die anthroposophische Bewegung ist an ständiger
Ausbreitung und der Gewinnung weiterer Kinder und Ju-
gendlicher interessiert.

Die umseitigstehende Graphik zeigt, welche Dimensionen anthroposophisches Wirken inzwischen aufweist.

Dies erklärt sich daraus, daß die anthroposophische Bewegung nach außen hin mit »weichen« Methoden arbeitet.
Sie versteht es, hochdiplomatisch und mit großem »Erfolg«
in ihren pädagogischen und sozialen, aber auch in ihren
wirtschaftlichen Einrichtungen zu operieren. Die Gründung neuer anthroposophischer Unternehmen belegt, daß
ihre Profite hoch sein müssen. Nicht deutlich wird dagegen
in der Öffentlichkeit, mit welch rigiden Mitteln nach innen
gearbeitet wird und welche weltanschaulichen Prämissen
dem eigenen Wirken zugrunde liegen.

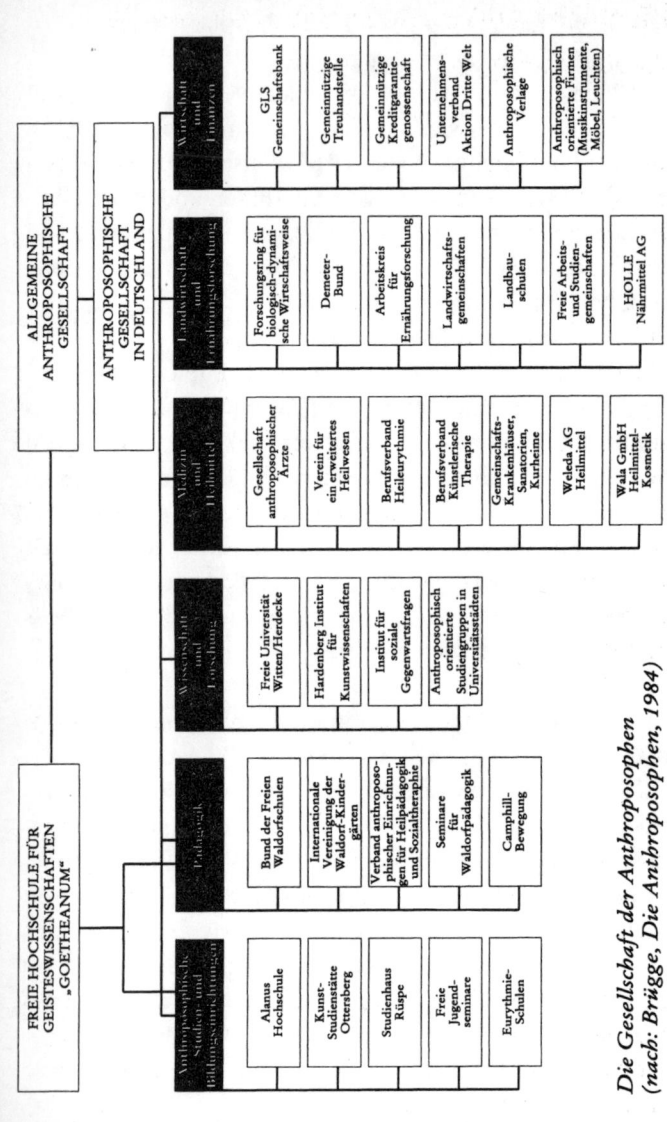

Die Gesellschaft der Anthroposophen
(nach: Brügge, Die Anthroposophen, 1984)

Öffentliche Auseinandersetzungen um die Waldorfpädagogik

Zur gesellschaftlichen Stellung der Anthroposophie merkt der Psychiater Wolfgang Treher an:»Man darf wohl sagen, daß sie – zur Stunde – unangefochten ist. Große Tageszeitungen (Frankfurter Allgemeine, Manchester Guardian) erwähnen den Namen Rudolf Steiner mit Respekt. Träger berühmter Namen haben bei Steiner ihre geistige Heimat gefunden. (...) Kritische Gegenstimmen fehlen fast ganz oder werden nicht hörbar.«[1] Und zum Verhältnis von Anthroposophie und Wissenschaft merkt der gleiche Autor an: »Wer sich des unersättlichen ... menschlichen Erkenntnisdranges erinnert und vergegenwärtigt, daß Experten die Sprache der Bienen und Fische erlernt und das Hochzeitskleid des Stichlings, das Triumphgeschrei der Graugänse und die Kampfstimmung der Buntbarsche zu den bestgesicherten Tatsachen gemacht haben, der steht erstaunt vor dem sozialpathologischen Makrophänomen Anthroposophie, das dem Blickfeld kritischen Denkens so dauerhaft entzogen geblieben ist.«[2]

Diese Bemerkungen fallen im Jahr 1966. Es sollten beinahe noch weitere zwanzig Jahre vergehen, bis sich dieser Zustand wenigstens hinsichtlich eines der Betätigungsfelder der Anthroposophen – der Waldorfpädagogik – geringfügig änderte.

Von den sechziger bis zu Beginn der achtziger Jahre hatte sich die Anzahl der Waldorfschulen in der Bundesrepublik mehr als verdoppelt, eine Reihe von anthroposophischen Kliniken und Heilanstalten, landwirtschaftlichen Genossenschaften und anderen Institutionen war bereits in den siebziger Jahren entstanden; schließlich wurde 1983 die erste »Freie Universität« in Witten/Herdecke eröffnet Es handelte sich um eine anthroposophische Gründung. Aus politisch-praktischen Gründen wurde der Anthroposophie im Lehrplan jedoch kein klar formulierter Stellenwert zugebilligt, weil diese Universität »keinen Bekenntnischarakter haben dürfe« und die Vermittlung von Inhalten, gewonnen auf okkulter Erkenntnisgrundlage, in der Öffentlichkeit nicht tragfähig sei.[3] Die Ausbreitung der anthroposophischen Bewegung wurde nun auch mehr und mehr von der Öffentlichkeit wahrgenommen. Als einer der ersten präsentierte der »Spiegel« in einer Serie reiches Anschauungsmaterial über anthroposophische Tätigkeitsfelder.[4] Das auch als Spiegel-Buch 1984 von Peter Brügge verfaßte Opus leuchtete kritisch, »aber nicht ohne Sympathie« viele Winkel der anthroposophischen Bewegung aus, ließ jedoch tiefere Einblicke in ihr Verhältnis zur »Christengemeinschaft« und die Problematik des Bekenntnischarakters der Waldorfschule vermissen. Das Literaturverzeichnis des Bandes korrespondiert mit dem Forschungsstand: Es weist fast nur anthroposophische Darstellungen aus. Typisch für diese Zeit, zollt der Autor dieses Buches darüber hinaus dem Wirken der Anthroposophen Bewunderung. Er sieht sie im Einklang mit der allgemeinen öffentlichen Einschätzung als eine Art Avantgarde der spirituell-ökologischen Bewegung. Es gelingt ihm aber nirgends, den menschlichen Preis aufzuzeigen, den die anthroposophischen Leistungen kosten. Die fast vollständige Auflistung aller anthroposophischen Institutionen samt ihrer Anschriften im Anhang, offenbar als Service gedacht, unterstellte eine Leserschaft mit spirituellem Hunger und Bedürfnis nach lebenssinnstiftenden Einrichtungen. Man könnte sagen, das Spiegel-Buch griff einen Trend auf und verstärkte ihn auf seine Weise, denn die erste Hälfte der achtziger Jahre gehört immer noch zur Blütezeit der Esoterik und ihrer Gurus, ob tot oder lebendig. Sei es Steiner, Bhagwan, Gurdjeff, Krishnamurti, Aurobindo oder Maharishi Mahesh Yogi, alle haben ihre Anhänger. Doch so gut organisiert und langanhaltend wirtschaftlich erfolgreich wie die anthroposophische Bewegung in der Bundesrepublik ist kaum eine andere, ohne daß sie dabei auf auffällige Werbemaßnahmen zurückgreifen müßte.

Seit 1984 entstand auch eine Kritik, die sich auf die Waldorfpädagogik konzentrierte und sie unter bestimmten Gesichtspunkten untersuchte.[5] Dazu zählte als eines der ersten das Buch des Schulpsychologen Fritz Beckmannshagen »Rudolf Steiner und die Waldorfschule«, das die bei Lehrern und Schülern zum Tragen kommenden psychologischen Mechanismen dieser Pädagogik untersucht und den »Schatten« näher bestimmt, den das Licht der Erkenntnisse von Rudolf Steiner wirft.

In der Folge nahmen sich überwiegend Erziehungswissenschaftler des Themas Waldorfpädagogik an. Aus dieser Perspektive sind die Titel »Erziehung zur Anthroposophie« von Klaus Prange 1985 sowie »Waldorfpädagogik und okkulte Weltanschauung« von Heiner Ullrich 1986 geschrieben. Es stellte sich dabei heraus, daß Steiner nicht der originelle pädagogische Reformer war, als den ihn seine Bewegung nach außen hin darstellt. Die meisten seiner pädagogischen Ideen stammen von anderen Reformpädagogen, antiken Autoren, ja sogar aus der psychologischen Ratgeberliteratur seiner Zeit.[6] Auch weisen diese Schriften auf schwerwiegende Nachteile der Waldorfpädagogik für den Schüler hin und kommen beide zu einer ablehnenden Beurteilung.

Dem Image der Waldorfschule schadeten diese Veröffentlichungen anscheinend nicht. Deren Boom hielt und hält weiter an. Dazu trugen indirekt auch große Verlage (Fischer Taschenbuch und Rowohlt) bei, die durchaus profitierten von der esoterischen Welle und der Expansion der Waldorfschule. Fischer brachte eine eigene Taschenbuchreihe »Perspektiven der Anthroposophie« heraus, und Rowohlt verlegte den werbeträchtigen Titel von Christoph Lindenberg »Waldorfschulen. Angstfrei lernen, selbstbewußt handeln«, der inzwischen in 17. Auflage vorliegt. Auch die veröffentlichte Rororo-Steiner-Bild-Biographie wurde von einem Anthroposophen, Johannes Hemleben, verfaßt. Das Buch erreichte inzwischen eine Auflage von über zweihunderttausend Exemplaren.

Immer wieder werden auch Schriften von anderen nicht-anthroposophischen Verlagen vertrieben, deren Verfasser sich bei genauerer Recherche aber als Angehörige oder »heimliche Sympathisanten« der anthroposophischen Bewegung herausstellen. Das Erscheinen solcher Schriften ist selten zufällig; fast immer reagiert die anthroposophische Bewegung damit auf Kritik von außen und versucht, sich wieder ins rechte Licht zu setzen.

Der sowohl von seiten der Erziehungswissenschaft als auch von Waldorfpädagogen immer wieder geforderte Dialog entpuppt sich aus der Nähe gesehen als Darstellung und Gegendarstellung. Heiner Barz, ein Erziehungswissenschaftler und zum Freundeskreis der Anthroposophen zu rechnender Autor, schreibt dazu kritisch: »Wasch mir den Pelz – aber mach mich nicht naß! scheint mir die Devise zu sein, wenn einerseits von der Waldorfpädagogik beklagt wird, daß die etablierte Erziehungswissenschaft kaum Notiz von ihr nimmt, sie auf der anderen Seite aber verlangt, daß sich jede Auseinandersetzung mit ihr in den von der Anthroposophie vorgegebenen Kategorien zu vollziehen habe.«[7]

Die Anzahl der kleineren Schriften zur Waldorfpädagogik, meist erschienen in Zeitungen und Zeitschriften, ist inzwischen sprunghaft gestiegen. Dabei hat die Auseinandersetzung an Umfang und Schärfe zugenommen. Leider ist damit die Informationslücke bei Eltern, die vor einer Schulentscheidung stehen, nicht geschlossen worden. Denn entweder ist die Auseinandersetzung akademisch oder sie findet in Medien statt, die nur einen kleinen Kreis von Interessierten erreichen. In der Praxis stößt, wer sich informieren will, auf folgendes Problem: Man geht in eine Buchhandlung und fragt nach Literatur über Waldorfpädagogik. In 99 % aller Fälle wird man ihm ein von einem Anthroposophen geschriebenes Buch in die Hand drücken.

Die größte Buchhandlung Berlins hielt zum Zeitpunkt meiner Recherche ein eigenes großes Wandregal mit Titeln zur Waldorfpädagogik bereit. Doch 99,9 % der dort befindlichen Bücher waren im Verlag Freies Geistesleben, dem größten anthroposophischen Verlag der Bundesrepublik, erschienen. In kleineren Buchhandlungen wurden mir häufig anthroposophische Bestseller genannt, bei Fragen nach kritischen Darstellungen stieß ich recht oft auf Verlegenheit oder auf Fehleinschätzungen. Wie die Situation in kleineren Städten aussieht, ist unschwer vorstellbar.

Wie stark das Interesse bundesdeutscher Vertreter der Waldorfpädagogik an einer Verbreitung ihrer Ideen in Ostdeutschland war und wie offen dafür DDR-Verlage, die im Gegen- bzw. Aufwind der Maueröffnung standen, belegen zwei Beispiele: Der Schulbuchverlag Volk und Wissen aus Ostberlin, der früher direkt der Volksbildungsministerin Margot Honecker unterstand, publizierte im Januar 1990 eine Lizenzausgabe über die Hibernia-Schule in Herne, eine Waldorfschule, spezialisiert auf die Verbindung von allgemeiner und beruflicher Bildung. Finanziert wurde dies durch die Unterstützung der beiden Westautoren Georg Rist und Peter Schneider sowie den Rowohlt Verlag.

Auf ähnliche Weise trafen sich die Interessen des neugegründeten Leipziger Forum Verlags und des großen westdeutschen anthroposophischen Verlags Freies Geistesleben. Der Forum Verlag brachte den bereits in 7. Auflage im Westen erschienenen Titel von Frans Carlgren »Erziehung zur Freiheit« heraus. Im Vierfarbdruck und Großformat war diese Schrift für 29,– Ostmark schon vor der Währungsunion in der DDR zu haben; ein Preis, der ohne die kräftige westdeutsche Subvention nicht möglich gewesen wäre. Der unerfahrene ostdeutsche Leser erfährt im Vorwort unter anderem, daß »Rudolf Steiner der große Einzelgänger und Avantgardist unter den Denkern unseres Jahrhunderts« war und: »Lehrer an diesen Schulen sind, weil nicht bevormundet, Zeitgenossen, deren Autorität durch ihre Kreativität entsteht. Kinder lernen aus Liebe, weil ihnen keine Angst im Nacken sitzt.« Und so weiter.

Die anthroposophische Bewegung wirbt aber nicht nur mit einer überwältigenden Anzahl von Buchtiteln für sich, sondern auch über zahlreiche Medien, um sich nach innen und außen wirksam darzustellen.

So gibt der Bund der Freien Waldorfschulen e.V. seit 1982 ein Presse-Echo heraus, in dem meist positive Darstellungen der freien Presse über Waldorfschulen, so ihre Sparsamkeit und die positiven Abiturbilanzen und anderes, zusammengestellt werden. Die anthroposophische (Jugend-) Zeitschrift Info 3 (Sozialberichte aus der anthroposophischen Arbeit) muß für ihren gelegentlich jugendlich frechen

Ton auch Schelte von innen einstecken. Die vom Bund der Freien Waldorfschulen als sein Sprachrohr herausgegebene Zeitschrift »Erziehungskunst« veröffentlicht regelmäßig Rezensionen von Büchern zur Waldorfpädagogik.[8] Dabei wird immer darauf geachtet, ob die Autoren der Bewegung »freundlich gesonnen sind«, ob sie auch »schwierige anthroposophische Begriffe gelten lassen«, ob sie »freundlich kritisch sind« oder eben unfreundlich kritisch.[9] Der kürzlich rezensierte Titel »Erziehungswissenschaft und Waldorfpädagogik«, in einem nicht-anthroposophischen Verlag erschienen, verspricht einen Dialog zwischen Erziehungswissenschaftlern und Waldorfpädagogen. Bei genauerem Hinsehen zeigt sich aber, daß die vertretenen Erziehungswissenschaftler zu 99 % Anthroposophen sind, es handelt sich also um einen »internen Dialog«. Der irreführende Titel und die Tatsache, daß das Buch in einem nicht-anthroposophischen Verlag erschienen ist, sollen offenbar seine Herkunft nicht von vornherein deutlich werden lassen.

Im Januar 1990 veröffentlichte der Rowohlt Verlag ein Sachbuch unter dem Titel »Unser Kind geht auf die Waldorfschule«, herausgegeben von Hildegard und Jochen Bußmann. Das Erscheinen dieses Titels ist vor allem vor dem Hintergrund einer zunehmenden öffentlichen Kritik an der Waldorfschule zu sehen.[10] Es stellt eine indirekte Reaktion auf Charlotte Rudolphs »Waldorferziehung. Wege zur Versteinerung« dar, die kritische Darstellung einer ehemaligen Waldorfschülerin, offenbar aus persönlicher leidvoller Erfahrung geschrieben und 1987 bei Luchterhand erschienen.

Das Buch »Unser Kind geht auf die Waldorfschule« stellt den Versuch dar, aus einer »solidarischen Kritik« heraus die inzwischen von Kritikern der Waldorfpädagogik benannten, nicht länger zu verleugnenden typischen Probleme und Konfliktlagen der Waldorfschule von innen heraus – mit der Waldorfschule verbundenen, engagierten Eltern und Lehrern – anzusprechen. Jochen Bußmann scheint dabei zu denjenigen Freunden der Waldorfschule zu gehören, die die Zeichen der Zeit erkannt und gesehen haben, daß die Ausbreitung der Waldorfschulen möglicherweise an einem kritischen Punkt angelangt ist und die Zeit anfängt, gegen sie zu arbeiten. Er hat immerhin gesehen, »wie die Fallinie aussieht, in die ›der Laden‹ kippt, wenn er kippt«.[11] Das Buch kommt jedoch nicht ohne die Verteufelung der Staatsschule aus, der gleich das erste Kapitel gewidmet ist.

Der Löwenanteil an Literatur über alles, was mit Anthroposophie zu tun hat, wird aber von Verlagen produziert, die unmittelbar zur anthroposophischen Bewegung gehören. Immerhin kann man hier meist schon am Verlagssignum erkennen, daß es sich um Selbstdarstellungen handelt. Zu diesen Verlagen zählen als größte und wichtigste: der Verlag Freies Geistesleben Stuttgart, das Stuttgarter Urachhaus, der Verlag für Schöne Wissenschaften, der J. Ch. Mellinger Verlag, der Rudolf Steiner Verlag, der Novalis Verlag, der Philosophisch-Anthroposophische Verlag am Goetheanum in Dornach.

Es waren Schüler der Waldorfschule, die mir zu Beginn meiner Tätigkeit deutlich zu machen versuchten, daß man zum Beispiel gegenüber Eurythmie keine neutrale Position einnehmen könne. Entweder man sei begeistert oder völlig ablehnend. Das gleiche läßt sich auf die gesamte Waldorfschule und die prägende Pädagogik Rudolf Steiners übertragen. Der Grund dafür liegt in ihrer Verfassung als geschlossene Gesellschaft, als perfektionistisches System, das keine Lücken kennt, keine Erkenntnis zuläßt, die außerhalb ihrer Mauern gewonnen wurde. Insofern muß sie, theoretisch gesehen, vollständig richtig oder vollständig falsch sein wie jedes geschlossene Denk- oder Glaubenssystem. Es liegt in der Natur der Sache, daß sich an ihr die Geister scheiden in solche, die eindeutig dafür oder dagegen sind.[12] Deswegen sind die Bibliographien zur Waldorfpädagogik meist auch sorgsam getrennt in anthroposophische oder nicht-anthroposophische Literatur. Die jeweilige Position, der jeweilige Betrachter, ist zwangsläufig befangen, und jede mündliche oder schriftliche Stellungnahme stellt ein Politikum dar. Sollte sich beispielsweise in der Öffentlichkeit die Ansicht durchsetzen, daß Waldorfschulen in viel stärkerem Maße, als bisher bekannt, Weltanschauungsschulen sind und der gesamte Lehrplan wie die Atmosphäre anthroposophisch durchdrungen sind, könnte das zu ihrer Austrocknung führen und die anthroposophische Bewegung in einem ihrer wichtigsten Betätigungsfelder schwächen.

Kurzutopie:
Anthroposophie als Massenbewegung

Ein gute Methode, etwas über die Generalisierbarkeit der Werte und Organisationsmuster einer sozialen Gruppe herauszufinden, ist die Durchführung eines Sandkastenspiels. Was also geschähe, wenn die anthroposophische Bewegung, die über ihre Waldorfschulen einen anhaltenden und sich gegenwärtig verstärkenden Boom erlebt, sich allmählich zu einer Massenbewegung ausweitete und unsere ganze Gesellschaft nach anthroposophischen Grundsätzen organisiert würde?

Zunächst einmal gäbe es nur noch Menschen. Leute, zumindest das Wort, wären ausgestorben. Also hätten wir endlich eine menschliche Gesellschaft oder doch den Beginn dazu.

Auch würde das deutsche Gaumen-»R« dem rollenden »R« weichen müssen, zumindest in emotional signifikanten Zusammenhängen. Dann müßten sich die Menschen permanent überlegen, was sie eigentlich wollen, was sie erreichen wollen mit ihrem Handeln. Das wäre ein Weg zurück zur Nation der Denker, wenn nicht der Dichter.

Von diesen sprachlichen Veränderungen abgesehen, die leicht zu erlernen wären, zumal man auf die anthroposophischen Erzieherkader zurückgreifen könnte, ergäben sich auch auf dem Gebiet der sozialen Etikette deutliche Verbesserungen. Man würde sich fortan unentwegt die Hände schütteln und sich dabei tief in die Augen sehen, so daß niemand mehr die Hände in den Schoß zu legen brauchte. Die Arbeitslosigkeit würde signifikant sinken.

Einen außerordentlichen Sprung nach vorne würde die

Volksgesundheit machen. Wir äßen nur noch Vollkornprodukte und biologisch-dynamisch angebautes Gemüse und wären so bald unsere Verdauungsprobleme los. Zigaretten- und Alkoholindustrie gingen sowieso ein.

Auch die Todesstunde der Medienwelt, zumindest der herkömmlichen, wäre angesagt. Zeitungen und Zeitschriften verschwänden – als Übergangslösung könnte man an den zeitweiligen Vertrieb der »Erziehungskunst« denken; dafür würde der anthroposophische Seelenkalender als Monatsschrift herauskommen und der »Volksgesundheitsratgeber« sowie »Erbauliches« und »Die gute Tat« gegen einen Einheitsminimaltarif vertrieben werden. Für Informationen aus der geistigen Welt bzw. den höheren Welten wäre der Sonntagsbote »Mensch und Engel« zuständig.

An die Beibehaltung des Fernsehens könnte gedacht werden. Allerdings müßte man die Programme kürzen. Fünfzehn Minuten pro Tag sollten genügen. Anstelle der Tagesschau könnte ein Bild von Dornach erscheinen und eine Textstelle aus Rudolf Steiner verlesen werden wie zum Beispiel:

»Der Mensch kann heute nur dann seine Aufgabe als Mensch recht erfüllen, wenn er den Willen entwickelt, bis zum Zentrum seines Wesens hinein echt und wahr zu sein, indem er nicht nur versucht, über die alten Dinge nachzudenken, sondern das Neue, das geholt werden muß aus den Tiefen des Wesens, zum Inhalte seines Bekenntnisses und seines Tuns zu machen.« (abgedruckt als Motto in: »Gratwanderung. Mitteilungen für Eltern und Lehrer der Rudolf Steiner Schule Berlin«, 19/1990)

Zu besonderen Gelegenheiten könnte an die Übertragung von Eurythmieaufführungen gedacht werden. Überdies müßten die Fernsehgehäuse aus Holz sein.

Auch die Programmprobleme an den Theatern ließen sich auf einen Schlag lösen. Alle Bühnen bekämen als Dauerpflichtprogramm die Mysterienspiele von Rudolf Steiner. Der Eintritt wäre kostenlos. Allerdings müßten Auflagen für die Besucherkleidung gemacht werden. Flache Gesundheitssandalen für beide Geschlechter, ansonsten Wollpullover, Seidenhemden oder Loden. Für das weibliche Geschlecht empfiehlt sich lange Faltenröcke. Für Frauen, die unbedingt Bein zeigen möchten, könnte man ausnahmsweise einen Teil der oberen Wade freigeben, jedoch nur in Verbindung mit weißen Strümpfen und Schuhen, die mit Bändchen überm Knöchel befestigt werden. In den Pausen wurden Obstsäfte und Vollkornkekse vom Demeterkonzern gereicht. Am Theaterausgang stünden Spendentöpfe für gemeinnützige Vorhaben.

An den Ein- und Ausgängen öffentlicher Gebäude würden Bilder von Rudolf Steiner hängen oder Büsten stehen.

Auch das Verlagswesen ließe sich vereinheitlichen. Den Fischer Verlag, der schon zukunftsweisend mit der Reihe »Perspektiven der Anthroposophie« ins Geschäft eingestiegen ist, übernähme der Verlag Freies Geistesleben. Sodann könnte man an die Massenproduktion und den Vertrieb von Rudolf Steiners gesammelten Werken gehen. In schönen Geschenkausgaben. Jedes Ehepaar bekäme zur kirchlichen Trauung eine kostenlose Ausgabe ausgewählter Texte.

Nunmehr böte sich auch die Angliederung der Schweiz an, Denn dort, im schnöden Ausland, befindet sich das anthroposophische Mekka – Dornach. Eine Heimholung wäre natürlich, um nicht zu sagen: biologisch-dynamisch.

Die politische Struktur der Nation ließe sich angenehm vereinfachen und wäre jedem klar einsichtig: ideologische Grundlage für die gesamte Politik wären die Anthroposophie beziehungsweise die Schriften von Rudolf Steiner. Es gäbe einen obersten anthroposophischen Rat, der alle paar Jahre von der gesamten Bevölkerung bestätigt würde, über Einheitslisten. Der oberste anthroposophische Rat würde ein Exekutivkomitee bilden sowie ein anthroposophisches politisches Büro als inneres Führungsgremium. Abstimmungen wären abgeschafft. Diskutiert würde stets bis zur Einmütigkeit.

Alle Politiker trügen Baskenmützen. Unaufgefordert. Jeder Zwang wäre abgeschafft in der zu gründenden Freien Anthroposophischen Republik Deutschland. Andersdenkende könnten ausreisen ins nicht-anthroposophische Ausland. Vorläufig. Menschen, die sich zunächst nicht ins anthroposophische Weltbild eindenken könnten, müßten an Fortbildungskursen teilnehmen. Freiwillig. Menschen, die böswillig die Existenz höherer Welten leugnen, müßten ausreisen. Freiwillig. Jeglicher Zwang wäre abgeschafft. Sie würden an der Grenze mit Handschlag und tiefem, bedauerndem Blick in die Augen verabschiedet. Alles geschähe in tiefer Liebe und um der Erreichung höherer Ziele willen. Abweichungen in Erkenntnisfragen ließen auf Uneinsichtigkeit oder gar geistige Sabotage schließen. Eine geheime anthroposophische Sittlichkeitspolizei (GASI) würde auf ihre Weise auf die Einhaltung der Sitten achten. Überall hingen Spruchbänder mit den Losungen: Durch Anthroposophie zu Harmonie und Friedfertigkeit.

Kunst und Literatur hätten endlich wieder eine klare Funktion und Aufgabe. Es müßten sich in ihr stets eindeutige Hinweise auf die Existenz höherer Welten finden lassen. In der Malerei würden die Künstler daran arbeiten, Transzendenz sichtbar zu machen. In der Lyrik kämen vor allem Gedichte mit Engelsmotiven zum Tragen. Überschriften wären: »Des Engels Flügelschlag«; »Zwiesprache mit dem Engel« ... In der Prosa würden positive Helden und Engel mit negativen Gestalten und Teufeln ringen und stets – wenn auch nach harten Kämpfen, denn das Böse tritt in mancherlei Verkleidung auf – obsiegen.

Die pornographische Gürtellinie würde höhergezogen, alle sinnlichen Tanzarten bis auf die übersinnlichen, sprich Eurythmie, würden verboten.

Das unübersichtlich gewordene moderne Kunstgebaren ließe sich so erfreulich reduzieren auf für jedermann verständliche Bilder und Werte. Die Menschen hätten wieder ein Ziel und einen Halt. Sie würden sich schon im Diesseits gut benehmen, um nicht bei einer Reinkarnation mit einem Kainsmal auf der Stirn geboren zu werden. Der Tod hätte seinen Schrecken verloren, denn es bestünde Hoffnung, in den geistigen Hierarchien einen guten Platz zu bekommen. Man könnte sich unter Umständen sogar mit einem holden Engel vereinigen. Geistig, versteht sich!

Alle staatlichen Schulen wären abgeschafft, die Freie Waldorfschule wäre zur Regelschule geworden, alle von der anthroposophischen Einheitspädagogik abweichenden Richtungen
 bedürften einer Genehmigung, die von einem »internen anthroposophischen Rat« abgesegnet werden müßten. Die anthroposophische Architektur würde sich durchsetzen, der rosa-violette Farbton wäre Pflicht für den Außenanstrich der Häuser.

Auch die Nationalflagge wäre violett, Geldscheine trügen den Kopf von Rudolf Steiner. In den neuen Bundesländern ergäbe sich ein gewisser zusätzlicher Aufwand bei der Umbenennung von Straßennamen. Karl-Marx–, Liebknecht–, Thälmann- und Leninalleen, die gerade erst ihre ursprünglichen Namen zurückerhielten, müßten erneut umbenannt werden. Stattdessen gäbe es Rudolf-Steiner–, Albert-Steffen- und Rudolf-Grosse-Alleen sowie Rittelmeyer–, Bock- und Leberstraßen.

Im Sinne eines »freien Geisteslebens« kann sich jeder Leser diese Utopie selber weiter ausmalen.

Selbst-Test für Eltern

Eltern, die erwägen, ihr Kind auf eine Waldorfschule zu schicken, sollten sich zuvor einige grundsätzliche Fragen vorlegen. Nur wenn diese überwiegend und problemlos mit Ja beantwortet werden können, sollte eine Anmeldung erfolgen.

1. Glauben Sie an die Existenz von höherer geistiger Welten?

2. Glauben Sie, daß die Geschichte seit der Kreuzigung Christi eine besondere Entwicklung genommen hat?

3. Glauben Sie an die Wiedergeburt?

4. Glauben Sie, daß Ihr Kind in moralischer Hinsicht besonders intensiv erzogen werden muß?

5. Halten auch Sie Kino, Fernsehen, Comic-Literatur, Cola, Computer, Kunststoffe, Fußball und Discotheken für Fehlentwicklungen, die es zu umgehen gilt?

6. Sind Sie der Meinung, daß Ihr Kind vor diesen Einflüssen der heutigen Welt bewahrt werden sollte, indem es in

einer abgeschirmten Welt mit anderen Wertmaßstäben aufwächst?

7. Haben Sie sich über die geistige Grundausrichtung der Waldorfpädagogik eingehend informiert?

8. Ist Ihnen bewußt, daß nahezu der gesamte Unterricht indirekt vom anthroposophischen Weltbild geprägt ist?

9. Haben Sie sich mit den anthroposophischen Erklärungsmustern von Entstehung und Entwicklung der Natur sowie von der Stellung des Menschen im Kosmos vertraut gemacht?

10. Kennen Sie die Grundaussagen der Waldorfpädagogik, wie sie Rudolf Steiner geprägt hat?

11. Sind Ihnen die Lehrinhalte und die Erziehungsmethoden der Waldorfschulen bekannt?

12. Haben Sie sich neben Waldorf-Selbstdarstellungen auch mit kritischer Literatur beschäftigt? Haben Sie Eltern gesprochen, die ihre Kinder an einer Waldorfschule wieder abgemeldet haben?

13. Ist Ihnen bewußt, daß Ihr Kind nur unter großen Schwierigkeiten und mit erheblichen Anschlußproblemen wieder von einer Waldorf- in eine normale Schule wechseln kann?

14. Sind Sie umfassend genug informiert, um diese folgenreiche Entscheidung für Ihr Kind treffen zu können?

Anmerkungen

Martina Kayser:
Die geistigen Ursprünge der Waldorfpädagogik

Rudolf Steiner: Einzelgänger, Hellseher, »Menschheitsführer«

1 Vgl. Steiner, R.: Skizze von 1913. Zit. nach. Prange, K., S. 39
2 Steiner, R.: Brief vom 14.12.1891. Zit. nach: Rudolf, Ch., S. 74
3 Steiner, R.: Mein Lebensgang, S. 223
4 Vgl. Rudolf, Ch., S. 78

Anthroposophische Menschenkunde

1 Steiner, R.: Philosophie und Anthroposophie, S. 142
2 Steiner, R.: Die Erziehung des Kindes vom Gesichtspunkt der Geisteswissenschaft, S. 10
3 Ebenda, S. 10
4 Vgl. Ullrich, H., S. 85
5 Steiner, R.: Die Erziehung des Kindes, S. 13
6 Ebenda, S. 14
7 Zur Entwicklungslehre Rudolf Steiners vgl. weiter: Meyer-Bendrat, K.-
   P., S. 48ff.
8 Solon. Zit. nach: Ullrich, H.: Waldorfpädagogik ..., S. 115f.
9 Vgl. ebenda, S. 165ff.
10 Steiner, R.: Das Geheimnis der Temperamente, S. 20
11 Vgl. Rudolf, Ch., S. 136f.
12 Steiner, R.: Erziehungskunst, S. 47
13 Zu den Temperamenten und ihrer Therapie vgl. Rudolf, Ch., S. 142ff.

Anthroposophische Erkenntnistheorie

1 Prange, K., S. 57f.
2 Steiner, R.: Zit. nach: Prange, K., S. 58
3 Vgl. Prange, K., S. 60
4 Meyer-Bendrat, K.-P., S. 31
5 Vgl. weiter: Ullrich, H.: Wissenschaft als rationalisierte Mystik .... S. 168
– 194
6 Steiner, R.: Aus der Akasha-Chronik. Zit. nach: Prange, K., S. 67
7 Steiner, R.: Aus der Akasha-Chronik. Zit. nach: Treher, W., S. 52

8 Steiner, R. Zit. nach: Ebenda, S. 73
9 Vgl. Treher, W., S. 73
10 Ebenda, S. 51
11 Ebenda, S. 54

Pädagogische Konsequenzen

1 Grosse, R. Zit. nach: Prange, K., S. 119
2 Zu Zillers Kulturstufentheorie vgl. Prange, K., S. 102
3 Vgl. Heydebrand, C. v.: Vom Lehrplan der Freien Waldorfschule; vgl.
   auch: Prange, K., S. 105f.
4 Zum Waldorflehrplan vgl. weiter: Meyer-Bendrat, K.-P., S. 64ff.
5 Vgl. Rudolf, Ch., S. 39f.
6 Ebenda, S. 33
7 Prange, K., S. 143
8 Vgl. Steiner, R.: Erziehung und Unterricht ..., S. 165f.
9 Vgl. Steiner, R. Zit. nach: Ullrich, H., S. 135
10 Vgl. ebenda, S. 37

Paul-Albert Wagemann:
Praktische Erfahrungen mit der Waldorfpädagogik

Die Entwicklung der deutschen Waldorfschulen seit 1919

1 Vgl. dazu Barz, H., S. 21ff.
2 So Emil Molt bei der Einweihungsfeier der ersten Waldorfschule am
   7.9.1919 in Stuttgart. In: Rudolf Steiner in der Waldorfschule, S. 15f.
3 Vgl. ebenda
4 Vgl. ebenda, S. 19
5 Ebenda
6 Ebenda, S. 30
7 Den stark missionarischen Charakter dieser Gründung beschreibt Johannes Hemleben in seiner Biographie Rudolf Steiners. »Wie von ur-
   christlichem Pfingstgeist beseelt, sah sich dieser Gründerkreis der Prie-
   sterschaft der Christengemeinschaft in die Welt zu allen Völkern und
   Menschen ausgesandt.« (Hemleben, J., S. 139) Die Priester dieser Gemeinschaft sind in aller Regel Anthroposophen, Teile der freichristlichen Kulthandlungen werden innnerhalb der Waldorfschule ausgeübt,
   das Christusverständnis der Christengemeinschaft entstammt anthroposophischen Vorstellungen. Vgl. dazu Baumann A., S. 36ff.

8 So in Erlebnisberichten über die Situation einzelner Waldorfschulen während des Nationalsozialismus in einer zur 28. Jahrestagung der Freien Waldorfschulen in Berlin 1990 hergestellten Broschüre. Dort wird Geschichte aufgelöst in persönliche Schicksale. In den Beiträgen ist die Rede von »Opfer des Verzichts«, »Schicksalsumbruch«, von »Zwischenkriegszeit«, »vom verschwörerischen Überleben kleiner Lerngruppen in der antimenschlichen Zeit, politischer Eiszeit, Durchhalte- und Tragekraft, Bescheidenheit einzelner Lehrer«. Die Beiträge lauten: »Meine Erinnerungen an die erste Rudolf Steiner Schule Berlin«, »Die 1. Rudolf Steiner Schule in Berlin«, »Verzicht und Neubeginn«. Zwischen den Berichten findet sich die Reproduktion eines Zeitungsausschnitts vom 15. November 1935 unter der Schlagzeile: »Anthroposophische Gesellschaft im ganzen Reichsgebiet aufgelöst.« (S. 10ff.). In dem Standardwerk zur Waldorfpädagogik »Erziehung zur Freiheit« von Frans Carlgren, einer anthroposophischen Selbstdarstellung, in der die Geschichte der Waldorfschule von Anbeginn an dargestellt wird, gibt es nur zwei äußerst dürftige Hinweise auf die nationalsozialistische Phase. Auf Seite 256 heißt es: »Als den deutschen Waldorfschulen durch das nationalsozialistische Regime im Jahre 1935 verboten wurde, neue Schüler aufzunehmen, und 1938 die meisten Schulen gezwungen wurden zu schließen, traf dieser Schlag die pädagogische Bewegung mitten in einer aufstrebenden Entwicklung.« Und im Vorwort für die DDR-Lizenzausgabe vom Januar 1990 auf S. 5 gibt es einen ähnlich kurzen Hinweis: »Diktaturen aller Art hatten vor solchen Schulen Angst. So wurden Waldorfschulen Opfer sowohl der nationalsozialistischen wie der stalinistischen Schulpolitik.«

9 Vgl. dazu ausführlich Leschinsky, A., S. 260ff.

10 Ebenda, S. 269f.

11 Steiner, R. Zit. nach: Haverbeck, W. G., S. 271 12 Steiner, R. Zit. nach: Treher, W., S. 57

13 Ebenda, S. 58

14 Ebenda, S. 113f. 15 Ebenda, S. 70

16 Vgl. Bloch, E., S. 192f.

17 Vgl. Leschinsky, A., S. 92

18 Schulze, St., S. 11f.

19 Vgl. dazu Kiersch, J. S. 120f.

20 In: Gratwanderung. Berlin (1990) 18

Rundgang durch eine Schule

1 Vgl. Dostojewski, F., S. 5f.

2 Steiner. R. Zit. nach: Bort, J. u.a. S. 140f.

3 Steiner, R. Zit. nach: Siegloch, M., S. 85

4 Ebenda, S. 86

5 Ebenda

6 Ebenda

7 Prange, K., S. 64

8 Zit. bei: Schroeder, H. W., S. 165

9 Über die biographischen Darstellungen Rudolf Steiners sagt Prange: »Es ist immer schon die fertige Ikone, die in den Knaben, den Studenten, den Mitarbeiter an der Goethe-Ausgabe, den Berliner Literaten und den Kulturkritiker hineingesehen wird.« (Prange, K., S. 36)

10 Vgl. Treher, W., S. 50ff.

11 Vgl. das Kapitel über Waldorf-Grundschullesebücher

12 Vgl. Beckmannshagen, F., S. 48

13 Die »interne Konferenz« wird manchmal nach ihrer Funktion auch »Geschäftsleitungs- oder Schulleitungskonferenz« genannt.

14 Vgl. Barz, H., S. 99

15 Zwei aufschlußreiche Beispiele aus der Praxis führt für diesen Zusammenhang auch Jochen Bußmann aus einem Gespräch mit Waldorfeltern an: »G. G: So erlebe ich zum Beispiel immer wieder, daß die simpelsten Verfahrensvorschriften, die es im Recht aus sehr guten Gründen gibt, in der Schule nicht beachtet werden. J. B.: Das kann ich nur nachdrücklich bestätigen. Ich will zwei Beispiele anführen aus solchen Konfliktlagen. (...) Da sitzen besorgte Eltern der kritisierten Lehrerin inmitten einer Reihe ihrer Kolleginnen und Kollegen gegenüber, die als Vermittler ... dabei sind. Jedenfalls wollen sie verstehen, worum es geht, auch helfen. Die Lehrerin hat die Eltern um ihr Einverständnis gebeten, daß auch zufriedene Eltern dabei sein können. Ist ja in Ordnung, obwohl es auch wieder schlimm ist. Aber viel schlimmer ist, daß einer der beiden ›Verteidiger-Eltern‹ sich als Lehrerkollege herausstellt. Keiner sagt, daß da was nicht stimmt! Bei einer anderen Gelegenheit, bei der anscheinend wie eine schwarze Wolke die Aufforderung im Raum hing, entweder zu kuschen oder zu gehen, ist ein Vater als Vertreter des Eltern-Lehrer-Kreises zu der Besprechung eingeladen worden, der Vater in derselben Klasse ist und sich als Duzfreund des kritisierten Lehrers herausstellt und gegen die Eltern vom Leder zieht. (...) Klare Verfahrensregeln, die anderswo selbstverständlich wären, werden hier einfach nicht zur Kenntnis genommen, wenn immer sowieso schon ein regelrechter Affekt gegen Formalisierungen zu spüren

ist. J. E.: Man könnte doch einen regelrechten Vermittlungsausschuß einrichten. S. H.: Das wird aber nicht unbedingt gewollt. J. B.: Das scheint mir sehr vorsichtig ausgedrückt.« (Bußmann, H. u. J., S. 183f.)

16 Die von Stefan Leber aufgestellte Behauptung, daß ein neuer Lehrer in der Regel nach einem Jahr in die »interne Konferenz« aufgenommen wird, entspricht vielleicht der Theorie oder der Praxis neugegründeter, kleiner Schulen. An voll entwickelten Schulen bleibt ein Teil der Kollegen lange, manchmal auch immer ausgeschlossen. Vgl. zu diesem Sachverhalt: Leber, St., S. 46f.

17 Vgl. dazu das Kapitel über Formen der Bestrafung

18 Koestler, A., S. 358f.

19 Stefan Leber zugeschriebene Formulierung. Zit. nach: Brügge, P., S. 89

20 Diesen Vorwurf bestätigt auch der sich der »klammheimlichen Sympathie mit der anthroposophischen Pädagogik« bezichtigende Autor und Waldorfkritiker Heiner Barz, wenn er in seiner veröffentlichten Korrespondenz mit einem dogmatischen Anthroposophen beklagt: »Es muß doch aber möglich und erlaubt sein, auch Gegner der Anthroposophie zu zitieren. Es muß doch möglich sein, auch Zweifel zu formulieren! Es muß doch möglich sein, ein differenziertes Verhältnis zur Pädagogik Rudolf Steiners zu haben!« (Barz, H., S. 143)

21 Beckmannshagen, F., S. 110

22 Ebenda

23 Vgl. dazu Ledder, L.; Brenner, P.: »Vollends unglaubwürdig werden die Steinerschulen, wenn man beobachtet, wie das Lehrerkollegium sich gegen jegliche Einwirkung von außen abschirmt. Das Kollegium nimmt weder von Eltern Anregungen oder Kritik entgegen, noch läßt es das Geringste von seinen inneren Vorgängen und Überlegungen nach außen verlauten. In der Steinerschule St. Gallen beispielsweise hat das zur grotesken Situation geführt, daß das Kollegium die allseits beliebte Kindergärtnerin ohne ersichtlichen Grund entließ, ohne daß je eine sinnvolle Erklärung dafür abgegeben wurde. Sämtliche ›Kindergarteneltern‹ waren wie vom Donner gerührt.«

24 Hierzu die Stimme eines Waldorfkenners: »Je größer eine Konferenz wird, desto kleiner wird der Prozentsatz derer, die sich zu Wort melden, und desto stärker wird sie beherrscht von der Hierarchie des Eingeweihtseins. Unter dem Einfluß dieser Hierarchie stehen die Starken, die die meisten geheimen Gürtel tragen, ganz sicher nicht öffentlich zu ihren Schwächen, und die Schwächeren wagen es erst recht nicht, angesichts von lauter scheinbar problemlosen Starken offen von ihren Schwächen zu sprechen.« (Gessler, L. Zit. nach: Bußmann, H. u. J., S. 220)

25 Vgl. dazu Brügge, P., S. 87

26 Vgl. Haack, F.-W., S. 18f.

27 Ebenda, S. 20

28 Gessler, L. Zit. nach: Bußmann, H. u. J., S. 221

29 Beckmannshagen, F., S. 112

30 Nach Steiner ist das Blut Träger des Ichs. Alkohohl wirke als eine Art
Gegen-Ich, das die Tätigkeit der geistigen Ich-Kräfte aufhebe. (Vgl.
dazu Baumann, A., S. 7) Als ebenso bedenklich gilt der Verzehr von
Fleisch, doch wird das weniger dogmatisch gesehen als der Genuß von
Alkohol. Allerdings verzichtet der auf dem esoterischen Schulungsweg
weiter Fortgeschrittene von selber auf Fleisch, weil er kein Bedürfnis
danach verspürt. Wer also Fleisch ißt, läßt erkennen, daß er im Geistigen noch nicht allzu weit vorangekommen ist. (Vgl. dazu Baumann, A.,
S. 87)

Der Alltag

1 Vgl. Beckmannshagen, F.

2 Vgl. Prange, K. und Ullrich, H.

3 Ein Beispiel für die im rhythmischen Teil so häufig verwendeten
Sprachübungen:»Redlich ratsam, rüstet rühmlich, riesig rächend, ruhig
rollend, reuige Rosse, protzig preist, Bäder brünstig, polternd putzig,
bieder bastelnd, Puder patzend, bergig brüstend.« Die ehemalige Waldorfschülerin Charlotte Rudolph kommentiert:»Ich habe früher oft
versucht, den Inhalt zu verstehen. Ich dachte zuerst, er sei nur versteckt,
und ich könnte ihn später begreifen. Aber es gibt tatsächlich keinen, bis
auf den, daß sprechend ›die Seele schwingt und klingt.‹ DAS WORT
lebt eben besonders gut in blanken, inhaltsleeren Sprachformen.« (Rudolph, Ch., S. 61f.)

4 Baumann, A., S. 244

5 Vgl. ebenda

6 Vgl. Ferguson, M., S. 311

7 Steiner, R. Zit. nach: Treher, W., S. 67

8 Klaus Prange bringt diese Art des Lernens auf den Begriff:»Die Wal-
dorfmethodik macht den Anfang im Lernen, wo etwas anschaulich er-
schlossen wird, zum Abschluß, und das Ende des Lernens, wo sich die
Ergebnisse vom Lernweg ablösen und für Anschlüsse frei verfügbar
werden sollten, ist schon in den Anfang hineingenommen: Die Darstellung ersetzt nicht nur die rationale Klärung, sie steht auch für den Sinn
ein: sie ist der Sinn.a (Prange, K., S.133) Und weiter unten heißt es im
gleichen Zusammenhang:»Der geheime Verdacht gegen die Waldorfschule, da werde eigentlich nichts gelernt, ist insofern nicht unberech-
tigt: es ist das halbe Lernen, buchstäblich das Anfängerlernen in kind-

lich-naiven Auffassungsformen, die durch eine elaborierte Darstellungskunst auf Dauer gestellt werden.« (S. 86f.)

9 Johanson, I., S. 141

10 Ebenda, S. 16ff.

11 Dies zeigt sich sehr deutlich, wenn man sich mit waldorfkritischen Schülern der Oberstufe unterhält. Sie beklagen sich sehr über Mißstände ihrer Schule, sind jedoch meist nicht bereit, etwas dagegen zu unternehmen, gar öffentlich aufzutreten: »Unser Lehrer, Herr X könnte das persönlich nehmen, er ist ein sehr eigener Mensch.« Es muß alles in der Waldorffamilie bleiben.

12 Illich, I., S. 59

13 In: Nr. 19,Juni 1-990

14 Beckmannshagen, F., S. 47

15 Steiner, R. Zit. nach: Barz, H., S. 157

16 Steiner, R. Zit. nach: Treher, W., S. 76

17 Erich Gabert (1890-1968) wurde von Rudolf Steiner als Lehrer an die erste Waldorfschule berufen und war Mitbegründer des Lehrerseminars der freien Waldorfschule.

18 Gabert, E., S. 64

19 Ebenda, S. 64f.

20 Steiner, R.: Konferenzen mit den Lehrern ..., S. 81. Zit. nach: Meyer-Bendrat, K.-P., S. 106

21 Gabert, E., S. 62

22 Ebenda, S. 63

23 Vgl. Miller, A., S. 77

24 Vgl. dazu das einschlägige Beispiel im Kapitel »Ein Blick in die Hefte« über Mause- und Katzengeist

25 Rousseau, J. J., S. 105

26 Beichler, Ch. Zit nach: Barz, H., S. 94

27 Vgl. Gabert, E., S. 115

28 Vgl. Meyer-Bendrat, K.-P., S. 1 ff. und Rudolph, Ch., S. 22, wo der Fall eines Kindes angeführt wird, das an den Ohren gezogen wurde sowie Kopfnüsse und Tritte gegen das Schienbein hinnehmen mußte.

Die vermittelten Inhalte

1 Zit. nach: Meyer-Bendrat, K.-P., S. 13

2 Im Zusammenhang mit Strafe, Läuterung und Wiedergeburt heißt es bei Steiner: »Man nehme das früher erwähnte Beispiel wieder auf. Der Mensch habe aus einer Zornaufwallung heraus in dem vierzigsten Jahr seines vorigen Lebens jemand Schmerz zugefügt. Wie mit dem Eintritt des Todes eine Art Erinnerungsgemälde vor dem menschlichen Ich ge-

standen hat, so jetzt ein Vorblick auf das kommende Leben. Wieder
sieht der Mensch ein solches Gemälde, das jetzt all die Hindernisse
zeigt, welche der Mensch hinwegzuräumen hat, wenn seine Entwicklung weitergehen soll. Und das, was er so sieht, wird der Ausgangspunkt
von Kräften, welche der Mensch ins neue Leben mitnehmen muß. Das
Bild des Schmerzes, den er dem anderen zugefügt hat, wird zur Kraft,
die das Ich, wenn es nun wieder ins Leben eintritt, antreibt, diesen
Schmerz wieder gutzumachen. So wirkt also das vorgängige Leben be-
stimmend auf das neue. Die Taten dieses neuen Lebens sind durch jene
des vorigen in einer gewissen Weise verursacht.« (Zit nach: Gabert, E.,
S. 30) Hier sind dem Aberglauben Tür und Tor geöffnet, dem Wuchern
von Ängsten und Schuldgefühlen keine Grenzen gesetzt.

3 Steiner, R. Zit. nach: Gabert, E., S. 31f.

4 Neill, A., S. 99

5 Heydebrand, C. v.: Der Sonne Licht, S. 99

6 Ebenda

7 Ebenda

8 Moser, T., S. 46

9 Heydebrand, C. v., S. 5

10 Steiner, R. Zit. nach: Barz, H., S. 93

11 Klein, E., S. 124

12 Heydebrand, C. v., S. 7

13 »Jede Tugend hat ihre Schundliteratur« – eine Formulierung von Louis-
   Ferdinand Celine in dem Roman: Reise ans Ende der Nacht. Reinbek
   1968

14 Bry, Ch., S. 33

15 So der Titel der Schrift von Christian Bry: Verkappte Religionen.

16 Stettenbacher, J. K., S. 24

17 Grosse, R., S. 264

18 Vgl. Heydebrand, C. v.: Und Gott sprach, S. 193. Dieser Titel wird immer wieder neu aufgelegt. Er wurde noch 1985 an der Göttinger Waldorfschule eingesetzt. Neuerdings wird für die 2. und 3. Klasse auch der
   Titel »Schau in die Welt« verwendet.

19 Heydebrand, C. v.: Und Gott sprach, S. 193

20 Ebenda

21 Ebenda, S. 194

22 Ebenda, S.13

23 Ebenda, S.194

24 Ebenda, S. 195

25 Ebenda, S. 193

26 Baumann, A., S. 140

27 Steiner, R. Zit. nach: Treher, W., S. 73

28 Ebenda

29 Ein Beispiel dafür, wie der Wahn Historisches mit Symbolischem und Psychologischem vermengt, zeigt die Tatsache, daß in der Holzkuppel des ersten Goetheanums, die Steiner selbst mit ausgemalt haben soll, an der Decke in großen Lettern »ICH« stand, nicht etwa das allgemein bekannte Symbol INRI. Die Chiffre stand für Jesus Christus. Gleichzeitig steht das anthroposophische ICH jedoch für ein geistiges Ich, eine Ich-Wesenheit, die den Menschen angeblich lenken soll. Das Wahndenken erzeugt eine Sonderwelt mit eigener Sprache, in der die Zeichen nur noch von Eingeweihten verstanden werden können. (Hinweis auf das Kuppel-Ich bei Brügge, P., S. 26). Daß der Steinersche Wahn auch gefährliche politische Konsequenzen haben kann, zeigt sich, wenn Großindustrielle wie Peter von Siemens, der seit 40 Jahren Steiner »mit Hingabe« lesen soll, diesen zur Rechtfertigung der Kernkraft heranzieht. Sie sei durchaus in seinem Sinne, auf daß »die Erde stufenweise in neue Daseinsformen überführt werde«. (Siemens, P. v. Zit. nach: Brügge, P., S. 20)

30 Die »Spaltung der Persönlichkeit« ist sogar explizites Ziel des esoterischen Schulungswegs nach Rudolf Steiner. Im »ABC der Anthroposophie« heißt es unter diesem Stichwort: »Verstärkt der Mensch durch geisteswissenschaftliche Schulung sein Seelenleben so, daß sich Traum und Tiefschlaf aufhellen und allmählich so bewußt werden wie das Tagleben, dann beginnen sich bei ihm die ›Fäden‹ zwischen Denken, Fühlen und Wollen zu lösen. (...) Denken, Fühlen und Wollen ›werden wie zu selbständigen Wesenheiten‹, gleichsam zu drei Persönlichkeiten. (...) Erst durch diese Umwandlung seines Wesens, sagt Steiner, könne der Mensch ›in bewußte Verbindung treten mit gewissen übersinnlichen Kräften und Wesenheiten‹.« (Baumann, A., S. 242f.)

31 Vgl. die Einteilung der Menschen – Kosmos- und Kulturgeschichte in der »Akasha-Chronik« in atlantische und voratlantische Zeiten, die Aufzählung von »Tlavatli-Völkern, Rmoahals« etc.

32 Heydebrand, C. v.: Und Gott sprach, S. 192

33 Auch das 1989 im Verlag Freies Geistesleben erschienene Lesebuch »Schau in die Welt« für die 2. und 3. Klasse bestätigt mein Urteil: ein Steiner-Gedicht vorweg, dann Heilige, St. Michael, St. Georg, Gott, die Mutter Gottes, Offerus-Christopherus, ein Albert-Steffen-Gedicht, metaphysische und andere abstrakte, humorlose Texte jeder Sorte; dazwischen ein bißchen Goethe, ein bißchen Tolstoi, die Legitimationsautoren für die Öffentlichkeit. Auch der Titel »Schau in die Welt« meint eine nach anthroposophischen Glaubenssätzen konstruierte Welt.

Der ideologische Charakter

1 Kürzlich konnte Professor Rittelmeyer in einer Studie der Universität Göttingen sogar »eine Irritation des Gleichgewichtsempfindens durch schräge Baukonturen, wie man sie beispielsweise an Waldorfschulen häufig beobachten kann, nachweisen. (Tagesspiegel vom 30.8.1990)

2 Hemleben, J., S. 128

3 Reller, H., S. 805

4 Vgl. Baumann, A., S. 43ff.

5 Vgl. dazu die ausführliche Darstellung von Dieter Bauer: Elternaufstand an der Kemptener Waldorfschule. In: Süddeutsche Zeitung vom 15.09.86, S. 18

6 Steiner, R. Zit nach: Stockmeyer, E.A., S. 342

7 Steiner, R.: Konferenzen mit den Lehrern ..., S. 97f.

8 Hemleben, J., S. 99

9 Vgl. dazu die Kapitel »Ein Blick in die Hefte« und »Beispiel Grundschullesebücher«

10 Vgl. Reller, H., S. 527

11 Ebenda. Der Journalist Peter Brügge schreibt in diesem Zusammenhang: »Es gibt 20.000 Bundesbürger mit dem Mitgliedsausweis einer anthroposophischen Gesellschaft, aber schon mindestens fünfzigmal mehr, die sich dem Angebot tastend nähern.« (Brügge, P., S. 22)

12 Vgl. dazu Leber, St., S. 48f.

13 Jugendreligionen, S. 10

14 Ebenda

15 Vgl. Rudolf Steiner Schule Berlin: Allgemeine Information für die Eltern. Mai 1990

16 Jugendreligionen, S. 97

17 Ebenda, S. 38

18 Aktuell wurde die Frage: Wer darf Waldorfschulen gründen? vor kurzem bei der 28. Waldorf-Jahrestagung im Zusammenhang mit der Gründung von Waldorfschulen in der DDR. In der Frankfurter Rundschau vom 17. Mai 1990 war zu diesem Thema zu lesen: »In der Gesprächsgruppe zum Thema ›Waldorfinitiativen in der DDR‹ wurde Hartwig Schiller vom Bund der Freien Waldorfschulen Stuttgart, nicht müde, die Vertreter von Initiativgruppen aus der DDR zur Aufnahme bundesdeutscher ›Gründungslehrer‹ zu drängen. Sein Argument: Das ›Urheberrecht‹ an der Waldorfschule habe schließlich kein Geringerer als Rudolf Steiner; und Steiner habe es auf die erste Freie Waldorfschule Stuttgart übertragen. Dieses Kollegium habe es dann weitergegeben.«

19 Vgl. Meyer-Bendrat, K.-P., S. 13f.

20 Bohnsack, F.; Kranich, E.-M., S. 383

Ausdehnung des anthroposophischen Umfeldes

1 Kiersch, J., S. 124
2 Ebenda
3 Ebenda, S. 125
4 Steiner, R. Zit. nach: Krämer, F. J.; Scherer, G.; Wehnes, F. J., S. 90

Öffentliche Auseinandersetzungen um die Waldorfpädagogik

1 Treher, W., S. 39f.
2 Ebenda, S. 40f.
3 So die Begründung zweier Anthroposophen, Konrad Schily und Günther Hildebrandt. (Zit. nach: Brügge, P., S. 123f.)
4 Vgl. Die Anthroposophen. In: Der Spiegel (1984) 17ff.
5 Abgesehen von Schriften, die bereits in den 20er Jahren veröffentlicht wurden, aber einem breiten Publikum nicht mehr zugänglich waren, wie die von Carl Christian Bry: Verkappte Religionen und Hans Leisegang: Die Grundlagen der Anthroposophie befinden sich weitere »Gegner-Schriften« nach einer Bemerkung von Heiner Barz wohl noch »im Giftschrank des Heidelberger Hardenberginstituts, dem Braintrust der Anthroposophie«. Diese Schriften würden jedoch Nichtanthroposophen nicht zugänglich gemacht. Darin erkennt Barz u.a. die mangelnde Dialogbereitschaft der Anthroposophen. (Vgl. Barz, H., S. 176)
6 Vgl. dazu die Darstellungen von Prange, K., Ullrich, H. und Barz, H.
7 Barz, H., S. 152
8 Vgl. dazu die Äußerung von Johannes Kiersch: »Die Tatsache, daß in unserer Zeitschrift ›Erziehungskunst‹ – soweit ich mich erinnern kann – noch nie irgendeine Kontroverse aufgetreten ist, daß nicht einmal Leserbriefe dort erscheinen, ist für mich ein bedenkliches Zeichen.« (S. 122)
9 Vgl. die Rezension von Bohnsack, F.; Kranich, E.-M.durch Georg Kniebe, S. 285f.
10 Dies belegt die Einführung, in der Jochen Bußmann schreibt: »Es fehlt ein Buch, das über Unzulänglichkeiten und Widrigkeiten ein offenes Wort sagt, ohne daß daraus dann gleich, wie in mancher Polemik gegen die Waldorfschule, eine Art Monstrositätenkabinett wird«. (S. 8f.) Jochen Bußmann geht sorgsam auf alle von Charlotte Rudolph genannten Problemlagen und Konfliktfelder ein. Er nimmt in dem Kapitel »Nachlese« am Beispiel einer typischen Konfliktlage der Waldorfpädagogik («Waldorfschüler kommt nach den Ferien mit Irokesenschnitt und Knopf im Ohr in die Schule«) explizit auf das Buch von Charlotte Rudolph Bezug und pflichtet ihrer Kritik scheinbar bei. Er

unternimmt dann aber in seiner kommentierten Bibliographie den Versuch, vor diesem und einem anderen Titel zu warnen. So heißt es zu »Waldorferziehung. Wege zur Versteinerung«: »Eine wut- und schmerzverzerrte Abrechnung einer ehemaligen Waldorfschülerin, die, in der Absicht der Demaskierung geschrieben, mit der Maske auch gleich den Kopf abreißt. Nur Leser, die sich mit Waldorfschulen einigermaßen auskennen, können das Zutreffende vom Falschen und Entstellten unterscheiden.« (Bußmann, H. u. J., S. 227) Immerhin gibt es also Waldorfschüler, die Grund dazu haben, auf ihre ehemalige Schule wütend zu sein. Es ist zu vermuten, daß es sich bei Charlotte Rudolph entweder um ein früher gar nicht angepaßtes Waldorfkind gehandelt hat oder um ein zu sehr angepaßtes, das später aufgewacht, die Wut aus dem Mißbrauch, der versuchten pädagogischen Verführung bezieht. Auch der zweite in der Bibliographie unter der Rubrik »Kritisches zur Waldorfschule« genannte Titel von Klaus Prange: »Erziehung zur Anthroposophie« wird disqualifiziert, indem er als »akademische Fingerübung« ohne Bezug zur Praxis hingestellt wird. Weitere kritische Schriften werden nicht angegeben. Als Lektüre bleiben, orientiert man sich an der im Anhang des Buches aufgestellten Literaturliste, im Verlag Freies Geistesleben erschienene, von Anthroposophen oder ihren Freunden geschriebene Titel. Nur solche kämen als Informationsquelle über Waldorfpädagogik in Betracht. Alles, was »von außen«, aus der Fremde« kommt, kann diesem Verständnis nach die Waldorfpädagogik »nicht richtig« begreifen.

11 Bußmann, J., In: Bußmann, H. u. J., S. 205

12 Aufschlußreich für diesen Kontext ist die Bemerkung des Psychiaters Wolfgang Treher zur Ambivalenz in der Bewertung herausragender Gestalten wie Rudolf Steiner: »Der Prophet besorgt die Illusion des ›tua res agitur‹ für viele und leiht sich damit die Schubkraft all der genannten historischen Mächte, die ihn augenblicklich verklären und zu ihrer Verkörperung zu machen scheinen, indessen er doch nur Marionetten sammelt und in einer von ihm und sonst niemand bestimmten, zum allgemeinen Geschehenslauf querliegenden Richtung zum Tanzen bringt. Natürlich tanzen von vornherein nicht alle, sondern nur eine besonders disponierte Gruppe aktiver und leider manchmal erfolgreicher Proselyten. Die anderen distanzieren sich. Daraus ergibt sich die bekannte Ambivalenz der Prophetengestalt in den Urteilen der Zeitgenossen. Wir finden sie nicht nur bei Hitler.« (Treher, W., S. 49)

Literaturverzeichnis

Anthroposophische Literatur:

Barz, H.: Der Waldorfkindergarten. Geistesgeschichtliche Ursprünge und entwicklungspsychologische Begründung seiner Praxis. Weinheim 1990. 2. Aufl.

Baumann, A.: ABC der Anthroposophie. Ein Wörterbuch für Jedermann. Bern 1986

Bohnsack F.; Kranich E.-M. (Hg.): Erziehungswissenschaft und Waldorfpädagogik. Weinheim 1990

Bort, J. (Hg.) u.a.: Heilende Erziehung. Vom Wesen seelenpflegebedürftiger Kinder und deren heilpädagogischer Führung. Arlesheim 1977

Bußmann, H. u. J. (Hg.): Unser Kind geht auf die Waldorfschule. Reinbek bei Hamburg 1990

Carlgren, F.: Erziehung zur Freiheit. Leipzig 1990

Gabert, E.: Die Strafe in der Selbsterziehung und in der Erziehung des Kindes. Verlag Freies Geistesleben. Stuttgart 1989. 10. Aufl.

Grosse, R.: Erlebte Pädagogik. Schicksal und Geistesweg. Dornach 1968

Guttenhöfer, P. (Hg.): Schau in die Welt. Stuttgart 1989

Haverbeck, W.G.: Anwalt für Deutschland. München 1989.

Hemleben, J.: Rudolf Steiner. Reinbek bei Hamburg, 1977. 18. Aufl.

Heydebrand, C.v.: Vom Lehrplan der freien Waldorfschule (1928). Stuttgart 1983

Heydebrand, C.v. (Hg.): Und Gott sprach. Stuttgart 1947

Heydebrand, C.v. (Hg.): Der Sonne Licht. Lesebuch der freien Waldorfschule. Stuttgart 1984. 14. Aufl.

Johanson, I.: Ihr dürft auf eurer Wanderung den unsterblichen Wald erleben. Stuttgard 1986

Kiersch, J.: Kritik, wo ist Dein Stachel? In: Flensburger Hefte. Flensburg (1989) 15

Klein, E.: Erfahrungen einer Waldorfschul-Lehrerin. Schaffhausen 1980

Kniebe, G.: »Erziehungswissenschaft und Waldorfpädagogik« (Rezension) In: Erziehungskunst. Stuttgart (1991) 3

Kubiessa, H. (Hg.): Erde unser lieber Stern. Stuttgart o J.

Lindenberg, Ch.: Waldorfschulen. Angstfrei lernen, selbstbewußt handeln. Reinbek bei Hamburg 1979

Rist, G., Schneider, P.: Die Hibernia-Schule. Von der Lehrwerkstatt zur Gesamtschule. Eine Waldorfschule integriert berufliches und allgemeines Lernen. Berlin 1990

Rudolf Steiner in der Waldorfschule. Ansprachen für die Kinder, Eltern und Lehrer 1919 – 1924. Verlag Freies Geistesleben. Stuttgart 1958

Schroeder, H.-W.: Mensch und Engel. Die Wirklichkeit der Hierarchien.
  Stuttgart 1988
Siegloch, M.: Eurythmie. Eine Einführung. Stuttgart 1990
Steiner, R.: Aus der Akasha-Chronik. Dornach 1983
Steiner, R.: Das Geheimnis der Temperamente. Dornach 1975
Steiner, R.: Die Erziehung des Kindes vom Gesichtspunkt der Geisteswis-
  senschaft. Dornach 1969
Steiner, R.: Erziehungskunst. Seminarbesprechungen und Lehrvorträge.
  Dornach 1985
Steiner, R.: Erziehung und Unterricht aus Menschenkenntnis. Dornach
  1975
Steiner, R.: Konferenzen mit den Lehrern der Freien Waldorfschule in
  Stuttgart 1919 – 1924. Band 1 – 3. Dornach 1973
Steiner, R.: Mein Lebensgang. Stuttgart 1975
Steiner, R.: Philosophie und Anthropologie. Dornach 1965
Stockmeyer, E.A.: Rudolf Steiners Lehrplan für die Waldorfschule. Stutt-
  gart 1976. 3. Aufl.
Waldorfschule und Anthroposophie.Themenheft der Flensburger Hefte.
  Flensburg (1989) 5

Nicht-anthroposophische Literatur:

Beckmannshagen, F.: Rudolf Steiner und die Waldorfschule. Wuppertal
  1984
Bloch, E.: Erbschaft dieser Zeit. Frankfurt 1956
Brügge, P.: Die Anthroposophen. Hamburg 1984
Bry, C. Ch.: Verkappte Religionen. Kritik des kollektiven Wahns. Nördlin-
  gen 1988
Dostojewskij, F.: Der Großinquisitor. Stuttgart 1984
Ferguson, M.: The Aquarian Conspiracy. London 1986
Handbuch Freie Schulen. Pädagogische Positionen, Träger, Schulformen
  und Schulen im Überblick. Hg.: Arbeitsgemeinschaft Freier Schulen.
  Hamburg 1988
Illich, I.: Vom Recht auf Gemeinheit. Hamburg 1982
Illich, I.: Fortschrittsmythen. Hamburg 1983
Illich, I.: Entschulung der Gesellschaft. Hamburg 1984
Jugendreligionen. 2. Sachstandsbericht der Landesregierung. Hg.: Der Mi-
  nister für Arbeit, Gesundheit und Soziales des Landes NRW. Minden
  1983
Koestler, A.: Die Armut der Psychologie. Bergisch-Gladbach 1982

Krämer, F. J.; Scherer, G.; Wehnes, F.J.: Anthroposophie und Waldorf-pädagogik. Annweiler 1987

Leber, St.: Zusammenklang im Gesamt. In: Flensburger Hefte. Flensburg (1989) 15

Ledder, L.; Brenner, P.: Abschied von der Anthroposophie. Gais o. J.

Leisegang, H.: Die Grundlagen der Anthroposophie. Eine Kritik der Schriften Rudolf Steiners. Hamburg 1922

Leschinsky, A.: Notwendige Bemerkungen, aber falsche Gewißheiten. Eine kleine Replik zum Thema Waldorfschulen im Nationalsozialismus. In: Neue Sammlung 24 (1984) 1

Ders.: Waldorfschulen im Nationalsozialismus. In: Neue Sammlung 23 (1983) 4

Meyer-Bendrat, K.-P.: Okkulte Waldorfpädagogik. Vom Wesen der esoterischen Erziehung an den Waldorfschulen. Diss. Hannover 1989

Miller, A.: Am Anfang war Erziehung. Frankfurt/Main 1983

Moser, T.: Gottesvergiftung. Frankfurt/Main 1976

Müller, G. (Hg.): Sektenreport. Analysen, Originalmaterial, Hilfestellung. Ein Überblick über die zweifelhaften Aktivitäten von Jugendsekten und Psychokulten. München o. J.

Neill, A.S.: Theorie und Praxis der antiautoritären Erziehung. Hamburg 1969

Prange, K.: Erziehung zur Anthroposophie. Darstellung und Kritik der Waldorfpädagogik. Bad Heilbrunn 1985

Reller, H. (Hg.): Handbuch Religiöse Gemeinschaften. Gütersloh 1979

Rousseau, J.J.: Emile oder über die Erziehung. Vollst. Ausgabe in neuer dt. Fassung besogrt von L. Schmidts. Paderborn 1985.7. Aufl.

Rudolph, Ch.: Waldorf-Erziehung. Wege zur Versteinerung. Darmstadt, 1987

Rutschky, K. (Hg.): Schwarze Pädagogik. Frankfurt/Main 1980

Schulze, St.: Einige Gedanken über die Indoktrination gewisser »Anthroposophen«. In: Metamorphose. Berlin (1990) 13/14

Stettenbacher, J. K.: Wenn Leiden einen Sinn haben soll. Hamburg 1990. 4. Aufl.

Treher, W.: Hitler, Steiner, Schreber. Emmendingen 1966

Ullrich, H.: Waldorfpädagogik und okkulte Weltanschauung. Weinheim, 1986

Ullrich, H.: Wissenschaft als rationalisierte Mystik. Eine problemge-schichtliche Untersuchung der erkenntnistheoretischen Grundlagen der Anthroposophie. In: Neue Sammlung 28 (1988) 2

Hilfe und Beratung

Die nachfolgenden Stellen bieten Hilfe und Beratung:

a) schulpsychologische Beratungsstellen

b) Sektenbeauftragte der jeweiligen Amtskirchen

c) Distelbund Herne e.V.
   Verein für waldorfgeschädigte Kinder und Eltern
   Vellwigstraße 41
   44628 Herne

Erich Fromm

Schriften aus dem Nachlaß

*Die nachgelassenen
Schriften des großen
Sozialpsychologen,
Philosophen und
Humanisten zeigen
seinen gedanklichen
Reichtum, sein
immenses
Einfühlungsvermögen
und seine Fähigkeit zu
scharfsinnigen
Analysen.*

Vom Haben zum Sein
*Wege und Irrwege der
Selbsterfahrung*
19/5050

Von der Kunst des Zuhörens
*Therapeutische Aspekte der
Psychoanalyse*
19/5051

**Die Entdeckung des
gesellschaftlichen Unbewußten**
19/5052

Das jüdische Gesetz
*Zur Soziologie des Diaspora-
Judentums*
19/5053

Ethik und Politik
*Antworten auf aktuelle politische
Fragen*
19/5054

Die Pathologie der Normalität
Zur Wissenschaft vom Menschen
19/5055

Gesellschaft und Seele
*Sozialpsychologie und
psychoanalytische Praxis*
19/5056

Humanismus als reale Utopie
Der Glaube an den Menschen
19/5057

*Alle 8 Bände sind auch in einer
Kassette lieferbar.*

Heyne-Taschenbücher